学校和学生的法律风险防控

LEGAL RISK PREVENTION AND CONTROL
OF SCHOOLS AND STUDENTS

赖凯华 ◎主编

湖南人民出版社

序

学生是祖国未来，是民族的希望；学校是培育人才的摇篮，是孕育梦想的温床。"今天你以母校为荣，明天母校以你为豪"，这是学校和学生相互许诺、相互成就的最高境界。"学校成就学生，学生反哺学校"的佳话像一股清新的风，在神州大地飘荡。

谁都希望学生茁壮成长，谁都希望学校永续发展。然而现实生活中，总有一些局部的问题影响学生的身心健康，扰乱学校的教学秩序，牵动家长的敏感神经，为书声琅琅的校园投下一丝很不和谐的杂音。虽是杂音，但影响深远，流布甚广。校园欺凌、意外伤害、体罚学生、违规办学等各种事件时有发生，它们借助媒体的力量，被推至舆论的最高点。有些让人担忧，有些让人气愤，有些让人惊恐。

还学校一片蓝天，许学校一方净土，是全社会的责任，也是我们法律工作者的责任。在多年的司法实务中，作者接触到了大量的和学校学生直接相关的案件，这些案件最终得到了妥善处置，但终究不幸发生过。如何避免学校和学生的法律风险？作者且行且思，耗时费力，经年而不松懈。作者于烦琐之中抽丝剥茧、提纲挈领，拿出了初步的写作方案。方案是完美的，指出了学校和学生的法律风险所在，并列出了因应之策。这样一个方案既有宏观布局上的周全，又有微观问题的探索，从广度和深度上看，都具备了法律图书的核心要素。随后作者潜心写作，几乎到了废寝忘食的地步。写作是辛苦的，作为法律同行，我深有感触。顺畅时收不住手，想一气呵成，耽误睡眠，耽误吃饭，生活规律全被打乱。而当写作卡壳时，焦虑沮丧等各种情绪让人严重缺乏自信，进而寝食难安。

应该说作者的书稿是厚重的，学校和学生可能触及的法律禁区，规避法律风险的应然之举，真实案件的条分缕析，都让这本书的知识性、准确性、可读性和可操作性站在了高水准的位置。书中各类主体所涉及的刑事责任、行政责任和民事责任是作者写作中特别关注的问题，这些问题在作者的详细阐述中变得清晰、简明，这也是作者写作功力的充分体现。当然不是说她的作品就完美无缺，我是希望作者以此为起点，再攀写作的高峰。

作者是位年轻的律师，非常好学，也很有悟性，在不断的接触过程中，我觉得作者为人、为学都值得称许，也期待作者在未来的岁月里有新的力作面世。在阅读了作者的书稿后，我也收获了很多知识。我很愿意将该书推荐给所有朋友。是为序！

文学国（上海大学法学院院长、教授）

2019 年 8 月 18 日

序

教育是千秋大业，是永不凋零的事业，承载着一个民族、一个国家富强的希望。在我们国家，上至中央政府，下至人民群众，都对教育非常重视；培养好下一代，是所有家长最大的愿望。教育行业不但聚集了执政者的目光，也聚集了人民群众的目光，因此，教育机构及其从业者面临着巨大的压力，甚至面临着越来越多的法律风险。

随着我国的法律法规不断完善，学生的权益维护逐渐纳入了法制轨道，这使学生的权益得到了一定地保障。但有的学生法律意识不强，在自身权益受到侵害时，不懂得运用法律的武器维护自己的权益。此外，有的学生法律意识淡薄，走上了犯罪的道路。

为了给教育机构、教育从业者提供优质的法律服务以及保护学生的合法权益、减少学生犯罪行为的发生率，作者结合多年的法律实践经验，编写了《学校和学生的法律风险防控》书籍。本着帮助教育机构及其从业人员、学生提高法律风险意识、法律风险防控能力的宗旨，对教育行业曾经出现、现在经常出现和未来极有可能出现的法律风险，结合以案说法的形式，逐一剖析，并给出对应的法律风险预防和处置措施，为教育机构、从业人员、学生提供参照指引，最终使其远离法律风险。

作者以学校、学生、教师为关键词，将教育行业法律风险防控内容编写至两本书籍中，书名分别是《学校和学生的法律风险防控》《教育从业者的法律风险防控》。《学校和学生的法律风险防控》系第一本，共四篇，分别阐述学生校园伤害事件中学校和学生民事法律风险防控、校园犯罪行为人的刑事法律风险防控、学校的行政法律风险防控、学生权益纠纷中学生的权益保护和学校的法律风险防控。我相信该书对于预防学生校园伤害事故的发生、维护学生的合法权益，为教育机构及其从业者排忧解难，普及相关法律知识，指导风险防控，创建平安、和谐校园有一定积极作用。

刘刚（中南大学法学院刑法研究所所长）

2019 年 8 月 18 日

目 录

第二篇　校园犯罪行为的刑事法律风险防控

第三篇　学校的行政法律风险防控

总论　针对学校违反行政法律规范的行政处罚

分论　学校行政违法的主要情形

第四篇　学生权益纠纷中学生的权益保护和学校的法律风险防控

第一篇

学生校园伤害事故中学校和学生的民事法律风险防控

校园伤害是一个牵动学校和家长神经的话题，也是容易登上舆论头条的话题。校园伤害事故中学校和学生的民事法律风险毫无疑问是民法中最常见、不能回避且非常重要的内容，因此，笔者在撰写这本书时，把校园伤害事故中学校和学生的民事法律风险防控放在第一篇。

第一章

校园伤害概述

第一节　校园伤害的基本概念

本部分将着重阐述校园伤害的概念，以帮助大家对校园伤害有一个基础的认识。

校园伤害是指在学校内发生的伤害事故。从广义的角度来讲，既包括对学生的伤害，也包括对学生以外人员的伤害。从狭义的角度来讲，校园伤害专指对学生的伤害。校园的主体和核心是学生，学生校园伤害问题的重要性和复杂性远远大于学生以外人员伤害问题，在相关法律法规中，校园伤害也主要是指学生校园伤害。因此，本书采用校园伤害的狭义概念。

本书探讨的校园伤害事故是指在学校内发生的学生身心受到伤害或发生死亡的事故。本书探讨的"学生"，既包括在国家或者社会力量举办的全日制学校（包括特殊学校在内的中小学，各类中高等职业学校、大学）中的受教育者，也包括幼儿园的幼儿，还包括其他教育机构的学生以及在学校注册的其他受教育者。本书所指的"学校"包括全日制学校、幼儿园及其他教育机构在内的所有教育机构。

第二节　校园伤害的类型

根据不同的划分标准，校园伤害可以分为不同的类型：

从学生校园伤害权益类型来说，校园伤害可以分为以下两类：第一类是指对学生的身体伤害；第二类是指对学生的心理伤害。学生身体伤害事故是指在学校的教育教学活动或者学校组织的校外活动中以及在学校负有管理责任的校舍、场地、其他教育教学设施、生活设施内发生的，造成在校学生人身损害后果的事故。学生心理伤害事故是指学生在受教育过程中甚至在校园范围内遭受到的心理、精神伤害的事故。学生的身体伤害和心理伤害并不是完全割裂开的，很多时候，学生同时遭受到严重的身体伤害和心理伤害。

从伤害造成的来源看，校园伤害主要分为以下三类：第一类是学校对学生的伤害，如老师对学生的体罚，校园安全保障体系不健全等；第二类是指学生之间的伤害，如校园欺凌等；第三类是指外来人员对学生的伤害等。

从伤害的具体情形划分，校园伤害主要分为以下几类：第一类是最常见的校园伤害，如：校园欺凌、校园意外伤害；第二类是校园安全保障体系不健全导致学生伤害，如食品卫生安全问题、交通安全问题等；第三类是教师的侵权、违法行为导致学生伤害；第四类是学校的教育、教学设施、设备问题导致学生伤害；第五类是学校的管理制度问题导致学生伤害；第六类是其他类型如学生运动、学生精神创伤、大学生校园借贷等导致学生伤害等。

上述六种类型也是舆情高、伤害广、教育管理者需密切关注的伤害类型。因此，本篇对校园伤害的阐述及相关法律风险防控，将主要根据以上六类展开。

第三节 学生校园伤害事故的现状

笔者通过中国裁判文书网、最高人民法院网等网站检索出 2012—2019 年与学生校园伤害事故有关的民事案件 17969 起，争议标的总额为 220707.21 万元，案件数量变化趋势如下图：

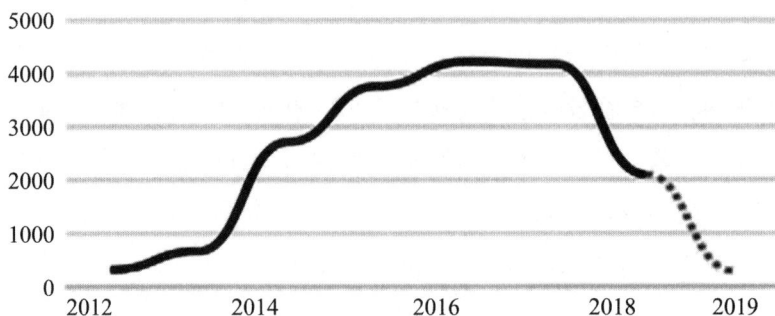

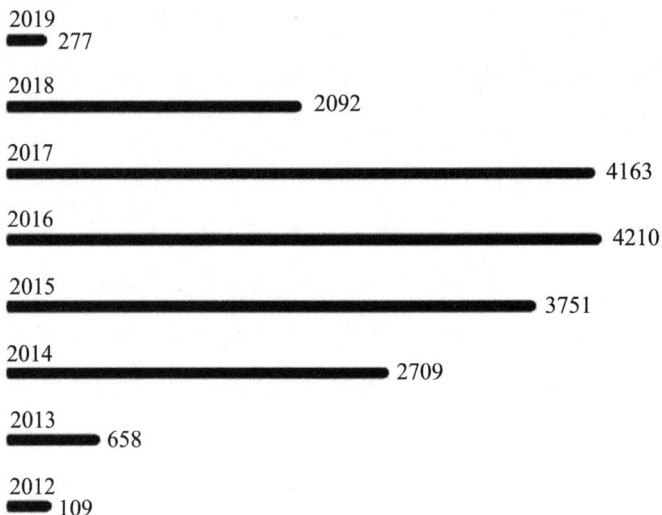

- 2019 277
- 2018 2092
- 2017 4163
- 2016 4210
- 2015 3751
- 2014 2709
- 2013 658
- 2012 109

一、审理程序分析

全国教育行业涉及的校园伤害民事案件审理程序分别为：一审案件数量占案件总数量的 68.94%；二审案件数量占案件总数量的 22.04%；再审案件数量占案件总数量的 2.45%；执行案件数量占案件总数量的 5.96%；其他的案件数量占案件总数量的 0.61%。具体情况如下图：

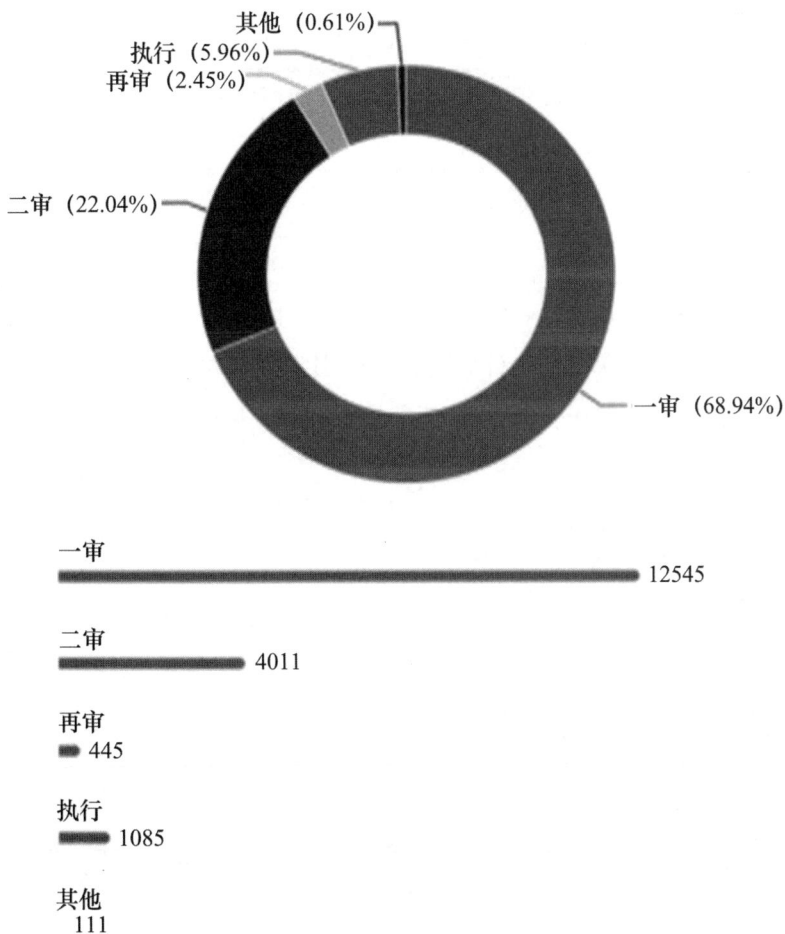

其他 (0.61%)

执行 (5.96%)

再审 (2.45%)

二审 (22.04%)

一审 (68.94%)

一审 12545

二审 4011

再审 445

执行 1085

其他 111

二、案由分析

笔者检索出教育行业民事案件中涉及校园伤害事故的二级案由也是侵权责任纠纷，具体情况如下图：

侵权责任纠纷
███████████████████████ 18197

笔者检索出教育行业民事案件中涉及校园伤害事故的全国教育前三大三级案由依次是：机动车交通事故责任纠纷、教育机构责任纠纷、提供劳务者受害责任纠纷。具体情况如下图：

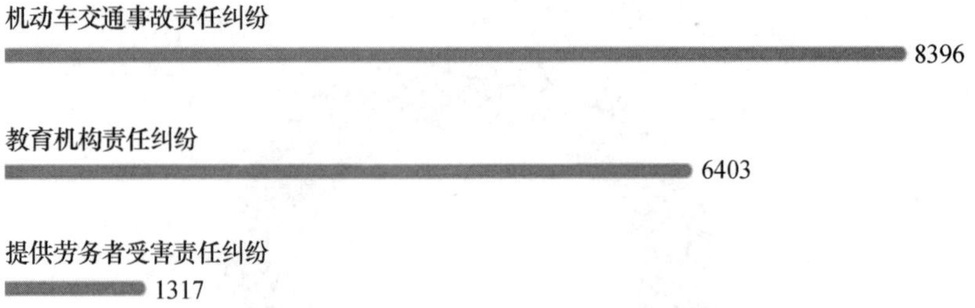

机动车交通事故责任纠纷
████████████████ 8396

教育机构责任纠纷
████████████ 6403

提供劳务者受害责任纠纷
████ 1317

笔者检索出教育行业民事案件中涉及校园伤害事故的全国教育前三大四级案由依次是：物件脱落、坠落损害责任纠纷，建筑物、构筑物倒塌损害责任纠纷，地面施工、地下设施损害责任纠纷。具体情况如下图：

物件脱落、坠落损害责任纠纷
████████████████████████ 33

建筑物、构筑物倒塌损害责任纠纷
████████████████ 23

地面施工、地下设施损害责任纠纷
██████████████ 20

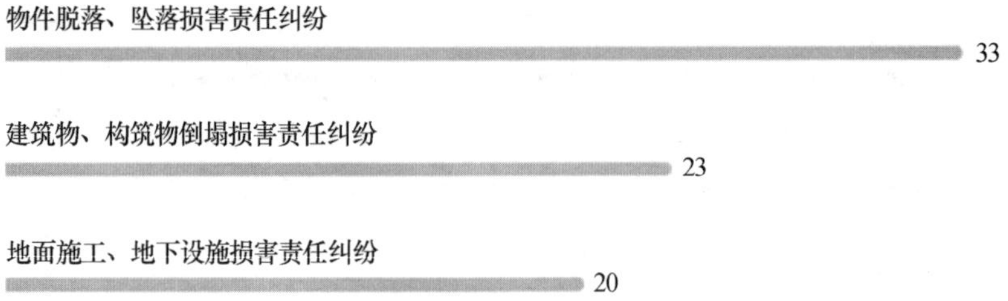

第四节　学生校园伤害事故的责任主体

学生校园伤害事故的责任主体是指学生在遭受校园伤害事故后相

关法律责任的承担者。本部分从学生校园伤害事故的责任主体及其责任形式的角度，来讨论致害学生以及监护人的民事法律风险和学校如何防控学生校园伤害事故中的民事法律风险。

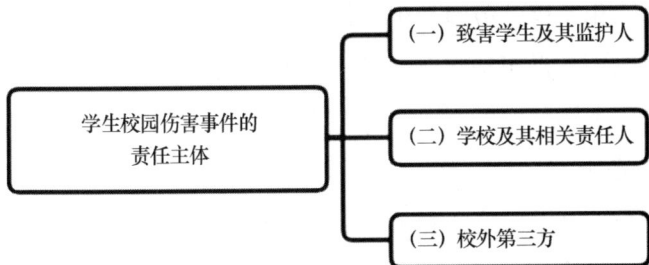

一、致害学生及其监护人的责任

（一）致害学生的责任

在学生校园伤害事故中，致害学生承担法律责任的形式主要有民事责任和刑事责任。本篇主要阐述致害学生的民事责任，致害学生的刑事责任将放在本书第二篇阐述。

致害学生是完全民事行为能力人的，由其本人承担民事侵权责任。

（二）致害学生监护人的责任

致害学生监护人承担法律责任的形式主要是民事责任。

致害学生是无民事行为能力人、限制民事行为能力人的，由其监护人承担民事侵权责任。

（三）案例解析

某致害学生承担主要民事赔偿责任一案

1. 案情简介

学生何某与王某均系衡阳某中学的学生，2015 年 5 月 5 日，因何某不愿借给王某水彩笔，王某于第三节课下课后用脚踢了何某腰臀部，何某用长伞还击。随后，王某在教室内拿起废旧的木板打了何某左手臂，致何某左前臂外伤并左桡神经损伤。衡阳市某司法鉴定所对何某进行鉴定后，出具鉴定结论，认定何某：（1）伤残程度鉴定为五级伤残；（2）住院、门诊检查费、医疗费凭票认定；（3）留观住院期间，去医院检查期间均需一人陪护。

何某与王某以及衡阳某中学就赔偿问题未达成协议，何某将王某以及衡阳某中学诉至法院，要求赔偿各项损失、精神损害赔偿金合计185362元。

2. 法院观点

王某因何某不愿借给其水彩笔而拿教室中废弃木板殴打何某，致何某左手臂受伤，存在过错，应对何某实施侵权行为造成的损失承担60%的赔偿责任；何某被王某踢了臀部后用长伞还击王某，是引发本案的原因，且其在受伤后未及时告知衡阳某中学，主观上存在过错，故何某应自行承担15%的责任；衡阳某中学作为教育管理机构，未排除教室内存放废旧木板的安全隐患，且在何某与王某发生争吵、打架时未及时发现并予以制止，未对学生尽到教育、管理职责，应对何某损失承担25%赔偿责任。

3. 笔者评析

这是一起致害学生对受害学生的损害后果承担主要责任的案件。本案中，受害学生何某被王某踢了腰臀部后用长伞还击王某，存在过错；根据《民法典》第一千一百七十三条"被侵权人对同一损害的发生或者扩大有过错的，可以减轻侵权人的责任"之规定，法院可以减轻致害学生王某的责任。且学校在该事件中，未对学生尽到教育、管理职责，主要体现在：未排除教室内存放废弃木板的安全隐患；在学生发生争吵、打架时未及时发现并予以制止。据此，人民法院认定致害学生对受害学生的损失承担60%的赔偿责任、学校承担25%的赔偿责任是正确的。

二、学校及其相关责任人的责任及形式

在学生校园伤害事故中，学校承担法律责任的形式主要是民事责

任，学校相关责任人承担法律责任的形式主要有民事责任、行政责任和刑事责任。

（一）学校的民事责任

学生在校学习、生活期间受到人身伤害，学校未尽教育、管理、保护职责的，应当承担与其过错相适应的赔偿责任。

无民事行为能力学生、限制民事行为能力学生受到校外第三方人身损害，学校未尽教育、管理、保护职责的，应当承担相应的补充赔偿责任。

学校教师或者其他工作人员在履行职务中因故意或者重大过失造成的学生校园伤害事故，学校予以赔偿后，可以向有关责任人员追偿。

（二）学校相关责任人的民事责任、行政责任及刑事责任

根据相关法律法规的规定，教职工或者学校相关负责人给学生造成伤害事故的，其应当承担的法律责任的形式有如下几种：

1. 民事责任。教职工或者学校相关负责人给学生造成伤害事故的，由学校承担相应的民事责任，学校赔偿后可向有故意或重大过失的责任人追偿。此外，相关责任人还可能会承担恢复名誉、消除影响、赔礼道歉、赔偿损失等侵权责任。

2. 行政责任。教职工或者学校相关负责人给学生造成伤害事故的，该责任人还可能面临行政责任，比如，教师体罚学生，经教育不改的，由所在学校、其他教育机构或者教育行政部门给予其行政处分或者解聘。关于教职工或者学校相关负责人的行政责任问题，笔者将其放在本套丛书的第二本《教育从业者的法律风险防控》中详细阐述。

3. 刑事责任。教职工或者学校相关负责人给学生造成伤害事故的，如触犯刑法，还应当依法承担相应的刑事责任，如教师体罚学生导致学生重伤或死亡，教师可能构成故意伤害罪或故意杀人罪。关于教职工或者学校相关负责人的刑事责任问题，笔者将其放在本套丛书的第二本《教育从业者的法律风险防控》中详细阐述。

（三）案例解析

某学校对学生的损失承担主要赔偿责任一案

1. 案情简介

农某系某小学四年级4班学生，2017年1月10日上午，农某的同班同学在上课期间玩玩具枪，被老师发现并没收后放置于讲台上。当日下午上第一节音乐课时，农某在音乐老师回办公室取材料时跑到老师讲台前，将上午老师放置在讲台上的玩具枪拿起，对着讲台桌面扣动了扳机，结果枪内火药射到桌面后反溅到农某眼睛里，导致农某右眼球缺失。经鉴定，农某的伤情构成七级伤残。事故发生后，该小学向农某支付了85900元。随后，农某起诉至法院要求学校承担赔偿责任。

2. 法院观点

本案中，学校老师在管理未成年学生期间，发现学生带有危险性的玩具枪后，将该枪予以没收但未进行妥善的保管，老师将该玩具枪放置于教室讲台桌面上后一直无人问津，导致农某在上课时间拿到玩具枪进行玩耍时受伤。对于农某的损害，学校未完全尽到教育、管理职责，存在一定的过错，应对农某的损伤后果承担相应的赔偿责任。

农某在学校老师没收玩具枪后，应意识到不能再去玩该玩具枪，但农某在上课时间仍跑到教师讲台上拿玩具枪玩耍，并且对着眼前的讲台扣动扳机，造成自己受伤，其对自身受到的损害发生存在过错，故可以减轻学校的赔偿责任。据此，法院认定农某的各项损失由学校承担60%，其余损失由农某自行承担。

3. 笔者评析

这是一起学校未对学生尽到教育、管理职责，被判对学生的损失承担主要责任的民事案件。本案中，小学生农某贪玩，对危险性的认识不足；而该学校的教师应当知道玩具枪的危险性，在没收学生玩具枪后，应当将玩具枪放置于安全、学生不能触及的地方，但教师随意地将玩具枪放置于教师讲台，导致悲剧的发生。因此，该学校未对学生尽到教育、管理责任，被判承担与其过错相对应的赔偿责任。法院的处理是正确的。

三、校外第三方的责任及形式

(一) 校外第三方的责任

校外第三方侵害学生造成伤害事故的，其承担法律责任的形式主要是刑事责任和民事责任。

1. 刑事责任。校外第三方侵害学生，构成故意伤害罪、故意杀人罪、强制猥亵罪、侮辱罪、猥亵儿童罪、强奸罪等罪的，依法应当承担相应的刑事责任。

2. 民事责任。校外第三方侵害学生，造成学生人身损害的，由校外第三方承担民事损害赔偿责任。

(二) 案例解析

校外第三人致学生损害， 对学生的损失承担90%责任一案

1. 案情简介

2016年9月7日12时，某中学（非封闭式）学生代某（17周岁）在操场上玩一条小蛇，与校外人员卢某相遇，双方发生口角。13时，代某、代某的同学与卢某都在学校外面的公路旁散步，卢某走在前面，代某从后面踹了卢某一脚，卢某随即拿出随身携带的匕首将代某右手臂划伤，随后，代某捡了一块砖头打在卢某头上，代某的同学也拿砖头打卢某，卢某从代某身后用左手勒住其脖子，右手举刀，刺中代某的左侧胸部，然后逃离现场。14时，代某在被送往医院抢救的途中死亡。经鉴定，代某系被他人用锐器伤及心脏后大量流血致失血性休克而死亡。卢某为此被人民法院判处有期徒刑九年。某中学在事故发生后向代某父母支付了10000元的学生意外死亡家庭困难补助金。代某的父母将某中学以及卢某起诉至法院，要求赔偿代某死亡造成的损失共计40余万元。

2. 法院观点

人民法院的生效刑事判决书认定，卢某持刀伤害代某，在主观上存在过错，在客观上实施了侵权行为，造成了代某死亡的损害后果，所以卢某的行为符合侵权行为的构成要件，应当依法承担侵权责任。《民法典》第一千一百六十五条规定："行为人因过错侵害他人民事权益造成损害的，应当承担侵权责任。"《民法典》第一千一百七十三条规定："被侵权人对同一损害的发生或者扩大有过错的，可以减轻侵权人的责任。"代某先踹了卢某一脚，且之后又捡了砖头打在卢某头上，致使双方矛盾激化，其对损害后果的发生自身也存在过错，故可以减轻侵权人卢某的责任。结合过错程度、损害后果、承担责任的经济能力，由卢某承担90%的赔偿责任，代某承担10%的责任较为适宜。

双方争执是在学校内产生，但发生侵权行为的时间是放学后，发生损害后果的地点是学校外的公路旁，其发生的时间与地点均已经超出某中学的管理职责范围，故某中学不应对代某的死亡承担责任。

3. 笔者评析

这是一起校外第三方作为侵权人导致学生死亡、侵权人对受害学生的损失承担90%的责任的学生伤害事故。在本案中，受害学生的父母主张某中学未尽到管理职责，应对受害学生代某的死亡承担相应赔偿责任，人民法院未支持其主张。理由如下：第一，受害学生是限制民事行为能力人，非封闭式学校对限制民事行为能力人的管理注意义务低于对无民事行为能力人的管理注意义务；第二，虽然代某与卢某在学校内发生争吵，但之后双方在离校前并未有进一步的过激行为，离校后代某将矛盾激化，从而导致损害结果的发生，发生损害的时间在放学后；第三，发生损害的地点在学校外的公路上；第四，侵权行为人是校外第三人。因此人民法院认为学校不应承担赔偿责任而未支持受害学生父母的主张，笔者认为代某父母的主张不能得到法律的支持。

四、公平责任

(一) 公平责任的适用情形

公平责任是指受害人和行为人对损害的发生都没有过错，法律又无特别规定适用无过错责任时，法院可以根据实际情况，从兼顾公平出发，判决行为人合理分担受害人部分损失的一种责任形式。

《学生伤害事故处理办法》规定，学校无责任的，如果有条件，可以根据实际情况，本着自愿和可能的原则，对受伤害学生给予适当的帮助。因此，学生校园伤害事故可以适用公平责任。

(二) 案例解析

某学生在食堂意外晕倒后死亡，学校承担补偿责任一案

1. 案情简介

2019 年 2 月 13 日 12 点 5 分，某高中学生唐某在食堂大厅等候打饭时突然晕倒，随后被立即送往湖南省某医院救治，经抢救无效于当日死亡。

唐某死亡后，其家属认为学校对唐某存在教育管理不当，且存在有偿补课的违规行为，应当对唐某死亡的损失承担全部赔偿责任，遂在学校门口拉横幅，并要求学校赔偿 200 万元损失。

2. 处理结果

经学校所在地人民调解委员会历时 7 天的调解，最终学校和唐某的监护人达成调解协议，协议约定由校方一次性补偿唐某第一顺序继承人损失 38 万元。

3. 笔者评析

本案中，学生唐某在无外力作用下晕倒后死亡，系突发性意外死亡。由于唐某的死亡系意外，非因学校教育、管理不当所致，故唐某的死亡与学校教育、管理无因果关系。虽然唐某的监护人认为学校组织了有偿补课，但未提交有效的证据证明该事实。因此，在该起事件中，学校和死亡学生都无过错。人民调解委员会在调解过程中，适用公平原则,建议学校对受伤害学生的近亲属给予适当的帮助。学校听从了人民调解委员会的建议,与死亡学生的近亲属达成补偿协议,最终化解了这起纠纷。公平原则在化解民事纠纷当中往往能起到很大的作用。

第五节　学生校园伤害事故的归责原则

学生校园伤害事故的归责原则是指学生遭受校园伤害后,行为人是否依其过错来承担责任的原则形式,具体包括过错责任、过错推定、无过错责任等几种归责原则。

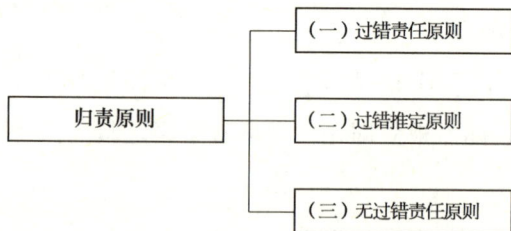

```
                        ┌─────────────────────┐
                        │ (一) 过错责任原则      │
                        └─────────────────────┘
 ┌──────────┐           ┌─────────────────────┐
 │  归责原则  │──────────│ (二) 过错推定原则      │
 └──────────┘           └─────────────────────┘
                        ┌─────────────────────┐
                        │ (三) 无过错责任原则     │
                        └─────────────────────┘
```

一、过错责任原则

过错责任原则是指以行为人的过错程度来确定行为人是否承担责任以及责任大小的原则。行为人无过错则无责任,有过错则有责任,过错越大则责任越大。

过错责任原则是校园伤害事故中最主要的一种归责原则。

二、过错推定原则

过错推定原则是指在侵权行为与损害后果之间存在因果关系的情况下,行为人如果不能证明自己对损害的发生不存在过错,那么就从损害事实的本身推定行为人存在过错,并为此承担损害赔偿责任的原则。

学校对于无民事行为能力学生，即未满 8 周岁的学生以及不能辨认自己行为的罹患精神分裂症的学生的伤害事故，适用的归责原则为过错推定原则。

对限制民事行为能力学生和完全民事行为能力学生的伤害事故，根据法律规定行为人应当承担过错推定责任的，学校适用的归责原则当然也是过错推定原则。

三、无过错责任原则

无过错责任原则是指行为人不论是否存在过错，只要其行为与损害后果之间存在因果关系，即应当承担损害赔偿责任。

法律规定的几种常见的适用无过错责任原则的情形包括：产品质量责任，环境污染责任，高危作业责任，禁止饲养的危险性动物伤人责任。

适用无过错责任原则的前提是学生损害结果与伤害行为之间存在因果关系，因此，如果学生损害结果与学校行为之间不存在因果关系，则学校无须承担损害赔偿责任。

第二章

最常见的学生校园伤害事故

在学生校园伤害事故中，最常见的是校园欺凌和校园意外伤害事故。为此，笔者将该两种校园伤害事故单独列为一章进行阐述，本章分为两节，分别阐述校园欺凌和校园意外伤害事故中学校的民事法律风险防控和学生权益保护。

第一节　校园欺凌

一、概述

校园欺凌是发生在校园内外、学生之间，一方（个体或群体）单次或多次蓄意或恶意通过肢体、语言及网络等手段实施欺负、侮辱，造成另一方（个体或群体）身体伤害、财产损失或精神损害等的事件。校园欺凌多发生在中小学校。校园欺凌不一定在校园内发生，放学后同学间的校外欺凌行为也算在内。

二、现状

十年树木，百年树人，校园生活是孩子们成长过程中最重要的一环，但近年来频发的"校园欺凌""校园暴力"事件却影响着孩子们的成长。

为进一步了解校园欺凌的现状,笔者通过中国裁判文书网、最高人民法院网等网站检索出 2012—2018 年涉及校园欺凌问题的 47 个案例,通过下图年份分布我们可以看到校园欺凌案件数量大致呈逐年递增趋势。

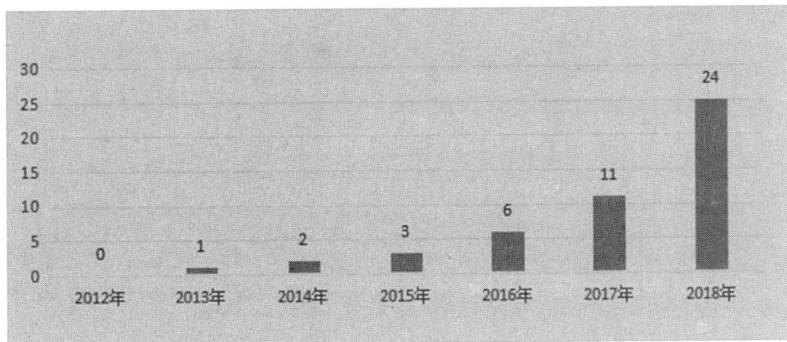

2012—2018 年全国校园欺凌案件数量变化趋势图(单位:件)

涉及校园欺凌的 47 起案件中,学校承担责任的有 29 件,不承担责任的有 18 件。其中:承担责任比例为 0%~20% 的有 9 件;承担责任比例为 20%~40% 的有 11 件;承担责任比例为 40%~60% 的有 6 件;承担责任比例为 60% 以上的有 3 件。

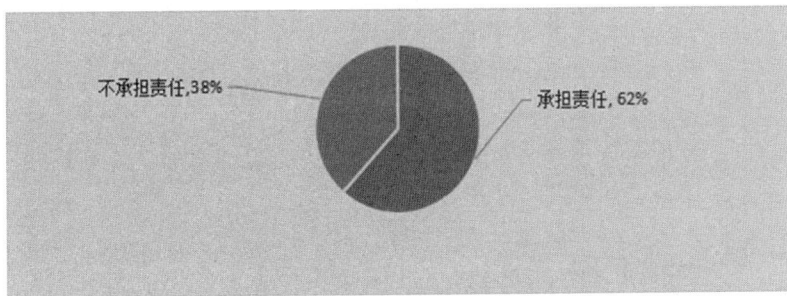

2012—2018 年全国校园欺凌案件中学校承担责任的比例统计图

涉及校园欺凌的 47 起案件中:赔偿金额在 0~1 万元(包含 1 万元)的有 11 件;赔偿金额在 1 万元~10 万元(包含 10 万元)的有 25 件;赔偿金额在 10 万元~20 万元(包含 20 万元)的有 5 件;赔偿金额在 20 万元~30 万元(包含 30 万元)的有 4 件;赔偿金额在 30 万元~40

万元（包含 40 万元）的有 1 件；赔偿金额在 40 万元以上的有 1 件。

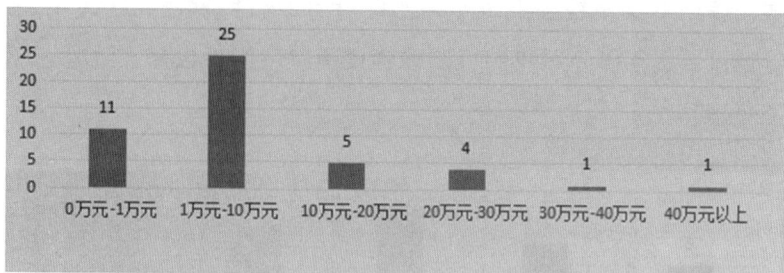

2012—2018 年全国校园欺凌案件赔偿金额统计图（单位：件）

三、高频法条

（此处统计了校园欺凌民事案件中被援引的高频法律法条）

序号	法律法规名称	援引法条	引用频次
1	侵权责任法	第十六条	55
2	侵权责任法	第三十九条	43
3	侵权责任法	第六条	32
4	侵权责任法	第三十二条	31
5	关于审理人身损害赔偿案件适用法律若干问题的解释	第二十一条	27
6	关于审理人身损害赔偿案件适用法律若干问题的解释	第十九条	26
7	关于审理人身损害赔偿案件适用法律若干问题的解释	第二十二条	22
8	侵权责任法	第二十六条	21
9	关于审理人身损害赔偿案件适用法律若干问题的解释	第二十三条	21
10	关于审理人身损害赔偿案件适用法律若干问题的解释	第二十四条	20
11	侵权责任法	第二十二条	18
12	关于审理人身损害赔偿案件适用法律若干问题的解释	第十七条	16
13	侵权责任法	第六条第一款	14

序号	法律法规名称	援引法条	引用频次
14	关于审理人身损害赔偿案件适用法律若干问题的解释	第十七条第一款	14
15	侵权责任法	第八条	12
16	合同法	第九十四条	11
17	合同法	第八条	11
18	关于审理人身损害赔偿案件适用法律若干问题的解释	第十八条	11
19	关于审理人身损害赔偿案件适用法律若干问题的解释	第二十五条	10
20	侵权责任法	第三十二条第一款	9

四、案例解析

(一) 学生被凌辱，学校被判担责

1. 案情简介

15 岁的王某在一所中学就读，该校所有学生在入学时都与学校签署了《学校学生安全承诺书》。某日午休时，王某与同学谌某发生口角。当晚熄灯前，值班老师对宿舍进行例行巡查，未发现任何异常。熄灯后，谌某联系王某，要求其到自己寝室内接受质问，王某同意并从 6 楼来到 3 楼谌某寝室，途中经过老师值班室。在质问过程中，谌某联合其他舍友对王某大声谩骂、殴打，并将其衣服扒光，还用跪罚、拍照等形式进行侮辱，时间长达两小时，这些欺凌行为造成王某轻伤并产生幻觉、交流障碍等精神问题。事发后，学校及时对王某进行心理疏导。经鉴定，王某的伤情构成九级精神伤残。

2. 法院观点

谌某联合其他舍友对受害人王某大声谩骂、殴打，并将其衣服扒光，还用跪罚、拍照等形式进行侮辱，时间长达两小时，导致王某出现精神异常的症状并构成九级精神伤残的损害后果，应对王某的损失

承担主要责任；同时，该校在所有的学生入学时都与学生签署了《学校学生安全承诺书》，承诺书规定学校安排宿舍楼 24 小时值守，并严格执行寝室巡查制度，但王某被暴力欺凌两个小时学校却未察觉，学校有失职行为，应与致害学生谌某等共同承担主要承担。在具体的责任划分中，谌某等侵权人应是主要责任承担者，学校仅需承担补充责任。

王某事发时已年满 15 周岁，对风险具有近似于成年人的辨识能力，其未遵守学校规定自行离开寝室的行为本身存在过错之处，承担次要责任。

3. 笔者评析

校园欺凌的损害往往是多方过错导致的，在本案中，学校、致害学生、受害学生均存在过错，多方的过错致使受害学生王某构成九级精神伤残的损害后果。

《民法典》第一千一百七十二条规定："二人以上分别实施侵权行为造成同一损害，能够确定责任大小的，各自承担相应的责任；难以确定责任大小的，平均承担责任。"在本案中，能确定学校、致害学生、受害学生各自的责任大小，人民法院判决各方承担与其过错相适应的责任比例，这一判决是正确的。

（二）五学生殴打一学生致其死亡，学校担责一案

1. 案情简介

2017 年 12 月 5 日 0 点 15 分，湖南某学校的某宿舍内多名学生发生肢体冲突，顿时，该宿舍内场面失控，学生田某、周某甲、周某乙、罗某、侯某都殴打了姚某，导致姚某重伤，姚某受伤后被送往医院救治，经抢救无效，于当日 2 点 31 分死亡。事发后，姚某的近亲属向学校以及 5 名加害学生提出赔偿请求。

2. 处理结果

该案以调解的方式结案，调解结果是：学校赔偿姚某死亡赔偿金 626580 元，补偿精神损害抚慰金和丧葬费 80000 元给姚某的近亲属；同时学校替 5 名加害学生各赔偿 50000 元给姚某的第一顺序继承人。另外，学校补偿姚某家庭困难救助、二孩生育、住宿、交通、伙食等费用206420元。

3. 笔者评析

这是一起典型的校园欺凌案件，学校在学生发生争吵、打架时未及时发现并予以制止，导致受害学生被殴打致死，学校因此承担赔偿和补偿受害学生近亲属90多万元损失的责任；虽然学校替5名致害学生承担了民事赔偿责任，该5名学生及监护人无经济上的损失，但5名致害学生为此承担了相应的刑事责任。5名致害学生都是花季少年，却因犯罪被处以刑罚而被迫停止了学业，且留下人生污点，实在令人惋惜。此案件值得学校以及学生和家长深思。

五、防控指南

要减少或避免校园欺凌行为的发生，需要多方力量参与，笔者认为，主要集中在以下几方面：

（一）学校层面

1. 健全校园欺凌的各项规章制度并严格实施。

（1）制定《学生行为手册》并督促学生遵守行为手册的规定。

第一，学校应制定《学生行为手册》。在制定《学生行为手册》时，学校应注意各条款要具体化，如：禁止高年级学生欺负低年级学生；学生之间发生矛盾、纠纷时应寻求学校、老师、家长的帮助，禁止学生用殴打、侮辱等方式来解决矛盾、纠纷；禁止学生在网络上散布有损同学名誉的语言、外号、图片、照片、聊天记录等，而且应详尽到具体何种语言、外号、图片、照片、聊天记录；禁止学生无正当理由排斥孤立其他学生，或蛊惑多数同学排斥孤立某一学生。

第二，学校应将《学生行为手册》的内容告知学生或学生的监护人，并要求学生或学生监护人签署学校《学生行为手册》告知书回执。

第三，督促学生遵守学校《学生行为手册》。学校可将《学生行为手册》的内容张贴在校园的走廊、过道、宣传栏上，并在道德与法治上强调学生应遵守《学生行为手册》的规定，从而强化学生遵守规定的意识。

（2）制定校园欺凌行为的处罚制度、措施并严格实行。学校应根据《加强中小学生欺凌综合治理方案》《治安管理处罚法》制定校园欺凌行为的处罚制度和措施，并严格执行，严厉打击校园欺凌行为。需要注意的是，我国法律未赋予学校对学生实施罚款、限制人身自由的权利，因此，学校在制定处罚制度、措施时不能违反上位法的规定。对于严重违反学校规章制度、《学生行为手册》，实施校园欺凌行为的学生，学校应及时将其交由公安机关处理。

2. 健全校园安全保卫措施。

（1）学校门口的安全保卫措施：学校应聘请门卫进行安全管理，安排门卫 24 小时值班；门卫应对进出校门的人员进行登记，排除可能对学生实施欺凌行为的人员。

（2）持证出入校门：学校制作校门出入胸牌，要求学生、家长出入校园时佩戴胸牌，这也可排除可疑人员。

（3）发挥监控、报警系统的作用。学校通过校园视频监控系统、紧急报警装置系统的作用，及时发现校园欺凌的行为并及时制止，避免校园欺凌悲剧的发生。

3. 加强教育培训。

（1）加强对家长的普法、安全教育培训。学校可通过定期开展普法专题培训课，也可以借助开家长会的机会，加强对家长培训，引导广大家长增强法治和安全意识，落实监护责任，帮助家长了解防治学生欺凌的知识和方法。

（2）对学生的教育。中小学可以通过每学期开学时集中开展普法以及安全教育，以校园欺凌案例为素材，让学生了解校园欺凌行为的危害以及法律责任；同时学校可在《道德与法治》等课程中专门设置教学模块，定期对中小学生进行学生欺凌防治专题教育。

（3）开展模拟演练。学校可定期开展校园欺凌事件的模拟演练，让学生目睹校园欺凌行为的伤害后果，了解发生校园欺凌事件后的处理结果，知晓校园欺凌行为中侵权人的法律责任。

4. 引导学生保持健康的身心状态，预防校园欺凌行为的发生。学校应当主动安排心理咨询师（具备心理咨询服务能力的工作人员）对学习成绩差、家庭经济困难、曾经遭遇校园欺凌行为的学生给予充分的关爱，了解其心理状态。若发现这些学生存在心理问题，心理咨询师应及时对学生进行心理疏导，帮助其恢复身心健康，将学生因心理不平衡而产生欺凌他人的念头扼杀在萌芽状态。对心理素质评分较低的学生，心理咨询师应当对其进行心理健康辅导。

（二）学生家长层面

1. 及时了解学生的学习生活情况。当下，农村偏远的、经济不发达地区的部分学生家长为了生存，把时间和精力都放在养家糊口上，经济发达地区的部分学生家长忙于打拼事业，这些家长对学生的关爱不足，让学生产生父母不关心自己的想法。这种情况下，学生往往不愿意跟家长诉说在学校发生的事，家长因而无法了解学生在学校的情况。对此，家长要尽量把时间和精力花在孩子的学习和生活上，以便掌握学生在学校的情况，及时发现学生的异常或可能出现的异常情况，从而预防校园欺凌事件的发生。

2. 改变与孩子的相处模式。在我们国家，大多数父母与孩子的相处模式是控制与被控制模式，即由父母控制孩子的模式。在这种模式下，孩子不敢轻易向父母透露自己内心的想法，孩子即使有负面情绪也无法得到缓解，大一点的孩子只能通过欺负比自己弱小的孩子来宣泄自己的情绪。父母要改控制与被控制的关系模式为平等、信任、尊重的关系模式，让孩子负面情绪及时得以疏解。

3. 涉及校园欺凌事件时的处理。若受害学生的家长知道孩子遭遇了校园欺凌行为，切忌教孩子以暴制暴，应保持冷静，分析导致校园欺凌的原因。如受害学生也存在过失，应给予批评指正；同时，向受害学生和致害学生的班主任汇报，让家长与老师共同引导学生采取正确的方式解决校园欺凌。如受害学生不存在过错，家长应联系致害学生的家长，与其多沟通，从中了解致害学生发生欺凌行为的心态；同时向学校汇报情况，家长学校共同努力，妥善解决校园欺凌，这样可避免恶性校园欺凌事件的发生。

（三）学生层面

1. 遵规守纪。学生应当将精力放在学习上，遵守学校的规章制度和《学生行为手册》，规范自己的言行，不欺负弱小、低年级的学生。

2. 自身遭受校园欺凌事件的处理。

（1）立即报告保卫处或班主任，寻求帮助。

（2）报告家长。

第二节　校园意外伤害

一、校园意外伤害的概念

校园意外伤害是指在学校的院落及学校范围内的所有地面上发生的非人为因素或虽是人为因素但属非故意的人体伤害事件。校园意外伤害有两个基本的要素：一是该校范围内的所有空间；二是在人的意料之外的人体伤害。

校园意外伤害事故一旦发生，处理起来往往十分艰难复杂。因为事故不仅会造成受害人的不幸，也给其家庭造成极大伤害，甚至是受害人及其家庭终身的痛苦和无法弥补的遗憾。如果对事故处理不慎，还会扰乱学校正常的教育教学秩序，会对校园的稳定、和谐造成冲击。

二、校园意外伤害的现状

从已发生的校园意外伤害事件来看，校内易发生意外事故的地点包括：实验室、语音室、微机室、播音室的主控室、电化多功能室、图书馆的书库、财务室、食堂、宿舍、传达室、楼道、通道、台阶、厕所、校门口等。

笔者通过中国裁判文书网、最高人民法院网等网站检索出 2012—2018 年涉及校园意外伤害的 124 个案例，从下图的数据我们可知近年来校园意外伤害纠纷案件数量的变化趋势。

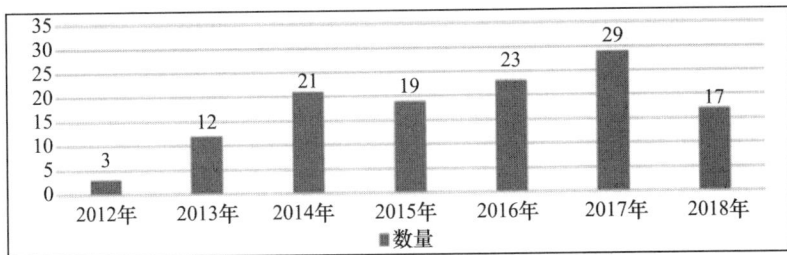

2012—2018 年全国校园意外伤害案例数量变化趋势图（单位：件）

在 124 个校园意外伤害案例中，校方无须承担责任的有 20 件，学校需要承担责任的有 104 件，其中：承担责任比例在 1% ~ 20%（包含 20%）的有 19 件；承担责任比例在 20% ~ 40%（包含 40%）有 26 件；承担责任比例在 40% ~ 60%（包含 60%）的有 18 件；承担责任比例在 60% ~ 80%（包含 80%）的有 19 件；承担责任比例在 80% ~ 100%（包含 100%）的有 22 件。

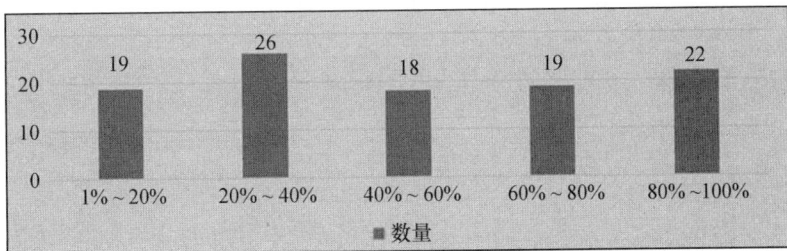

2012—2018 年全国校园意外伤害案例学校承担责任统计图（单位：件）

在 124 个校园意外伤害的案例中，涉及的赔偿金额大小情况是：在 0 ~ 1 万元（包含 1 万元）的有 12 件，1 万元 ~ 10 万元（包含 10 万元）的有 66 件，10 万元 ~ 20 万元（包含 20 万元）的有 15 件，20 万元 ~ 30 万元（包含 30 万元）的有 6 件，30 万元 ~ 40 万元（包含 40 万元）的有 3 件，40 万元以上的有 2 件。

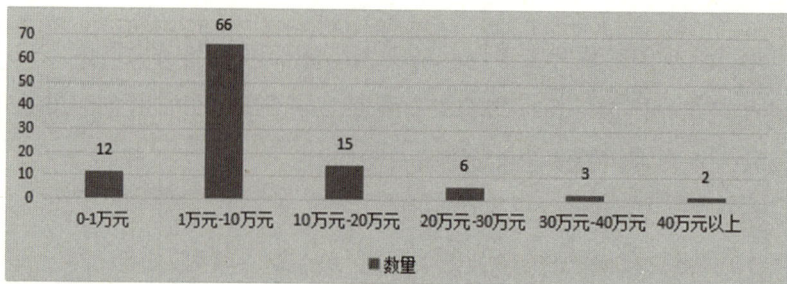

2012—2018 年校园意外伤害赔偿金额统计图（单位：件）

三、高频法条

（此处统计了校园意外伤害民事案件中被援引的高频法律法条）

序号	法律法规名称	援引法条	引用频次
1	侵权责任法	第十六条	67
2	侵权责任法	第三十九条	59
3	关于审理人身损害赔偿案件适用法律若干问题的解释	第十九条	51
4	侵权责任法	第三十八条	47
5	关于审理人身损害赔偿案件适用法律若干问题的解释	第二十一条	47
6	关于审理人身损害赔偿案件适用法律若干问题的解释	第二十二条	45
7	关于审理人身损害赔偿案件适用法律若干问题的解释	第二十四条	45
8	关于审理人身损害赔偿案件适用法律若干问题的解释	第十七条	41
9	关于审理人身损害赔偿案件适用法律若干问题的解释	第二十三条	39
10	关于审理人身损害赔偿案件适用法律若干问题的解释	第二十五条	36
11	侵权责任法	第三十二条	33
12	侵权责任法	第二十二条	31
13	侵权责任法	第六条	29

序号	法律法规名称	援引法条	引用频次
14	保险法（2015 年修订）	第十四条	21
15	民法通则（2009 年修订）	第一百一十九条	19
16	侵权责任法	第二十六条	18
17	关于审理人身损害赔偿案件适用法律若干问题的解释	第十八条	18
18	保险法（2015 年修订）	第十七条	17
19	关于审理人身损害赔偿案件适用法律若干问题的解释	第七条	15
20	关于审理人身损害赔偿案件适用法律若干问题的解释	第十七条第一款	15

四、案例解析

（一）邓某某诉某县幼儿园教育机构责任纠纷一案

1. 案情简介

邓某某是某县幼儿园大四班的学生，2016 年 5 月 11 日下午 4 时，邓某某所在班级的全体学生在二楼舞蹈室排练完节目整队回教室时，邓某某因未扶稳扶手不慎摔倒在地，导致左手臂受伤。经诊断，邓某某为左手上臂骨折。邓某某的亲属与幼儿园产生纠纷，因协商未果，邓某某的监护人将一纸诉状递到法院，要求幼儿园赔偿损失。

2. 法院观点

邓某某事发时为年仅 4 岁的幼儿，对事物的判断能力和自我保护能力很差，非常容易受到伤害。某县幼儿园作为幼儿校园教育、管理职责的责任人，责任重大，应当对"栏杆扶手设置是否符合标准，对孩子跌伤是否已经尽到了足够的注意义务，是否进行了儿童意外伤害处理制度等相关的教育培训"充分履行举证义务，但某县幼儿园没有对此进行举证证明。因此，法院推定某县幼儿园存在过错，对邓某某跌倒受伤的损失应当进行赔偿。鉴于该幼儿园在校对孩子开展了安全教育，在发现孩子受伤后让园内保健医生作了简单的医治，并与孩子家长及时进行沟通，孩子就医后幼儿园也及时探望、慰问，且在该幼儿园，孩子进行的活动为并非存在安全风险的教育活动，故某县幼儿园对邓某某损失承担 70% 的责任为宜。法院遂判决某县幼儿园赔偿邓某某医疗费、住院伙食补助费、护理费、营养费等共计 3767 元。

3. 笔者评析

根据《关于审理人身损害赔偿案件适用法律若干问题的解释》等相关规定，无民事行为能力人在幼儿园、学校或者其他校园学习、生活期间受到人身损害的，幼儿园、学校或者其他校园应当承担责任，但能够证明其尽到教育、管理职责的，不承担责任。由此可见，无民事行为能力人在学校受到人身损害的，适用"过错推定"的归责原则，即学校应当对无民事行为能力人在园内跌倒受伤承担其已履行的教育、管理职责的举证责任。本案中，幼儿园未对此进行举证，应承担举证不能的法律后果。据此，推定该幼儿园存在过错，对幼儿的损害后果应承担相应的赔偿责任。

（二）某职业学校学生意外伤害案件

1. 案情简介

2016 年 10 月 30 日，湖南某职业学校的学生邹某和王某因琐事发生争执，在争执的过程中，王某恼羞成怒，冲上去给了邹某一拳，不料邹某快速闪开，王某的拳头打在了旁边的李某身上，李某的右手食指被打伤。经鉴定，李某构成十级伤残。李某向王某提出赔偿请求。

2. 处理结果

双方在学校住所地人民调解委员会的组织下达成了调解协议，协议约定：（1）李某此次治疗所花费的医疗费由王某的监护人负责赔偿；（2）王某的监护人赔偿现金 25200 元给李某。双方签订了调解协议，王某的监护人履行了协议约定的义务。

3. 笔者评析

这是一起限制民事行为能力学生在学校受到意外伤害的案例，本案中，学校在这过程中无过错，不承担赔偿责任。加害学生是限制民事行为能力人，其误伤受害学生，应由加害学生的监护人承担全部赔偿责任。

五、防控指南

（一）学校层面

1. 学校应制定防范校园意外伤害的规章制度和措施。学校应当制定防范学生校园意外伤害的各种制度、措施，定期组织学生学习预防校园意外伤害的制度，并督促学生遵守各种制度。同时，学校还应在《学生行为手册》《家长告知书》中告知各种校园意外伤害的风险及防范措施。

2. 学校硬件设施、设备应达到安全标准。学校的硬件设施、设备需齐全且达到安全标准，必须符合相关工程建设标准；有安全隐患的地方暂时不能整改到位时，必须停止使用并设置警示标志。学校应当规范各项硬件设备、设施的操作程序，工作人员应严格按照操作原则、规章制度操作硬件设施。

3. 学校应定期组织培训

（1）对教职工的培训。加强对教职的普法以及安全意识培训。

军训教官、体育教师在训练学生的过程中，可能因要求学生进行体能训练导致学生意外伤害，教官或教师应当严格按训练要求训练学生，避免学生伤害事件发生。

同时，教官或教师应告知学生在训练过程中及时饮水，避免大量出汗导致虚脱，甚至出现严重中暑情况。

（2）对学生的培训。第一，培养学生的安全意识。学校应定期请法律专业人士向学生讲解本学校或周边学校发生的安全事故案例，通过案例教学的方式，让学生了解到发生安全事故会对自己、家庭、同学造成伤害，使学生增强"我要安全"的意识。

第二，通过培训，让学生增长安全知识。学校可以通过课堂教育、专题讲座的方式对学生讲解安全常识，如：在防止溺水方面，学校和家长应禁止学生单独下河游泳；在防摔倒、摔伤方面，学校和家长应告知学生不要在低洼处行走、奔跑；在预防运动伤害方面，体育训练时学生要听从教师的安排；在预防损害扩大方面，学生发现打架、斗殴事件时要远离现场并及时向保卫处或班主任报告。做好以上几个方面可以从源头上远离或避免意外伤害事故的发生。

4. 学校应妥善固定证据，防止出现校园意外受伤事故纠纷时举证不能的情形。在审判实践中，许多学校已对学生尽了教育、管理义务，但因未保存证据而败诉。因此，学校应将各项制度归类成册，对举办的学习和会议要形成书面的记录，要求参加人签名，并拍摄会议、培训现场视频或图片，交由专人负责将这些制度、证据妥善保存。同时，学校还应妥善保存对学生或家长进行告知的文书。

（二）学生层面

1. 运动时注意安全。学生上体育课、参加军训或参加运动会时应注意安全：在上体育课时，应听从老师的安排，按老师的示范进行训练；学生参加军训时，应听从教官的安排；学生参加运动会比赛前应做好充分的准备活动，比赛时遵守比赛规则，预防受伤。

2. 参加校外活动或上学放学时注意安全。学生参加校外春游、秋游活动时应注意安全，听从带队老师的安排。学生上学放学应注意交通安全，不在马路上乱跑、玩耍，经过十字路口时，按照红绿灯的指示通行。

3. 不玩危险游戏。学生不要玩危险游戏，不能在楼梯间打闹，以防伤害他人或自己受到伤害。

4. 学生受到伤害或发现他人受到伤害时的处理。

（1）学生受到意外伤害时，应立即报告班主任或保卫处，请求学校或老师的帮助，避免伤害进一步扩大。

（2）学生发现他人受到伤害时，应立即报告受害学生的班主任或保卫处，请求保卫处或老师的帮助，不宜擅自帮他人处理伤口。

第三章

教师侵权、违法行为

第一节　教师体罚

一、概述

教师体罚是指教师对学生身体进行责罚、惩戒，并造成学生身体或心理痛苦的一种错误的教育手段，具体表现为：罚站、罚跪、罚坐、罚走、罚晒、罚冻、罚饿、罚蛙跳、鞭打、蹲马步、打耳光、打手心、扯耳朵，等等。

二、现状

为了进一步了解教师体罚产生的法律后果，笔者通过中国裁判文书网、最高人民法院网等网站检索出 2012—2018 年涉及教师体罚的案例 131 件，从程序上划分：一审案件有 71 件；二审案件有 54 件；再审案件有 6 件。通过对一审裁判结果分析，我们可知：全部/部分支持诉讼请求的有 54 件，占比为 76.06%；全部驳回诉讼请求的有 13 件，占比为 18.31%；驳回起诉的有 2 件，占比为 2.82%；其他情形的有 2 件，占比为 2.82%。

在涉及教师体罚的 131 个案例中，无须赔偿的案件有 37 件，需要

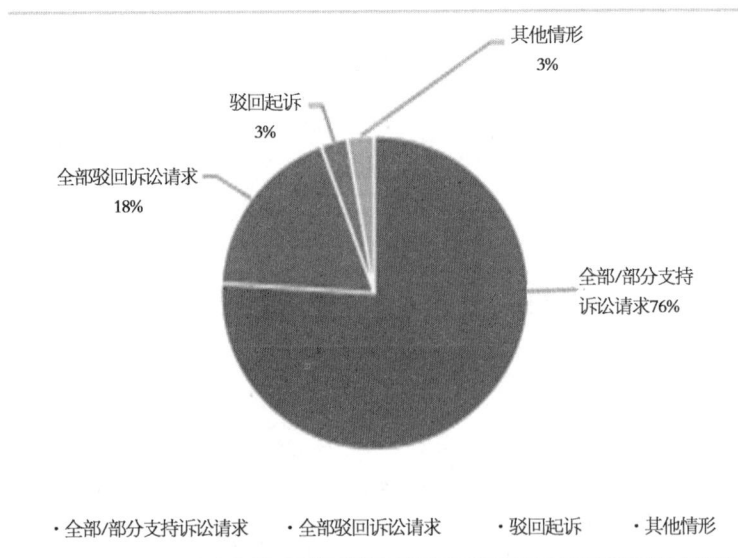

教师体罚纠纷案例一审程序裁判结果分布图

赔偿的案件有 94 件，其中赔偿金额在 0~1 万元（包含 1 万元）的有 26 件，1 万元~5 万元（包含 5 万元）的有 32 件，5 万元~10 万元（包含 10 万元）的有 16 件，10 万元~15 万元（包含 15 万元）的有 6 件，15 万元~20 万元（包含 20 万元）的有 11 件，20 万元以上的有 3 件。

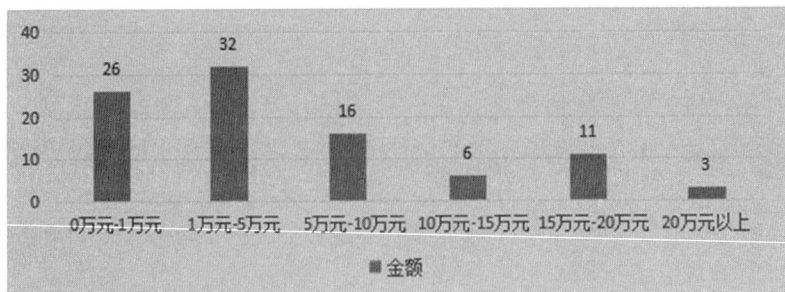

2012—2018 年全国教师体罚赔偿金额统计图（单位：件）

三、高频法条

（此处统计了民事案件中涉及体罚被援引的高频法律法条）

序号	法律法规名称	援引法条	引用频次
1	侵权责任法	第十六条	35
2	侵权责任法	第三十九条	33
3	侵权责任法	第六条	22
4	关于审理人身损害赔偿案件适用法律若干问题的解释	第二十一条	22
5	关于审理人身损害赔偿案件适用法律若干问题的解释	第二十二条	20
6	关于审理人身损害赔偿案件适用法律若干问题的解释	第二十三条	18
7	关于审理人身损害赔偿案件适用法律若干问题的解释	第十九条	18
8	关于审理人身损害赔偿案件适用法律若干问题的解释	第十七条	16
9	关于审理人身损害赔偿案件适用法律若干问题的解释	第十八条	14
10	侵权责任法	第二十二条	13
11	侵权责任法	第二十六条	13
12	侵权责任法	第三十八条	12
13	民法通则（2009 年修订）	第一百一十九条	11
14	关于审理人身损害赔偿案件适用法律若干问题的解释	第七条	11
15	关于审理人身损害赔偿案件适用法律若干问题的解释	第二十五条	10
16	关于审理人身损害赔偿案件适用法律若干问题的解释	第二十四条	10
17	侵权责任法	第三十二条	8
18	侵权责任法	第六条第一款	8

序号	法律法规名称	援引法条	引用频次
19	关于审理人身损害赔偿案件适用法律若干问题的解释	第十七条第一款	8
20	侵权责任法	第三十四条第一款	7

四、案例解析

（一）老师对学生罚站，学生家长与老师发生纠纷案

1. 案情简介

2018年10月15日8点25分，李某（某派出所副所长）女儿在某小学上学时，因迟到被班主任老师何某罚站。之后，李某安排派出所一名民警和一名辅警前往学校调查。当日8点48分，民警将何某带离小学前往派出所。在去往派出所途中，某县110指挥中心接到李某妻子报警，报警的原因是孩子在学校被老师打了耳光。当日14点11分，何某离开派出所。

2018年10月18日，一则题为"对学生罚站几分钟，教师被关七小时"的新闻在网上引发热议。据这位何老师所言："一进派出所就被直接关押在审讯室，一待就是七个小时，全程被人监视，限制人身自由，没给过一口水、一粒饭。"这番遭遇让她满脑子都是审讯室里的情景，甚至"噩梦连连"。而针对女孩所述"被何老师打了一个耳光"的说法，何老师说："可能有动作手势示意她站在讲台上面，不小心摸到她的脸，但是绝对没有故意打她耳光。"

2. 处理结果

经调查，李某作为共产党员、公安干警，在处理师生关系、家校关系的过程中，违规使用公权力，违反公安机关办案回避规定，违规派警处理涉及本人家庭成员与他人的纠纷，且处置不当。某县纪委监委决定：给予李某记大过处分，由县公安局免去李某副所长职务，由

组织人事部门将其调离公安系统。

3. 笔者评析

这是一起因老师对学生进行罚站而产生纠纷的案例。在教育学生时，老师往往是恨铁不成钢的心态。为此，老师惩罚违纪学生站立几分钟，大部分学生和家长是可以理解的。但万一遇到不理解的，如本案中的学生和家长，与老师发生纠纷，且家长对老师做出过激行为，这对老师、学生和学生家长都会造成伤害，得不偿失。从法律的角度来看，老师对学生罚站，违反了法律规定，为了维护学生的合法权益，避免产生纠纷，老师不得对学生进行体罚。

（二）老师体罚学生，被判承担 90% 的赔偿责任案

1. 案情简介

湖南省某中学教师陈某，担任受害人肖某甲、肖某乙所在班级的班主任。2014 年 9 月 5 日，陈某在上早自习期间，将正在讲小话的肖某甲、肖某乙、吕某某叫到办公室进行批评教育，在批评教育的过程中对肖某甲、肖某乙、吕某某进行了殴打，造成了肖某甲、肖某乙受伤住院的严重损害后果，其中肖某甲的伤势经鉴定构成了十级伤残。

2. 法院观点

教师的职责是教书育人，殴打学生的行为已经超出了教师的权限。肖某甲、肖某乙在校期间因为上课讲小话被其班主任陈某叫至办公室并被殴打致伤，陈某的体罚行为违反了未成年人保护法的规定，陈某明知自己的行为会造成他人损害，仍希望这种损害结果的发生，对两学生的受伤存在主观上的故意，根据《关于审理人身损害赔偿案件适用法律若干问题的解释》第九条的规定，陈某与湖南省某中学应就相关学生受伤所造成的损失承担连带赔偿责任。

虽然湖南省某中学在全体教师会议上明确提出不能打骂以及以其他的方式体罚学生，尽到了一定的监管职责，但在聘请陈某为教师时，对陈某的教师资格没有进行审查，存在一定的疏忽和懈怠，应对两学生的损害后果承担一定的责任。综合本案实际情况，湖南省某中学应对两学生的损害后果承担 10% 的赔偿责任，陈某应对两学生的损害后果承担 90% 的赔偿责任。

3. 笔者评析

我国现行法律明文规定不得体罚和变相体罚学生，如教育法规定"禁止体罚学生"。教师应当尊重学生的人格，不得歧视学生，不得对学生实施体罚、变相体罚或者其他侮辱人格尊严的行为，不得侵犯学生合法权益。本案中，教师对学生进行体罚，触及了法律红线，造成了学生身体伤害，教师和学校都被判承担民事责任，这种判决结果体现了法律的严肃性。

五、防控指南

1. 教师应当依法教育学生，禁止教师对学生进行体罚。大多数情况下，教师体罚学生应该是出于教育学生的目的，但法律明文规定教师不得对学生进行体罚，在这种情况下，教师的教育目的和法律规定似乎陷入一种矛盾；且学生人数众多，肯定会有不遵守纪律的学生，如果学校教师全凭说服教育会显得苍白无力，学校教学秩序也难以得到保障。对此，教师应当在教育惩戒与法律规定之间找到平衡点，禁止对学生进行体罚。

2. 对教职工进行与体罚相关的法律知识培训。学校可定期邀请法律专业人士对教职工进行与体罚相关的法律知识培训，让教职工了解体罚所带来的法律风险，了解体罚对应的各项法律法规、行业规定，认识到体罚造成人身伤害后，法律后果严重。体罚不仅仅可能带来身体上的伤害，还可能带来精神上的伤害，引发自杀、自残事件，这种严重后果必将带来更严重的法律责任。

3. 学校或教育主管部门为教师提供交流平台。学校或教育主管部门可定期组织培训，邀请有经验的教师分享教育方法，为教师提供交流平台，促进教师整体素质的提高，间接摒弃教师对学生进行体罚的思想。

4. 加强对学生遵纪守法的教育、培训。学校在开学时应告知学生学校的规章制度，并与学生签订《学生遵规守纪承诺书》，让学生知晓学校的规章制度以及违反规章制度的后果。此外，还可定期邀请法律专业人士宣讲法律知识和学校的规章制度，以强化学生遵纪守法的意识。

第二节 教师毁坏学生财物

一、概述

学生的财物包括学习用品、手机、电脑、其他电子产品等。

法律对学生财物安全的保护有明确规定，其中《宪法》第十三条第一款规定：公民的合法的私有财产不受侵犯。《物权法》第四条规定：国家、集体、私人的物权和其他权利人的物权受法律保护，任何单位和个人不得侵犯。

本节主要围绕教师毁坏学生财物的法律风险及防控而展开。

二、现状

笔者通过中国裁判文书网、最高人民法院网等网站检索出涉及教师毁坏学生财物的 5 起案件，其中民事案分布由多至少分别是侵权责任纠纷、人格权纠纷。

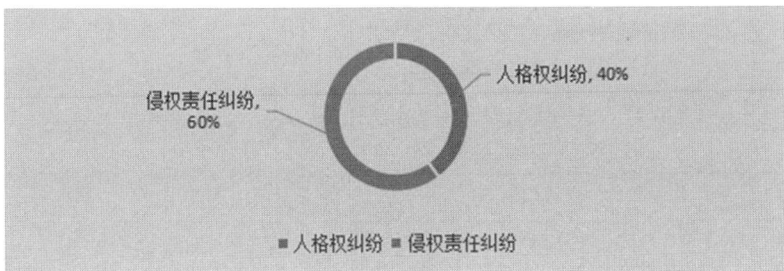

从程序分类统计我们可以得出这类民事案件当前的审理程序分布状况，其中一审案件有4件，二审案件有1件。一审上诉率为25%。

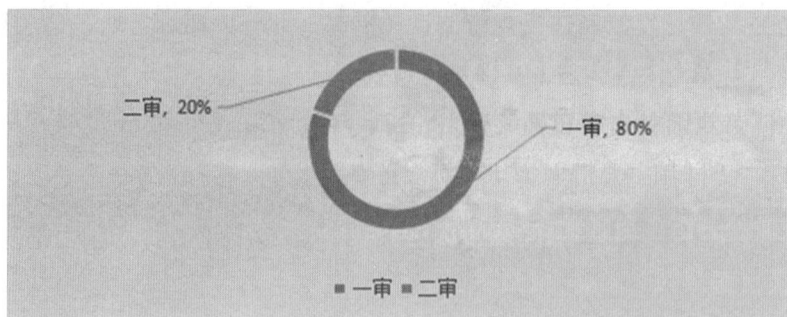

三、高频法条

（此处统计了民事案件中被援引的高频法律法条）

序号	法律法规名称	援引法条	引用频次
1	侵权责任法	第六条	4
2	侵权责任法	第三十九条	3
3	关于审理人身损害赔偿案件适用法律若干问题的解释	第二十二条	3
4	侵权责任法	第二十二条	2
5	侵权责任法	第十六条	2
6	未成年人保护法（2012年修订）	第七条	2
7	未成年人保护法（2012年修订）	第六条	2
8	未成年人保护法（2012年修订）	第十九条	2
9	关于审理人身损害赔偿案件适用法律若干问题的解释	第三十五条	2
10	关于审理人身损害赔偿案件适用法律若干问题的解释	第二十七条	2
11	关于审理人身损害赔偿案件适用法律若干问题的解释	第二十九条	2
12	侵权责任法	第三条第	1
13	侵权责任法	第二十四条	1

序号	法律法规名称	援引法条	引用频次
14	学生伤害事故处理办法（2010 年修订）	第九条 第一项	1
15	学生伤害事故处理办法（2010 年修订）	第九条 第九项	1
16	学生伤害事故处理办法（2010 年修订）	第九条 第二项	1
17	学生伤害事故处理办法（2010 年修订）	第九条 第十二项	1
18	学生伤害事故处理办法（2010 年修订）	第九条第十项	1
19	关于审理人身损害赔偿案件适用法律 若干问题的解释	第七条	1
20	关于审理人身损害赔偿案件适用法律 若干问题的解释	第二十一条	1

四、案例解析

汪某诉学校赔偿案

1. 案情简介

汪某文是某中学高中三年级学生，在学习期间沉溺于玩手机。2016 年 9 月 21 日晚，汪某文在上晚自习时玩手机，被其班主任阮某发现，阮某一气之下没收了汪某文的手机，并将该手机在教室砸坏。随后，阮某通知汪某文的家长将汪某文带回家中。3 天后，汪某文回到学校上课，又因玩手机的事情与阮某发生争执，汪某文遂辍学回到家中。同年 12 月，汪某文回到学校进行高考报名，他交纳了报名费 600 元，但并未参加学校举行的期末考试。2017 年 2 月 1 日，汪某文在东流大闸处溺水身亡。得知汪某文溺水身亡的消息，汪某文的父亲汪某欲哭无泪，汪某与某中学协商赔偿事宜未果后，将该中学起诉至法院。

2. 法院观点

汪某文在学校就读期间，学校及其教师有义务对汪某文进行必要的教育管理。汪某文在上课期间玩手机，违反了校纪校规，学校及其教师依据学校规章制度对其进行阻止，并进行批评教育，符合教育法的规定。但学校教师在具体方法上采取打砸等方式，存在教育、管理上的瑕疵。

汪某文于 2016 年 9 月底辍学回家至 2017 年 2 月 1 日身亡，已逾 4 个月，并已满十八周岁，且汪某文虽因溺水身亡，但经公安机关调查，并未确定其具体的死亡原因。故汪某无证据证明学校在教育管理上的瑕疵与汪某文的溺水身亡之间存在法律上的因果关系。

学校教育管理上的瑕疵与汪某文溺水身亡之间虽然不存在法律上的因果关系，但可以根据实际情况进行适当补偿。最终，判决学校赔偿汪某手机损失 5400 元，退还报名费 600 元，补偿汪某文人身损害各项损失 24000 元给汪某。

3. 笔者评析

我国宪法和物权法都规定，私人的合法财产受法律保护，禁止任何单位和个人侵占、哄抢、破坏。在本案中，学校教师没收并砸坏学生汪某文的手机，侵犯了学生的财产权，故学校须赔偿汪某文的手机费用。学生汪某文的死亡结果与学校没收并打砸学生手机的行为之间不存在法律上的因果关系，学校不需要对汪某文的死亡承担侵权赔偿责任，但法院可以实际情况判决学校对汪某文人身损害的损失进行适当补偿。故法院判决该学校承担补偿汪某人身损害各项损失 24000 元的责任是符合法律规定的。

五、防控指南

1. 学校应定期对教师开展法律知识培训。学校应当定期对教师开展普法培训，让教师知道哪些是可为行为，哪些是不可为行为，并知道违反法律法规的后果。

2. 教师应当约束自己的行为。教师应敬畏法律，约束自己的行为，避免因情绪失控毁坏学生的财物而引发纠纷，导致学校承担侵权责任。

3. 学校要加强对学生的管理。学校要制定学生财物安全管理的细则，如：禁止学生上课时使用手机，非学习需要，不得携带手提电脑进入校园，并制定学生违反该细则的处罚措施。

4. 充分发挥学生家长的作用。学校教师要多与家长沟通，让家长配合学校的工作。家长要督促学生，非学习需要，不带电子产品进入校园。

第四章

校园安全保障体系不健全

校园安全保障体系包括校园食品卫生安全保障、校园消防安全保障、学生交通安全保障、校园健康应急保障等体系。在这些保障体系中，任何一项保障体系不健全都可能导致学生权益受到损害，从而引发纠纷。本章节主要就校园食品卫生安全保障、学生交通安全保障、校园健康应急保障的法律风险防控而展开。

第一节 校园食品卫生安全

一、概述

校园食品卫生安全问题是指校园里关于食品卫生方面存在的安全问题，可分为校园食堂食品卫生安全问题、校园小卖部食品卫生安全问题、外来食品卫生安全问题。

校园食品卫生安全问题的主要表现形式是食物中毒，食物中毒包括：细菌性食物中毒、化学性食物中毒、有毒动植物中毒等。

二、校园食品卫生安全的现状

食品卫生安全问题是关系人民群众身体健康与社会稳定的重大问题，越来越引起社会的关注，特别是青少年食品卫生安全，直接关系到祖国下一代的健康成长，关系到亿万家庭的幸福、社会的稳定。近年来，随着我国教育事业的快速发展，国家在教育事业上投入的经费不断增加，学校食堂的条件无论从硬件改造还是软件建设上都有了显著改善，学校食品卫生安全管理的水平也正在稳步提高。但由于我国经济社会发展不均衡，部分学校食堂的管理制度不健全，责任落实不到位；食堂负责人安全风险意识不强；学生对食品卫生安全的重视不够，自我保护意识差。一些学校又忽视了对学生食品卫生安全的教育，不少经营者趁机受利益的驱动，向学生销售不符合卫生标准的劣质食品。以上种种情况导致食品卫生安全事故时有发生，并使校园食品卫生安全问题越来越成为一个不容回避的问题。

为了解校园食品卫生安全引发的纠纷，笔者通过中国裁判文书网、最高人民法院网等网站检索出 2012—2018 年涉及校园食品卫生安全问题的案例 24 个，从下图的年份分布我们可以看到当前条件下案例数量的变化趋势。

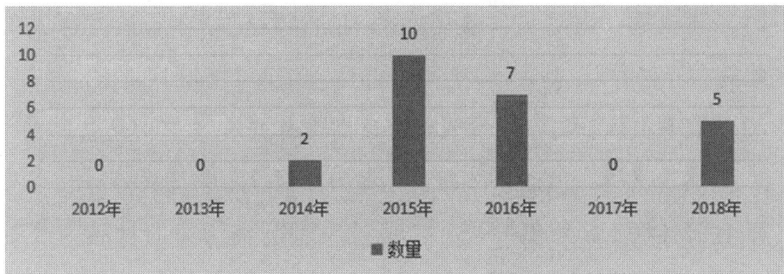

2012—2018 年全国校园食品卫生安全案例数量变化趋势图（单位：个）

笔者经过分析，发现引起校园食品卫生安全事故中常见疾病发生的种类和原因主要如下：

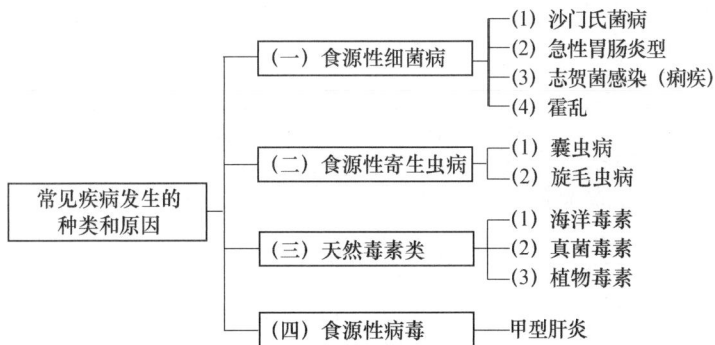

1. 食源性细菌病

（1）沙门氏菌病：这种病多发生在夏季，可通过水和食物传播，容易引起中毒的食品主要是肉类食品，致病原因是食物存放不当被病菌污染，以及食品食用前未被烧熟煮透所致。

（2）急性胃肠炎型（食物中毒）：该病潜伏期为 12~24 小时，轻者恶心、呕吐、腹痛、腹泻、发热；重者有寒战、惊厥、抽搐与昏迷症状，病程 3~7 天，愈后良好。

（3）志贺菌感染（痢疾）：痢疾杆菌随患者或带菌者的粪便排出，通过污染手、食品、水源或生活接触，或苍蝇、蟑螂等间接方式传播，最终均经口入消化道使易感者受感染。

（4）霍乱：因进食被霍乱弧菌污染的食物和水而引起，常见的传播方式有：海产品未煮熟；生食蔬菜；吃水果不去皮；制作食品过程中或食品存放时被污染。

2. 食源性寄生虫病

（1）囊虫病：人吃了含囊尾蚴的肉后，囊尾蚴在肠道发育成虫，引起此病。

（2）旋毛虫病：与吃生食或半生食肉类有关。

3. 天然毒素类。包括海洋毒素、真菌毒素、植物毒素等。

4. 食源性病毒。甲型肝炎，常见被甲型肝炎污染的食品为冷菜、水果和果汁、乳制品、蔬菜、贝类和冷饮。

三、高频法条

（此处统计了民事案件中涉及食品卫生安全的被援引的高频法律法条）

序号	法律法规名称	援引法条	引用频次
1	食品安全法（2015 年修订）	第一百四十八条	27323
2	食品安全法（2015 年修订）	第一百四十八条第二款	20800

序号	法律法规名称	援引法条	引用频次
3	食品安全法（2015 年修订）	第三十四条	10101
4	关于审理食品药品纠纷案件适用法律若干问题的规定	第十五条	6263
5	关于审理食品药品纠纷案件适用法律若干问题的规定	第三条	5260
6	食品安全法（2015 年修订）	第六十七条	5144
7	食品安全法（2015 年修订）	第二十六条	5025
8	食品安全法（2015 年修订）	第九十六条	3836
9	食品安全法（2015 年修订）	第三十四条第十项	3795
10	消费者权益保护法（2013 年修订）	第五十五条	3668
11	食品安全法（2015 年修订）	第一百五十条	3545
12	消费者权益保护法（2013 年修订）	第二条	3377
13	产品质量法（2009 年修订）	第三十三条	3237
14	关于审理食品药品纠纷案件适用法律若干问题的规定	第六条	3100
15	合同法	第一百零七条	2866
16	食品安全法（2015 年修订）	第九十七条	2738
17	合同法	第八条	2679
18	合同法	第六十条	2470
19	合同法	第一百三十条	2417
20	食品安全法（2015 年修订）	第九十六条第二款	2390

四、案例解析

K 县某校学生集体食物中毒案

1. 案情简介

2011 年 9 月某日，K 县某学校发生学生集体食物中毒事件，学生张某是该学校食物中毒事件的受害者之一，其先后在 K 县、北京等医院进行治疗。同年 9 月 21 日，张某的法定代理人庞某作为乙方与作为甲方的 K 县某学校就食物中毒赔偿事宜签订了协议书一份，该协议约定："甲方先支付乙方 3 万元，自 2011 年年底每年支付乙方 1.5 万元的费用，直至满 24 万元为止。" K 县某学校于签订协议当天支付张某食物中毒事件赔偿款 3 万元。2012 年 1 月，K 县某学校又支付了 1.5 万元赔偿款给张某，之后，K 县某学校认为双方签订的协议书显失公平，未再支付赔偿款给张某。张某遂向法院提起诉讼，要求 K 县某学校支付赔偿款 19.5 万元。

2. 法院观点

张某的法定代理人庞某与 K 县某学校在食物中毒事件发生之后，在双方自愿的基础上达成赔偿协议，双方均表示认可，且协议并未约定在张某身体康复的情况之下就可以减少 K 县某学校的赔偿责任。故 K 县某学校提出"随着时间的推移，食物中毒对张某身体的影响就不存在了，由此认为双方签订的协议书显失公平，要求减轻己方的赔偿责任"的主张理由不充分，K 县某学校应严格按照协议书履行义务。

3. 笔者评析

在实践中，学校发生食物中毒事件纠纷后，双方以通过和解方式解决纠纷的比较常见。当事人在自愿的基础上签订的和解协议书，具有法律效力。若一方当事人认为协议内容显失公平，可申请人民法院撤销协议书，但应当在知道或者应当知道撤销事由之日起一年内行使撤销权。本案中，K 县某学校未在法律规定的期间内行使撤销权，该撤销权消灭，学校应当按照原协议履行义务。

五、防控指南

1. 加强重点区域的防范，从源头上预防食品卫生安全事故发生。校园大型食堂、校园饮水系统与食品卫生安全事故的发生直接相关，如果食堂的食物或饮用水源不符合食品卫生安全标准，往往容易引发大型食品卫生安全事故，造成巨大危害，因此，应当重点防范该区域。

要严禁不符合食品卫生安全标准的食物进入食堂，如"三无产品"、霉变食物、过期食品等，以确保从源头上预防食品卫生安全事故发生。

2. 建立健全学校食品卫生安全管理制度。学校应当按照《食品卫生安全法》《食品卫生安全法实施条例》《国务院食品卫生安全办等6部门关于进一步加强学校校园及周边食品卫生安全工作的意见》等法律法规的要求，从食品的进货、销售、贮存、加工各个环节严加管理，并制定各项管理制度，如：食品采购制度、食品销售安全管理制度、食品贮存管理制度、食品粗加工制度、食品烹饪加工制度、食品留样制度等。同时，严格遵照制度执行，加强管理，防患于未然。

3. 学校应定期开展食品卫生安全的教育培训。学校要将食品卫生安全教育培训纳入考核指标，每学期组织开展食品卫生安全专题教育培训，重点针对食堂、饮水系统工作、管理人员进行规范培训，使其掌握食品、水源相关安全知识。学校还应将食品卫生安全内容与主题班会、课外实践等活动紧密结合，开展经常性教育活动。同时，可以通过宣传栏、宣传册等，定期向学生传递食品卫生安全、食物的营养价值等信息，推动学生形成健康的饮食习惯。

4. 学校应成立食品卫生安全管理工作领导小组，落实主体责任。第一，制定食品卫生安全事故应急预案。学校应依法成立食品卫生安全管理工作领导小组，制定食品卫生安全事故应急预案，若发生食品卫生安全事故，立即启动食品卫生安全事故应急预案。第二，制定食品卫生安全事故的紧急处理流程和处置方案。学校在制定食品卫生安全事故的紧急处理流程和处置方案时，各条款内容要明确、具体：发生食品卫生安全事故后，学校应立即按食品卫生安全事故应急预案紧急处理；卫生行政部门以及人民政府介入事故处理前，由学校食品卫生安全管理工作领导小组负责人统一领导、指挥；学校卫生室工作人员应早期识别学生是否为食物中毒，如为食物中毒，应立即寻找中毒食物来源，避免毒物来源继续扩散，封存有毒食品，便于公安部门检验、查验；同时，学校卫生室工作人员应对中毒者积极催吐或送医院进一步诊治，挽救已中毒人员生命等；其他工作人员在负责人的指挥下共同协助处理食品卫生安全事故。

第三，落实食品卫生安全管理的主体责任。学校要落实校园食品卫生安全管理的主体责任，实行食品卫生安全校长负责制，并将保障校园食品卫生安全作为保障校园安全的重要内容，每学期进行专题研究。建立健全校园食品卫生安全管理制度，明确食品卫生安全管理人员和每个岗位人员的安全职责，层层签订食品卫生安全责任书。

5. 食品安全事故纠纷的处置

（1）学校的报告义务。学校发生了食品安全事故，应当在事故发生之时起 2 小时内向事故发生地县（区）级人民政府食品药品监督管理、卫生行政部门报告。

（2）食品安全事件纠纷的处理。学校应选择恰当的处理方式解决纠纷。学校对于学生食物中毒损害后果不严重、损失确定的纠纷，可以通过调解的方式解决；学校对于学生食物中毒损害后果严重、损失暂时不确定的纠纷，也可以通过调解的方式解决；但建议学校在确定学生的损失时，以第三方专业鉴定机构认定的受害学生的损失为依据。学校也可根据自己的实际情况以及受害方的意见，确定恰当的解决方式。

第二节　学生交通安全问题的法律风险及防控

一、概述

（一）学生交通安全问题的概念

本书中所指的学生交通安全问题是指学生上学放学途中或学校组织的外出活动中的交通安全问题。

（二）学生交通出行的类型

以学校参与度划分，学生交通出行的类型包括学生上学放学出行和外出活动出行两种。

以交通方式划分，学生交通出行的类型包括：步行、骑自行车、骑电动车、乘坐校车、乘坐公交车、乘坐出租车、乘坐农用车、私家车接送、搭便车等多种方式。

二、学生交通安全的现状

中小学生的交通安全问题占全体学生交通安全问题的比例较高，近年来，各级政府和职能部门对中小学生交通安全教育采取了不少措施，取得了一些成效，积累了不少成功的经验。但从长远和全局看，中小学生的交通安全教育仍非常薄弱：一是教育缺乏系统性，全国各地均没有较为完整和系统的教育规划，地方性教育活动也只是小范围的短期行为；二是教育经费短缺，不少地方不重视中小学生交通安全教育，无论在人力还是财力上都难以保障；三是交通安全教育的社会意识不强，全社会没有良好的教育氛围。

笔者通过中国裁判文书网、最高人民法院网等网站检索出涉2012—2018年及学生交通安全的48起案例，从案由分类情况我们可以看到：侵权责任纠纷中当前最主要的案由是机动车交通事故责任纠纷，有35件，占一半以上；其次是教育机构责任纠纷，再是其他侵权责任纠纷。

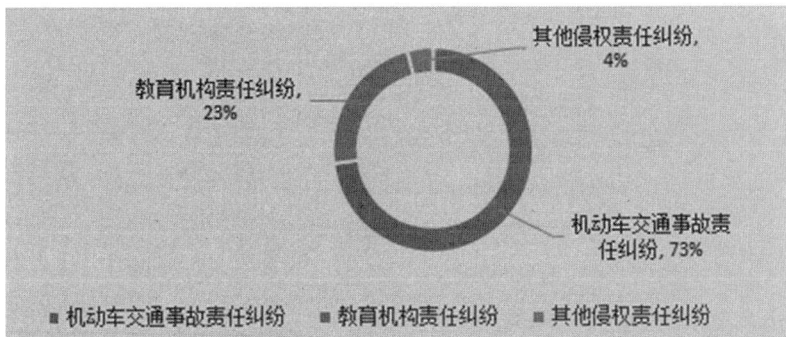

学生交通安全一旦发生状况，往往离不开赔偿问题。笔者为深入了解学生交通安全事故问题，分析了2012年至2018年涉及学生交通安全问题的案例，从案例中我们得知：70%以上的学校都购买了保险，大部分情况下发生事故需学校担责时，保险公司都能够进行赔付；有

45 起案件涉及赔偿问题，赔偿金额在 0~1 万元（包含 1 万元）的有 9 件，1 万元~5 万元（包含 5 万元）的有 10 件，5 万元~10 万元（包含 10 万元）的有 13 件，10 万元~20 万元（包含 20 万元）的有 8 件，20 万元以上的有 5 件。

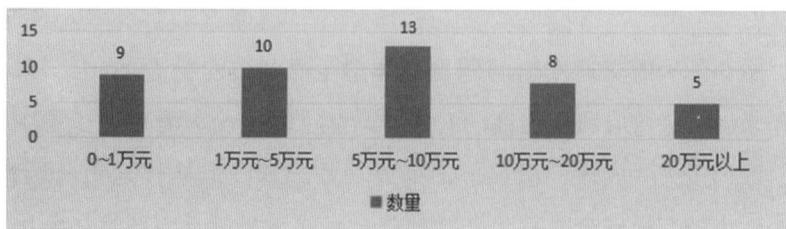

2012—2018 年全国学生交通安全事故赔偿金额统计图（单位：件）

三、高频法条

（此处统计了民事案件中涉及学生交通安全的被援引的高频法律法条）

序号	法律法规名称	援引法条	引用频次
1	侵权责任法	第十六条	24
2	关于审理人身损害赔偿案件适用法律若干问题的解释	第十九条	24
3	道路交通安全法（2011 年修订）	第七十六条	22
4	侵权责任法	第四十八条	20
5	关于审理人身损害赔偿案件适用法律若干问题的解释	第十七条	18
6	关于审理人身损害赔偿案件适用法律若干问题的解释	第二十二条	17
7	关于审理人身损害赔偿案件适用法律若干问题的解释	第二十一条	13
8	关于审理人身损害赔偿案件适用法律若干问题的解释	第二十三条	13
9	关于审理人身损害赔偿案件适用法律若干问题的解释	第二十条	12

序号	法律法规名称	援引法条	引用频次
10	侵权责任法	第六条	11
11	关于审理人身损害赔偿案件适用法律 若干问题的解释	第十八条	11
12	侵权责任法	第三十八条	10
13	关于审理人身损害赔偿案件适用法律 若干问题的解释	第二十四条	9
14	侵权责任法	第二十二条	8
15	道路交通安全法（2011 年修订）	第七十六条 第一款	8
16	关于审理人身损害赔偿案件适用法律 若干问题的解释	第二十七条	8
17	关于审理人身损害赔偿案件适用法律 若干问题的解释	第二十九条	8
18	关于审理人身损害赔偿案件适用法律 若干问题的解释	第二十五条	8
19	侵权责任法	第二十六条	7
20	保险法（2015 年修订）	第六十五条	7

四、案例解析

小学生何某交通事故案

1. 案情简介

2013 年 6 月 27 日 17 时，朱某（未取得校车驾驶资格）驾驶郴州市某小学所有的大型专用校车与马某护送该校一批学生回家。当校车行驶至某路段时，朱某将车停靠在其行驶方向道路的左边位置。在马某将 3 名学生送至校车左侧后，其中一名学生何某从道路左侧经过校车车头（由南往北），欲横穿至道路的右侧时，遭到从校车后面的右侧道路驶来的由罗某驾驶的车辆碾压，何某左腿受伤。随后，何某家人与郴州市某小学发生纠纷，何某家人将该小学推上了被告席。

2. 法院观点

原告何某欲从被告校车车头横穿道路时发生了交通事故，此时校车并未离开，公安交警部门已认定被告郴州市某小学的校车是交通事故的参与方，据此，可认定原告与被告的校车具有紧密的联系，尚未脱离被告校车的管控范围，亦即被告对原告仍具有管理职责。

综合考虑交通事故发生的原因、《道路交通事故认定书》的认定结论（罗某在交通事故中负主要责任，朱某和马某在交通事故中共同承担次要责任，何某在交通事故中无责任）、本事故发生时的具体情节及各侵权人的过错程度，法院认定罗某承担交通事故 60% 的赔偿责任，被告郴州市某小学承担朱某和马某在交通事故中的次要责任，即 40%的赔偿责任。

3. 笔者评析

郴州市某小学知道或者应当知道驾驶人朱某未取得校车驾驶资格，置乘车学生人身安全于不顾仍聘请朱某驾驶校车，该选人不当的行为严重违反了《校车安全管理条例》的规定。另外，郴州市某小学的工作人员朱某、马某的过错行为也导致了何某离开校车后脱离监护人保护，他们将无民事行为能力人置于随时可能遭受机动车伤害的危险状态，为本事故发生创造了前提条件。因此，相应的侵权责任应由郴州市某小学承担。

五、防控指南

为保障学生交通安全，各学校应当做好以下工作：

1. 增强学生交通安全意识。部分学生特别是中小学生交通安全意识淡薄，是发生交通安全事故的高危人群，学校应定期对学生进行交通安全知识教育、培训，提高学生的交通安全意识，这有助于降低交通事故的发生率。

2. 按照《校车安全管理条例》的要求管理校车。校车的安全事关千家万户的幸福，我国针对校车制定了严格的管理制度，学校应当按照《校车安全管理条例》的要求制定校车管理制度，并按照管理制度的要求严格管理校车。

学校在校车出车前应当进行安全性能检查，校车停车时应该展开专用校车停车指示标志，警示其他通行车辆。学校应禁止不符合安全要求或可能不符合安全要求的校车行驶，并制定合理的校车行驶路线，学校可以和公安部门、学生家长协商校车行驶路线，及时发现并纠正不合理的校车行驶路线，确保校车安全行驶。

3. 加强对校车驾驶人的管理。校车驾驶人是对学生交通安全产生重大影响的人员，学校应当按《校车安全管理条例》的要求严格执行校车驾驶人上岗制度，禁止不符合要求的校车驾驶人上岗。学校还应派专人定期对校车驾驶人进行安全驾驶培训，提高校车驾驶人安全意识以及安全驾驶能力，保证校车驾驶人安全驾驶。

第三节 校园健康应急保障体系不健全法律风险及防控

校园健康应急保障体系是校园安全保障体系的重要组成部分，对于保障校园学生生命健康安全具有重要的现实意义。虽然我国国民经济快速发展，政府对教育行业的投入也逐年增加，但校园健康安全保障工作的步伐却远滞后于经济建设的步伐，校园学生生命的健康安全越来越成为人们关注的问题，由校园健康应急保障体系不健全引发的纠纷越来越多，学校也因此面临更大的风险。因此，校园健康应急保障工作的意义重大而深远。

一、概述

1. 校园健康的定义。本章节的校园健康是指学生的人身安全、身体健康以及心理健康。产生或导致校园健康问题的原因及隐患有很多，如：冬天地面结冰容易导致学生滑倒摔伤；教师体罚学生，让学生身心受到伤害；学生上体育课、参加运动发生损伤以及癫痫发作；等等。

学校如何及时应对校园健康问题，就产生了校园健康应急保障的建设工作。

2. 校园健康应急保障工作的定义。校园健康应急保障工作是指发生学生人身安全、身体健康以及心理健康等校园健康问题时，学校为及时应对和处理而实施的保障工作。校园健康应急保障工作是学校必须开展和实施的工作，当学生出现校园健康问题时，学校如未及时有效地应对和处理，可能会承担相应的法律后果。

3. 学校卫生室及其工作人员。在学校里，学校卫生室是承担校园健康应急保障工作的一个重要部门。学校卫生室是校园内提供医疗服务的地方，学校卫生室水平的高低是衡量校园健康应急保障工作水平的重要指标。

学校卫生室工作人员是教育系统中的卫生专业技术人员，承担学校师生的疾病防治、卫生保健、学校卫生监督、卫生宣传等方面的工作，是学校教育教学工作中不可或缺的人员。学校卫生室工作人员专业水平的高低直接决定学校卫生室医疗专业水平的高低。

二、现状

笔者通过中国裁判文书网、最高人民法院网等网站检索出 2014—2018 年涉及校园健康应急保障体系的 49 起案例，从下图我们可以看到近些年涉及校园健康应急保障体系民事案件数量的变化趋势。

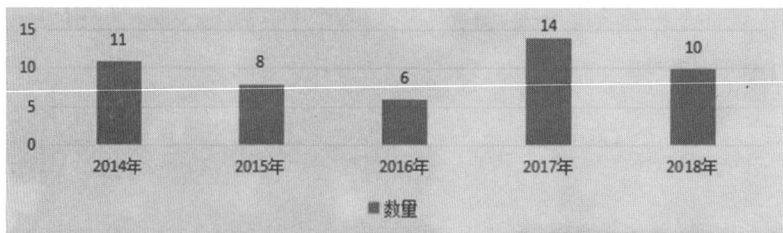

2014—2018 年全国校园健康应急保健体系不健全纠纷案例数量统计图（单位：件）

从程序上看，一审案件有 33 件，二审案件有 13 件，再审案件有 2 件，执行案件有 1 件。通过对一审裁判结果分析我们可知：全部/部分支持诉讼请求的有 13 件，占比为 39.39%；撤回起诉的有 9 件，占比为 27.27%；其他的有 8 件，占比为 24.24%。涉案中纠纷发生的原因主要有：游泳受伤、地面太滑受伤、高楼坠落受伤、校外人员殴打受伤、课间玩耍受伤、特长课训练受伤、其他情形受伤等。

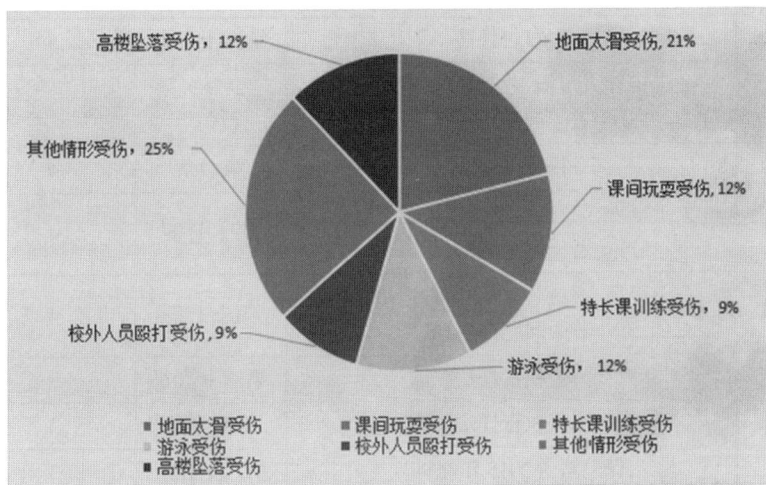

2014—2018 年全国校园健康应急保障体系问题发生原因统计图

三、高频法条

（此处统计了民事案件中涉及校园健康应急保障体系纠纷的被援引的高频法律法条）

序号	法律法规名称	援引法条	引用频次
1	侵权责任法	第十六条	14
2	侵权责任法	第二十六条	11
3	侵权责任法	第三十九条	8
4	侵权责任法	第三十七条	7
5	关于审理人身损害赔偿案件适用法律若干问题的解释	第二十一条	7

序号	法律法规名称	援引法条	引用频次
6	关于审理人身损害赔偿案件适用法律若干问题的解释	第二十二条	7
7	侵权责任法	第二十二条	6
8	侵权责任法	第六条	6
9	关于审理人身损害赔偿案件适用法律若干问题的解释	第十九条	6
10	侵权责任法	第三十七条	5
11	关于审理人身损害赔偿案件适用法律若干问题的解释	第二十三条	5
12	侵权责任法	第六条	4
13	关于审理人身损害赔偿案件适用法律若干问题的解释	第十七条	4
14	关于审理人身损害赔偿案件适用法律若干问题的解释	第十七条	4
15	侵权责任法	第三十八条	3
16	侵权责任法	第四十条	3
17	保险法（2015 年修订）	第六十五条	3
18	关于审理人身损害赔偿案件适用法律若干问题的解释	第二十条	3
19	关于确定民事侵权精神损害赔偿责任若干问题的解释	第八条	3
20	侵权责任法	第二条	2

四、案例解析

（一）艺术培训学校未及时救治学生，对学生损害后果承担全责一案

1. 案情简介

2013 年 1 月 20 日上午，杨某在某艺术培训学校进行舞蹈培训，在练习下腰动作过程中受伤，出现不适。该校教师巫某电话通知杨某母亲，杨某母亲委托其妹妹到某学校接走杨某。之后，杨某先后被送至

湖南各大医院及北京博爱医院进行诊断、治疗和康复。经北京明正司法鉴定中心鉴定，被鉴定人杨某本次外伤所致损伤构成一级伤残，伤残赔偿指数100%。浙江汉博司法鉴定中心于2015年4月23日作出鉴定意见：被鉴定人杨某于2013年1月20日上午，在学习舞蹈下腰后导致的剑突以下感觉及双下肢运动功能丧失，应系无骨折脱位型脊髓急性损伤所致；此损伤与某艺术培训学校的舞蹈教学之间存在关联性及直接因果关系，其损伤参与度为100%。杨某受伤一事给家庭带来巨大损失和打击，杨某的监护人多次与某艺术培训学校协商赔偿事宜，均未果，不得不与该校对簿公堂。

2. 法院观点

首先，被告某艺术培训学校未明确告知学生及家长相关注意事项：（1）舞蹈训练的危险性；（2）对家长、学生进行安全教育，对家长作出陪同要求；（3）推荐学员自行购买意外伤害医疗保险。

其次，某艺术培训学校作为舞蹈培训机构，其培训老师作为舞蹈培训人员，二者对于舞蹈训练存在一定风险的认知应高于普通人，不能仅以一般社会经验和认知水平作为艺术学校及其培训老师的注意义务判断标准。

再次，在杨某出现异常情况后，某艺术培训学校未拨打120将杨某直接送往医院，仅仅由教师巫某以电话的形式通知杨某家长来艺术学校将杨某接走。据此，该校未尽到相应的教育、管理职责。

因此，法院认定杨某的损伤与某艺术培训学校的舞蹈教学之间存在关联性及直接因果关系，某艺术培训学校应对杨某的本次受伤的损害后果承担全部民事赔偿责任，杨某的损失共计3667113.3元，由某艺术培训学校全部承担。

3. 笔者评析

某艺术培训学校在学生杨某入学时未向杨某及其家长告知学习舞蹈时可能存在的相应风险，未进行相应的安全教育，当杨某出现身体不适时，艺术培训学校及其老师让杨某自己休息，并通知其家长，要求学生家长自行处置，而未及时将杨某送医院诊治，结果悲剧发生了。

为此，学校赔偿受害学生杨某各项损失 300 多万元，这一案件值得教育机构深思。

（二）学校未及时送患重病学生求医，被判担责 50% 一案

1. 案情简介

岳某系某学校七年级寄宿学生。2018 年 5 月 17 日下午 14 时 37 分，班主任谭某发现岳某未到教室上课，三次派人去寝室喊岳某上课，最后一次谭某亲自到寝室询问岳某哪里不舒服，但岳某没有回答，谭某便用手摸了岳某的额头，发现岳某发热，精神状态极差，谭某连喊三次，岳某才慢慢地从床上起来。谭某随后联系岳某的母亲王某前往学校。自 15 时 14 分始，岳某在教室等待母亲王某前来，其间，岳某表示"想喝水"，但教室内没有水，岳某未喝到水。15 时 29 分，王某来到了学校教室门口，谭某叫岳某出来并与王某进行了交谈。其中谈到岳某平时上课爱打瞌睡，想让岳某退学。约一分钟后，岳某从座位上走到教室门口时迎面摔倒。王某当即上前呼喊岳某，掐其"虎口""人中"穴位；谭某也随即掐岳某穴位，想扶岳某起来；岳某均无任何反应，且眼睛上翻白眼。15 时 31 分，岳某出现大小便失禁并将自身衣裤打湿，谭某便叫班上学生来帮忙。教师李某下课了看到此情况后，当即将岳某背起送往附近卫生院抢救，但送到卫生院时岳某已无生命体征，意识丧失，瞳孔散大约 4.5mm，对光反射消失。16 时 40 分，岳某被诊断为临床死亡。经鉴定，岳某的死因为急性呼吸循环衰竭。之后，岳某的父母多次找学校理论，要求学校承担赔偿责任，均未果，遂将学校诉至法院。

2. 法院观点

第一，相对于走读生而言，寄宿制学校对未成年寄宿生在教育、管理、保护上应负有的更高注意义务。

第二，该学校在意识到岳某已生病，且病情较重时，虽在第一时间联系了学生家长，但未在此期间将岳某送医就治，而是采取等待学生家长到来的消极行为，延误了医生对岳某病情的确诊和救治。且在

此等待期间，学校亦疏于对本已患病学生的关爱和照顾，因而某学校在对患病学生管理和保护上存在过错，应当承担相应责任。

第三，岳某虽系未成年人，但具有一定民事行为能力，其本身患有疾病，不向学校教师和家长反映病情，致使自身病情加重而未得到及时救治，其自身亦具有过错。据此应当减轻该学校的赔偿责任。

第四，岳某死亡的损失共计 670575.5 元，由学校承担 50% 的赔偿责任。

3. 笔者评析

虽然寄宿制学校的教职工本身不具有专业医学知识，不能对学生所患疾病的严重性、危急性做出准确判断，但应在高于普通人的认知范围，并应对学生采取积极救助和保护措施。该案中，教师在发现学生患重病的情况下未及时对其采取积极的救助和保护措施，结果悲剧发生了。为此，学校被法院判处对学生的损害后果承担 50% 的赔偿责任。该悲剧发生的原因之一是学校未设立卫生室，无法对患病学生进行初步诊治，无法判断出学生所患疾病的严重性和危急性。由此可见，学校按法律规定设立卫生室是非常必要的。

五、防控指南

1. 严格按照标准设置学校卫生室，为学生提供健康应急保障。目前，大部分学校虽然设置了卫生室，但由于投入相对不足，诊疗设备老化或短缺的情形非常常见，卫生室难以有效开展各种诊疗活动。学校要严格按照《学校体育卫生条件试行基本标准》《学校卫生工作条例》的要求设置学校卫生室。对于无条件建立卫生室的培训学校或托儿机构，务必对学生及家长进行基本的安全风险提示和安全教育，并建立校园健康应急救助机制。

各学校在配备应急设施设备时，应注意：

（1）所有高校、中职学校、中学应配备"必备配置"——全自动体外除颤仪；

（2）学生在600人以上的学校和寄宿制学校以及配备有专职卫生专业技术人员的学校，应当根据"基本配置"（包括全自动体外除颤仪、四肢弹性夹板、多功能颈托、快速血糖测试仪、人工呼吸复苏球、转运用氧气瓶、急救包/箱）购置设备，并逐步达到"高级配置"；

（3）其他学校可根据实际情况选择购置有关设备。

有条件的学校可以建立心理咨询室，配备专业心理咨询师，为遭受心理创伤的学生进行心理康复，为可能遭受心理创伤的学生进行心理健康引导，使其保持健康的心理状态。

2. 按规定配置卫生室工作人员。医疗活动属于技术性的专业活动，目前学校卫生室形式上普遍太小，缺乏必要的技术人员，这种情形可能会导致卫生室形同虚设，各学校应当按照《学校卫生工作条例》等相关法律法规的要求配备校园卫生室人员。

3. 保障校园健康应急保障项目建设经费。积极协调，多渠道保障工作经费。将校园健康应急保障工作经费纳入学校年度预算，确保校园健康应急保障体系建设经费充足。

4. 完善校园健康应急保障体系。学校应当建立校园健康应急保障体系，并逐步完善以下几个方面：一是要制定校园健康应急保障制度；二是要成立应急处置领导小组，在发生学校突发事件时，由领导小组负责人统一协调、指挥处理突发事件；三是制定校园健康应急处置措施，制定应急预案；四是定期对卫生室负责人、卫生室医务人员和体育老师进行卫生专业知识和急救技能培训，提高其应急急救能力；五是定期开展校园卫生安全突发事件应急医疗处置的模拟训练。通过完善健康应急保障体系，全面提高学校对校园突发卫生安全事件的识别判断能力、紧急隔离能力、控制能力以及应急处理能力。

第五章

学校教育、教学设备、设施问题的法律风险及防控

第一节　学校教育、教学设备问题法律风险及防控

一、概述

教育设备一般是指与教学、学校实验科研等有关的仪器和装备。教育设备从类型上可分为教学设备、实验科研设备。

教学设备又包括基础教学设备、电教设备、体育器材、音乐教学器材、美术教学器材等等。实验科研设备是指与实验科研有关的仪器、材料、药品、标本、模型、挂图、教具等。

学校教育、教学设备法律问题是指教育、教学设备本身存在缺陷、损毁或在使用教育、教学设备过程中产生的学生伤害事故问题或其他法律风险问题。

在教学设备中，较容易导致学生伤害事故发生的是体育器材设备。

二、现状

当前，各级教育主管部门十分重视教育信息化发展，投入大量资

金进行装备采购。但是，有很多学校在采购教育、教学设备、设施过程中未进行严格把关，且教学设备使用频繁，学校又疏于管理，对一些存在安全隐患的教学设备未及时进行检修，导致教师、学生在使用设备过程中受到伤害。

笔者通过中国裁判文书网、最高人民法院网等网站检索出 2012—2017 年涉及教学设备纠纷的裁判文书 11 篇，从下图的年份分布我们可以看到涉及学校教育、教学设备问题纠纷的案例数量的变化趋势。

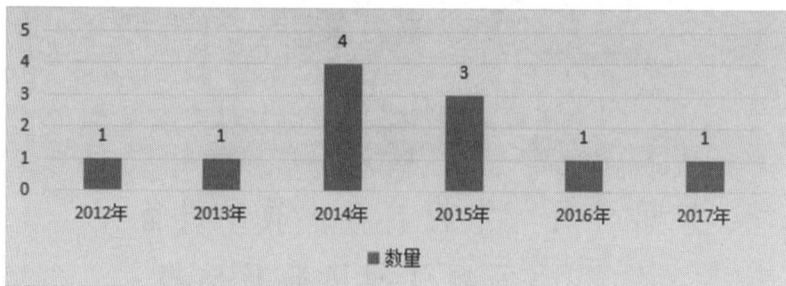

2012—2017 年全国学校教育、教学设备问题案例数量统计图（单位：件）

经过统计分析，我们发现一审案件有 7 件，二审案件有 2 件，执行案件有 2 件。我们从中推算出一审上诉率为 28.57%。

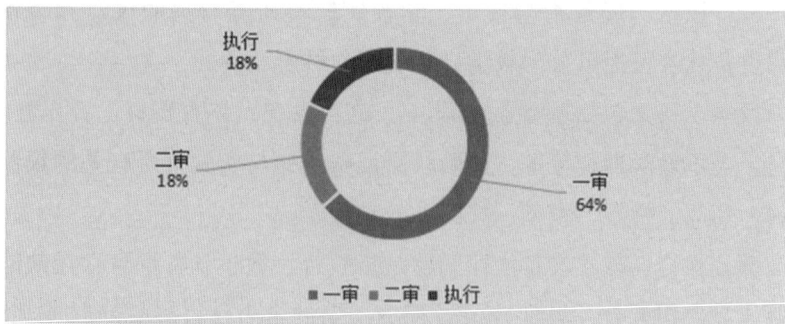

因此，学校在教育教学过程中，就教育设备的采购、维护、使用等有必要制定相应的制度，并严格执行。

三、高频法条

（此处统计了涉及教育、教学设备安全纠纷案件中所有被援引的高频法律法条）

序号	法律法规名称	援引法条	引用频次
1	侵权责任法	第十六条	4
2	侵权责任法	第三十九条	3
3	侵权责任法	第三十二条	3
4	侵权责任法	第三十八条	3
5	关于审理人身损害赔偿案件适用法律若干问题的解释	第二十一条	3
6	关于审理人身损害赔偿案件适用法律若干问题的解释	第二十三条	3
7	关于审理人身损害赔偿案件适用法律若干问题的解释	第二十二条	3
8	关于审理人身损害赔偿案件适用法律若干问题的解释	第二十五条	3
9	关于审理人身损害赔偿案件适用法律若干问题的解释	第二十四条	3
10	侵权责任法	第二十二条	2
11	保险法（2009年修订）	第十七条	2
12	关于审理人身损害赔偿案件适用法律若干问题的解释	第十七条	2
13	关于审理人身损害赔偿案件适用法律若干问题的解释	第十八条	2
14	侵权责任法	第三十二条	1
15	侵权责任法	第三十四条	1
16	侵权责任法	第二十六条	1
17	侵权责任法	第二十四条	1
18	侵权责任法	第二条	1
19	侵权责任法	第六条	1
20	侵权责任法	第十五条	1

某中学学生单杠跌落受伤案

1. 案情简介

2013 年 5 月 16 日上午，长沙某中学初二学生高某在上体育课时，自单杠上跌落受伤，被立即送至医院治疗，医院诊断为"手左股骨颈骨折"，两天后高某被转至中南大学湘雅二医院接受了内固定手术治疗。2014 年 7 月 8 日，高某接受内固定取出手术，半个月后出院。同时高某还被诊断为左股骨头缺血性坏死。2015 年 4 月 13 日，高某在上海市第六人民医院接受"左侧股骨头病灶清除 + 吻合血管游离腓骨移植"手术，住院治疗 6 天后出院。之后，高某因赔偿问题与长沙某中学协商未果，与该中学对簿公堂。

法院依法委托湘雅二医院司法鉴定中心对高某的伤残等级、后续治疗费用、护理依赖事项等进行鉴定，该中心认定高某的损伤构成八级伤残，后续治疗费用约为 6000 元，护理期为 180 日。

2. 法院观点

首先，单杠属于摆动式器材中的一种，根据《健身器材的安全通用要求》的规定，学校应在所有的碰撞区域使用规定材料设置着陆缓冲层，其目的是为了防止使用者在使用过程中受到意外伤害。但被告设置的缓冲层为塑胶地面，所使用的材料不符合规定，而高某恰好是在跌落时受伤，故被告具有过错。

其次，被告安排学生在体育课上进行自由活动时，应该能够预见到学生会前往位于操场上的单杠区活动，但未采取必要的安全措施，老师也未在场指导如何进行单杠练习，致使高某受伤，这可视为学校未尽到教育、管理职责，故其在这方面也具有过错。

再次，高某受伤时已年满 13 周岁，系限制民事行为能力人，对自己行为的性质及可能产生的后果已具有一定的判断识别能力。其在接受长沙某中学的安全问题教育后，明知无老师的指导不得进行单杠练习，却仍然进行，其本身也具有一定的过错。

综合考虑双方的过错责任大小及对损害结果的影响，法院酌定由被告承担60%的责任，由高某承担40%的责任。

3. 笔者评析

单杠是体育器材，是教育设备的一种，学生在使用过程中如未足够注意，很容易导致自身损害。

本案中，被告长沙某中学未按照《健身器材的安全通用要求》的规定设置单杠碰撞区域的着陆缓冲层，无安全防护措施，导致学生高某损害。法院判决学校对高某的损害承担60%的赔偿责任，是考虑了高某作为限制民事行为能力人，有一定的判断能力，也应承担相应的责任。

第二节　学校教育、教学设施 问题法律风险及防控

一、概述

教育、教学设施是指学校开展教育工作所需要的空间、环境，包括教室、办公室、实验室、校体育馆、运动场、操场、图书馆、游泳池、医务室、食堂、学生宿舍、教师宿舍、路面等。

学校教育、教学设施法律问题是指教育、教学设施本身存在缺陷、损毁等以及在使用教育、教学设施过程中所产生的学生伤害事故问题或其他法律风险问题。

其中学校体育馆、运动场、操场、游泳池是较容易发生学生伤害事故的教学设施。

二、现状

笔者通过中国裁判文书网、最高人民法院网等网站检索到2012—

2018 年以来涉及教学设施纠纷的 160 篇裁判文书，经过统计分析，我们发现在 160 个案例中，学校承担全部责任的有 31 件，不承担责任的有 15 件，承担部分责任的有 114 件。

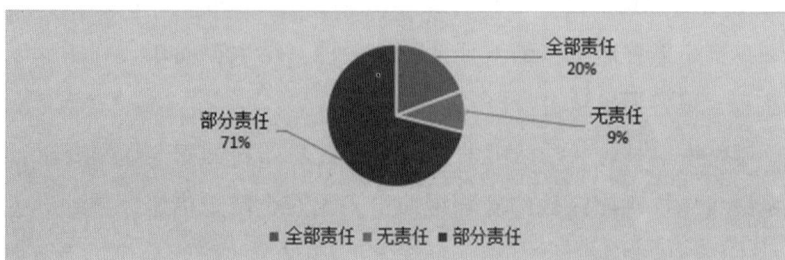

2012—2018 年全国涉及教育设施学校承担责任比例统计图

与学校教育设施纠纷有关的 160 个案例中，有 145 个学校需要承担责任，承担责任比例在 1%～20%（包含 20%）的有 30 件，20%～40%（包含 40%）的有 37 件，40%～60%（包含 60%）的有 20 件，60%～80%（包含 80%）的有 24 件，80%～100%（包含 100%）的有 34 件。

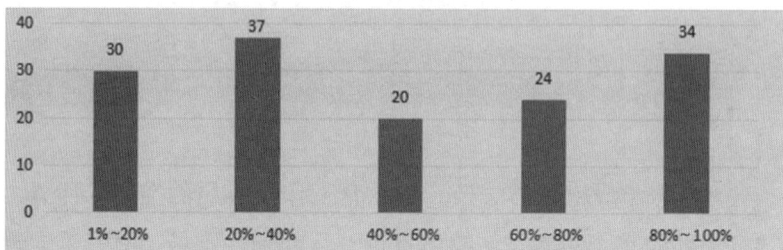

2012—2018 年全国涉及教育设施问题学校承担责任比例统计图（单位：件）

在 145 件学校需承担赔偿责任的案件中，赔偿金额在 0～1 万元（包含 1 万元）的有 23 件，赔偿金额在 1 万元～10 万元（包含 10 万元）的有 79 件，赔偿金额在 10 万元～20 万元（包含 20 万元）的有 28 件，赔偿金额在 20 万元～30 万元（包含 30 万元）的有 4 件，赔偿金额在 30 万元～40 万元（包含 40 万元）的有 8 件，赔偿金额在 40 万元～50 万元（包含 50 万元）的有 3 件。

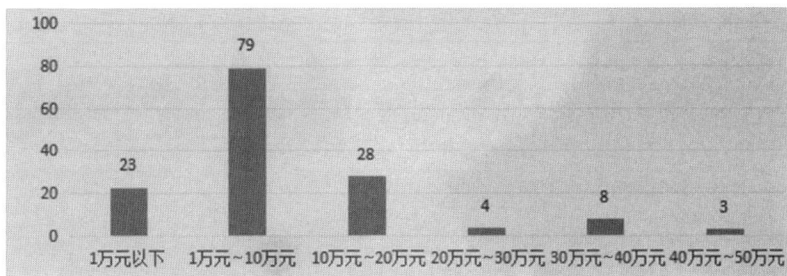

2012—2018年全国涉及教育设施纠纷案例赔偿金额统计图（单位：件）

三、高频法条

（此处统计了涉及教育设施安全纠纷案件中所有被援引的高频法律法条）

序号	法律法规名称	援引法条	引用频次
1	侵权责任法	第十六条	100
2	侵权责任法	第三十九条	80
3	关于审理人身损害赔偿案件适用法律若干问题的解释	第十九条	68
4	关于审理人身损害赔偿案件适用法律若干问题的解释	第二十一条	63
5	关于审理人身损害赔偿案件适用法律若干问题的解释	第二十二条	60
6	侵权责任法	第六条	59
7	侵权责任法	第三十二条	54
8	关于审理人身损害赔偿案件适用法律若干问题的解释	第二十三条	49
9	侵权责任法	第三十八条	47
10	关于审理人身损害赔偿案件适用法律若干问题的解释	第二十四条	46
11	侵权责任法	第二十六条	43
12	关于审理人身损害赔偿案件适用法律若干问题的解释	第十七条	41
13	侵权责任法	第二十二条	37

序号	法律法规名称	援引法条	引用频次
14	关于审理人身损害赔偿案件适用法律若干问题的解释	第二十五条	37
15	关于审理人身损害赔偿案件适用法律若干问题的解释	第十八条	30
16	关于审理人身损害赔偿案件适用法律若干问题的解释	第七条	23
17	关于审理人身损害赔偿案件适用法律若干问题的解释	第十七条	23
18	民法通则（2009年修订）	第一百一十九条	19
19	侵权责任法	第六条	15
20	侵权责任法	第十五条	13

学校和学生的法律风险防控

四、案例解析

学生雷某踩到操场上的积水不慎摔倒案

1. 案情简介

7岁的雷某是郴州某小学一年级学生，2014年3月28日9点15分，雷某因踩到操场上的积水不慎摔倒，体育老师周某发现后马上将雷某扶进教室，上午9点半左右，周某发现雷某头部有肿块，遂对雷某的头部进行了简单的冰敷。随后，校方电话通知雷某家长，告知雷某上体育课时摔倒打湿衣物，让其中午放学接人时带上衣物给雷某更换，但未告知雷某摔伤头部有肿块的情况。中午雷某家长接其回家，下午1点半左右发现雷某有呕吐现象，经询问老师才得知雷某上体育课时摔伤头部。雷某家长立即将雷某送郴州市某人民医院治疗。雷某共住院治疗12天，花费治疗费15526.96元。雷某被诊断为："1. 右侧颞顶部硬膜外血肿；2. 右侧顶部蛛网膜下腔出血"。湖南省某司法鉴定中心于2014年4月18日作出（2014）临鉴字第×××号鉴定意见书，认定雷某的伤情构成八级伤残。因赔偿问题协商不成，雷某将该学校诉至法院，要求赔偿损失。

2. 法院观点

被告学校在以下几个方面未尽教育、管理职责：

（1）未认识到其教学设施在事发时具有明显的不安全因素。事发当天因下过雨，操场低洼处有积水，已不利于进行室外体育教学，但学校仍然决定进行室外教学，学校未对室外体育教学的安全性作出合理、适当的评估。

（2）未在课前进行必要的安全教育，未在可预见的范围内采取必要的安全措施。在明知操场有积水的情况下，课前未对学生作必要的安全警示教育，未提醒学生们注意避开积水、小心滑倒，也未及时对操场上的积水进行清理，以消除安全隐患。

（3）在教学活动中未尽到必要的注意和管理职责。在学生集合过程中，学校教师未采取任何安全组织和保护措施，而是任由小学生随意活动，以致未能及时发现和制止雷某踩踏积水的危险举动。

（4）在事发后未采取全面而必要的救助措施。在雷某受伤后，只采取简单的冰敷处理，未及时将其送入医院诊治，也未如实告知家长雷某头部摔伤情况，延误治疗时机，致使其伤情加重。

综上，被告存在未尽教育、管理职责的过错，应对雷某的损伤承担赔偿责任。而雷某事发时虽年仅七岁，但也具有一定的认知能力，在行走时应主动避开积水，故其自身对踩到积水摔倒具有一定的过错，可以减轻学校的责任。综合认定被告对雷某的损失承担 90% 的赔偿责任，雷某自身承担 10% 的责任。雷某的损失为 170292.56 元，故郴州某小学应赔偿雷某 153263.30 元。

3. 笔者评析

学校操场是供学生进行体育锻炼用的场地，是学校教育硬件设施不可缺少的一部分。郴州市某小学作为教育设施的使用者、管理者，在明知操场有积水的情况下，本应对学生作课前必要的安全警示教育，提醒小学生们注意避开积水、小心滑倒，或者及时对操场上的积水进行清理，以消除安全隐患，之后再组织学生上课。但郴州市某小学并未尽到必要的安全教育职责，亦未在可预见的范围内采取必要的安全措施，导致学生雷某滑倒受伤，被法院判决对雷某的损害后果承担90%的赔偿责任合情合理合法。这一起案例值得学校深思。

第三节　学校教育、教学设备、设施问题的防控指南

学校的教育、教学设备、设施如果不符合安全要求，容易导致学生校园伤害事故的发生，为避免或减少因教育、教学设备、设施问题导致学生出现伤害事故，各学校可以从以下几个方面着手：

1. 严格按照法律规定设置学校教育、教学设备、设施。学校的各项教育、教学设备、设施都应当按照《消防法》《安全生产法》《学校卫生工作条例》的规定进行设置，以确保教育、教学设备、设施符合相关要求。

2. 正确使用学校的教育、教学设备、设施。学校应督促师生正确使用学校的教育、教学设备、设施，对教育、教学设备、设施管理人员或负责人员进行定期培训，使其掌握正确的使用方法。学校还应定期对学生宣讲学校的教育、教学设备、设施正确的使用方法。

3. 定期对学校的教育、教学设备、设施进行常规检查。学校可以根据本校的具体情况确定定期检查的时间，如开学前后、每个月的上旬。特殊情况如大雨和大风之后，大型运动会前后必须进行检查，并将检查情况做好记录，装订成册，妥善保存。

4. 注重对教育、教学设备、设施的维护。学校应注重教育、教学设备、设施的日常维护、维修工作，不得随意延长使用年限，安排专人定期负责维护，发现教育设施、设备存在安全问题，立即停止使用，报修或更换，以确保教育、教学设备、设施符合安全要求。

5. 增强教师的安全意识。学校应定期对教师进行安全教育培训，提高教师的安全意识，让教师树立安全教学的理念，做到在教学前向

学生讲解安全知识，教学中在可预见范围内采取安全措施，发生安全事故后立即采取必要的救助措施，如：立即通知学生家长；与就近的医院取得联系；等等。

6. 提高学生的安全意识。学校应对学生普及安全意识教育，可以通过大型讲座、课堂传授的方式进行，还可以通过学校宣传栏、海报的方式宣传安全知识。

第六章

学校管理不到位、
制度不健全法律风险及防控

第一节　学校管理不到位法律风险及防控

一、概述

学校管理包含诸多方面，如：教职工管理、学生管理、教育教学管理、行政管理、后勤管理等，学校在任何一个方面管理不当或管理不到位，都存在法律风险，可能引发纠纷。而学校对学生管理不到位是最容易引起纠纷的原因之一，本节将围绕学校对学生管理不到位的法律风险防控来展开。

二、现状

笔者通过中国裁判文书网、最高人民法院网等网站检索出 2014—2018 年涉及学校管理问题的 17 个案例，从下图的年份分布我们可以看到当前条件下案例数量的变化趋势。

从下面的案由分类情况我们可以看到，当前的案由分布由多至少分别是人格权纠纷、侵权责任纠纷。

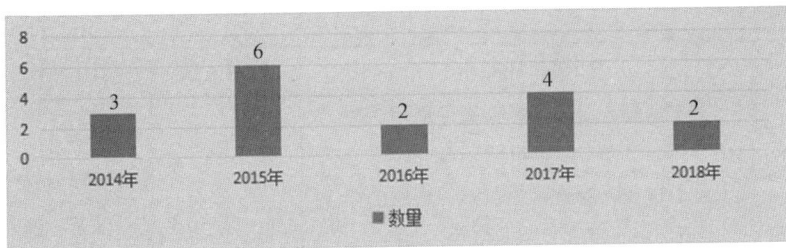

2014—2018年全国学校管理不到位案例数量统计图（单位：件）

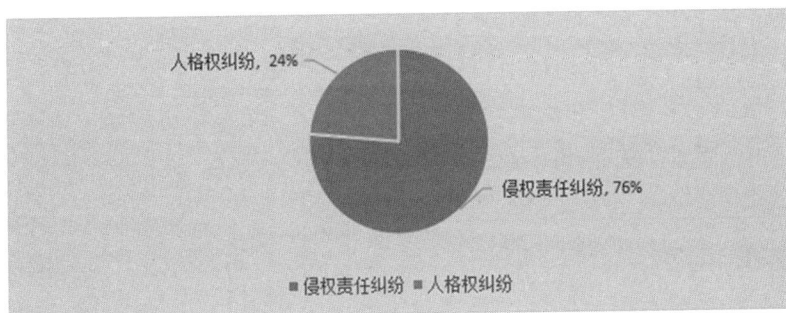

通过案例分析，我们发现民事案件中因学校管理不到位引发纠纷的主要原因有：（1）课上教师疏于管理，学生随意坐座位；（2）老师殴打学生；（3）学生在教室嬉笑打闹未及时制止；（4）学生携带刀片上学未及时发现；（5）未能密切关注学生动态并通过巡视、护导等措施维护好校园秩序等。

三、高频法条

（此处统计了涉及学校管理不到位纠纷案件中被援引的高频法律法条）

序号	法律法规名称	援引法条	引用频次
1	关于审理人身损害赔偿案件适用法律若干问题的解释	第二十一条	6
2	关于审理人身损害赔偿案件适用法律若干问题的解释	第十九条	6
3	侵权责任法	第十六条	5

序号	法律法规名称	援引法条	引用频次
4	关于审理人身损害赔偿案件适用法律若干问题的解释	第二十三条	4
5	关于审理人身损害赔偿案件适用法律若干问题的解释	第二十二条	4
6	关于审理人身损害赔偿案件适用法律若干问题的解释	第二十四条	4
7	侵权责任法	第三十九条	3
8	侵权责任法	第三十二条	3
9	侵权责任法	第六条	3
10	关于审理人身损害赔偿案件适用法律若干问题的解释	第二十五条	3
11	侵权责任法	第三条	2
12	侵权责任法	第二十二条	2
13	治安管理处罚法（2012 年修订）	第四十三条第一款	2
14	关于审理人身损害赔偿案件适用法律若干问题的解释	第十七条	2
15	关于审理人身损害赔偿案件适用法律若干问题的解释	第十七条第一款	2
16	侵权责任法	第三十八条	1
17	侵权责任法	第二十六条	1
18	侵权责任法	第二条	1
19	侵权责任法	第二条第一款	1
20	侵权责任法	第六条第一款	1

四、案例解析

沅江市某小学对学生管理不到位一案

1. 案情简介

黎某甲、龙某甲均系沅江市某小学在校学生。2013年4月12日中午12时左右，在学校安排吃完午餐后的休息时间，黎某甲在学校食堂前的操场与其同班同学一起谈笑，龙某甲和该校六年级其他学生在操场跑道上进行接力赛游戏。龙某甲在玩接力赛游戏的过程中与穿过操场跑道的黎某甲相撞，黎某甲受伤。事发后，黎某甲先后被送往沅江市医院、长沙市某医院治疗，经诊断为"迟发性颅内血肿"，住院治疗16天，共花去医疗费26945.5元。经鉴定，黎某甲的伤情构成九级伤残。黎某甲的监护人认为该小学和龙某甲均存在过错，某小学和龙某甲的过错行为共同导致了黎某甲伤残的损害后果。于是，黎某甲的监护人将一纸诉状递到法院，启动了诉讼程序。

2. 法院观点

沅江市某小学在学生午餐休息时，对龙某甲等学生管理不到位，导致本案事故发生，应对黎某甲的损害承担赔偿责任。对其赔偿比例，综合考虑事故发生的原因、经过、损害后果，酌定为50%。龙某甲在午餐后与他人进行接力赛活动，未能对周围环境、行人尽到谨慎、注意义务，应对黎某甲的损害承担一定的赔偿责任，法院酌定该比例为25%。黎某甲作为无民事行为能力人，对外界环境已有一定的认知、判断能力，其明知他人在操场跑道比赛仍进入操场跑道，自身亦存在过错，其过错可减轻他人的赔偿责任，法院酌定由黎某甲自负25%的损失。

3. 笔者评析

这是一起由于学校对学生管理不到位被法院判决民事赔偿责任的案件。本案中，该学校未制止学生玩危险游戏，被判决赔偿学生50%的损失；加害学生龙某甲在玩游戏时未尽到注意义务，导致他人损害，被判赔偿受害学生25%的损失；受害学生黎某甲明知他人在学校操场跑道进行接力赛这种具有危险性的游戏，而进入操场跑道导致自身受伤，被判自行承担25%的责任比例。这一案例值得学校管理者和学生及家长深思。

五、防控指南

1. 建立健全的管理制度。

第一，学校要按照《教师法》《中小学教师管理办法》等法律法规的要求制定教师管理制度，并定期组织教师学习教师管理制度，督促教师对学生履行教育、管理职责。

第二，要按照《未成年人保护法》《侵权责任法》《学生伤害事故处理办法》等法律法规的要求制定学生管理制度，并严格按照制度执行。

第三，要按照《教育法》《义务教育法》等相关法律法规制定教学管理制度，并严格遵照制度执行。

第四，校园安全保障工作是学校的工作重点，学校要按照《教育法》《义务教育法》《道路交通安全法》《食品安全法》《突发事件应对法》的要求制定安全保障管理制度，并严格执行，力求对学生尽到管理职责。

学校在制定以上管理制度时，务必请法律顾问或法律专业人士审核，让管理制度既合法合规，又具有实操性。

2. 妥善保存证据。学校在学生发生伤害事故后，因未尽到管理职责而承担民事赔偿的案例屡见不鲜。有些是学校确实未尽到管理职责；有些则是学校未保存对学生履行管理职责的证据而被判担责。学校应注意保存好证据，如：采用书面形式对学生履行告知义务并保存告知的书面材料，预防发生纠纷后举证不能而承担不利后果。

第二节　学校制度不健全
法律风险及防控

一、概述

学校制度是指学校在遵循教育自身发展规律的基础上，以促进学校、教职工、学生全面和可持续发展为导向，以自主化、民主化、法治化、人本化的管理为理念，构建新型政校关系、校社关系，健全和完善学校治理结构的一套制度体系，包括：教职工管理制度、学生管理制度、人事制度、安全管理制度、教育教学管理制度、校园文化建设制度等。

法律明确规定，学校的安全保卫、消防、设施设备管理等安全管理制度有明显疏漏，或者管理混乱，存在重大安全隐患，而未及时采取措施，造成学生伤害事故的，学校应当依法承担相应的责任。学校法律风险可因安全管理制度缺失、不健全等问题而产生，如安全管理制度中的安全信息通报制度缺失导致学生未得到及时救助，学校应承担责任。

二、现状

当前我国学校制度存在较多缺陷，主要体现在：（1）学校很多章程相对滞后或者无章程；（2）学校制度不健全，缺乏系统性；（3）学校制度缺少人文关怀；（4）学校制度未结合实际情况制定；（5）学校制度难以贯彻执行到位。

笔者通过中国裁判文书网、最高人民法院网等网站检索出 2012—2018 年涉及与学校制度纠纷有关的 151 个案例，从下图的年份分布我们可以看到 2012—2018 年案例数量的变化趋势。

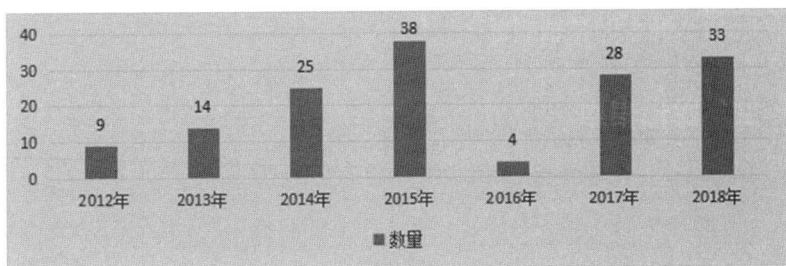

2012—2018 年全国学校制度问题纠纷案例数量变化趋势图（单位：件）

通过对案例进行分析，因学校制度问题纠纷案例中的案由分布由多至少分别是人格权纠纷，劳动争议、人事争议纠纷，侵权责任纠纷，合同、无因管理、不当得利纠纷类。

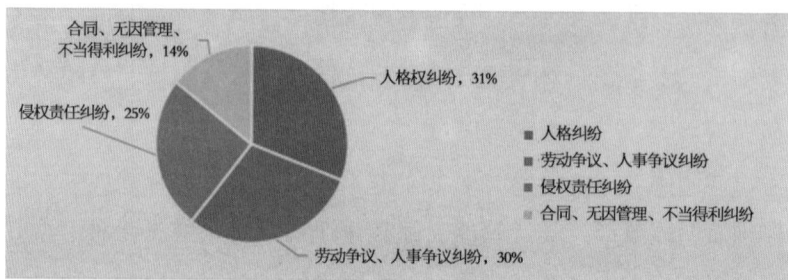

2012—2018 年全国学校制度问题纠纷案例案由分布统计图

三、高频法条

（此处统计了民事案件中涉及学校制度问题的被援引的高频法律法条）

序号	法律法规名称	援引法条	引用频次
1	侵权责任法	第十六条	66
2	关于审理人身损害赔偿案件适用法律若干问题的解释	第十九条	54
3	关于审理人身损害赔偿案件适用法律若干问题的解释	第二十一条	51
4	侵权责任法	第三十九条	50
5	关于审理人身损害赔偿案件适用法律若干问题的解释	第二十二条	45
6	关于审理人身损害赔偿案件适用法律若干问题的解释	第二十三条	44
7	关于审理人身损害赔偿案件适用法律若干问题的解释	第二十四条	42
8	侵权责任法	第二十六条	40
9	关于审理人身损害赔偿案件适用法律若干问题的解释	第十七条	40
10	侵权责任法	第三十二条	38
11	侵权责任法	第六条	36

序号	法律法规名称	援引法条	引用频次
12	关于审理人身损害赔偿案件适用法律 若干问题的解释	第二十五条	35
13	关于审理人身损害赔偿案件适用法律 若干问题的解释	第十八条	33
14	侵权责任法	第三十八条	28
15	侵权责任法	第二十二条	19
16	关于审理人身损害赔偿案件适用法律 若干问题的解释	第十七条 第一款	19
17	劳动合同法（2012 年修订）	第四十七条	16
18	关于审理人身损害赔偿案件适用法律 若干问题的解释	第七条	15
19	劳动合同法（2012 年修订）	第八十七条	14
20	侵权责任法	第八条	13

四、案例解析

因未建立有效学生安全信息通报制度而承担赔偿责任案

1. 案情简介

张某甲及堂弟张某乙、堂妹刘某是临湘市某小学（系临湘市某中学的内设机构，无法人资格）的学生。2013 年 10 月 30 日早上 6 时 20 分，张某甲及堂弟张某乙、堂妹刘某在无监护人护送的情况下结伴上学，在距校车接送点约 1 公里处时，3 人被同村人张某（3 个孩子的堂叔）驾车接走。同日早上 6 时 30 分，冯某驾驶校车到达该小学校车接送点未接到张某甲、张某乙、刘某。冯某等候约 20 分钟后即驾车返回学校，随后，张某在交接日志中记载了张某甲、张某乙、刘某 3 名学生未上车的情况。

临湘市某小学的老师在当日 8 时 48 分将 3 名学生未到校的情况电话告知了刘某的爷爷。而后 3 名学生的家长寻找未果，于当日上午 10 时向岳阳市某派出所报案。至当日下午 5 时，3 名学生仍未找到，老师和家长遂到临湘市长塘派出所报案。殊不知，丧心病狂的张某在当日 8 点就将张某乙杀害了！随后张某又将张某甲、刘某杀害。张某犯罪性质极其恶劣，情节特别严重，被核准死刑立即执行。

受害人张某乙、刘某的父母认为学校未对学生张某乙、刘某尽到安全保障义务，遂将责任人临湘市某中学起诉至法院，要求其承担民事赔偿责任。

2. 法院观点

临湘市某中学未建立有效的学生安全信息通报制度，客观上减少了张某乙、刘某获救的机会，故临湘市某中学应当对张某乙、刘某被张某杀害的后果承担一定的责任。鉴于其在学生安全信息通报制度上的过错只是张某乙、刘某丧失生命的可能性因素之一，故酌情确定由临湘市某中学对被害学生的经济损失承担 20% 的赔偿责任。

3. 笔者评析

学生的安全信息通报工作属于学校的安全保卫工作内容，临湘市某中学未建立有效的学生安全信息通报制度，校车驾驶员在未接到学生时未及时报告，减少了学生获救的机会。为此，该学校被判决承担民事赔偿责任，这是有法律依据的。因此，学校一定要建立健全包括学生安全信息通报制度在内的各项规章制度，防范制度缺失的法律风险。

五、防控指南

1. 学校要意识到建立各项制度的重要性。如本节概述部分所述，学校制度包括教职工管理制度、学生管理制度、人事制度、安全管理制度等，任何一项制度缺陷或缺失都可能带来法律风险，引起纠纷。学校要建立并完善上述各项制度，防范因制度缺陷或缺失带来法律风险，从而承担民事或行政责任的可能性。

2. 教育行政主管部门要督促学校建立各项制度。教育行政主管部门应定期检查学校各项制度的建立情况，将建立制度的相关情况纳入学校负责人、管理人员的考核项目内。

3. 建立制度时要兼顾合法、合规性以及实用原则。学校建立制度不能靠简单的搬抄，要在自己的土壤中孕育、生长、开花、结果。学校在建立制度的过程中，不仅要兼顾合法性、合规性原则，还要兼顾实用性原则，这样才能将学校制度落实到位。

4. 增强学校制度的执行力，建立有效的制度执行机制。一是制度执行者要严格执行制度，并及时反映制度执行过程中的问题；二是要建立有效的监控机制，包括执行前、执行中、执行后的监控。

第七章

其他类型的学生校园伤害

第一节　学生运动损伤法律风险及防控

一、概述

学生运动损伤是指学生在运动的过程中发生的各种损伤，包括从组织或器官在解剖上有破坏或生理上的紊乱。

学生运动损伤是引发校园纠纷的常见原因。

二、现状

近年来，随着学校对学生体育运动训练的注视程度不断提高，学生运动损伤事故亦频繁发生。损伤事故不仅给学生的身体和精神带来痛苦，影响他们的学习和生活，还给学校、家庭带来了巨大危害，给社会造成了不利影响。学生人身安全和损伤事故的预防问题，已经引起了全社会的广泛关注。

笔者通过中国裁判文书网、最高人民法院网等网站检索出 2012—2018 年涉及校园运动损伤纠纷案例共计 70 个，从下图的数据我们可知近些年来校园运动损伤纠纷案件数量呈递增趋势。

通过对案例进行研究，我们发现校园学生运动纠纷发生的原因有

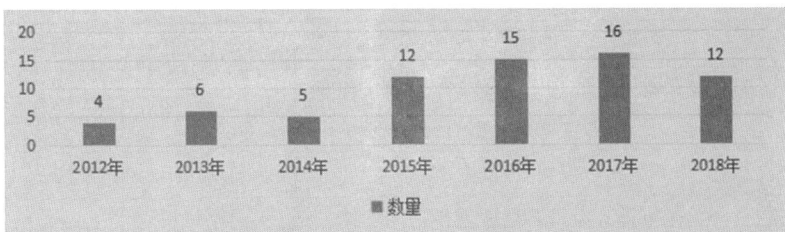

2012—2018 年全国学生涉及运动损伤纠纷案例数量变化趋势图（单位：件）

一定的共性，主要原因如下图：

校园学生运动损伤原因一览表

序号	原因
1	人为原因（如：教师或学生疏忽大意；教师违反训练原则训练学生；学生准备活动不充分；学生缺乏自我保护意识；学生运动量过大；过度疲劳；身体素质差）
2	技术原因（如：教师或学生未掌握训练技术原则，技术动作不规范）
3	场地的原因（如：场地器材不合理、不安全）

三、高频法条

（此处统计了民事案件中涉及学生运动损伤纠纷的被援引的高频法律法条）

序号	法律法规名称	援引法条	引用频次
1	侵权责任法	第十六条	40
2	侵权责任法	第三十九条	38
3	关于审理人身损害赔偿案件适用法律若干问题的解释	第十九条	32
4	关于审理人身损害赔偿案件适用法律若干问题的解释	第二十一条	28
5	关于审理人身损害赔偿案件适用法律若干问题的解释	第二十三条	25
6	关于审理人身损害赔偿案件适用法律若干问题的解释	第二十二条	25

序号	法律法规名称	援引法条	引用频次
7	关于审理人身损害赔偿案件适用法律若干问题的解释	第二十五条	24
8	侵权责任法	第六条	22
9	关于审理人身损害赔偿案件适用法律若干问题的解释	第十七条	21
10	侵权责任法	第二十二条	20
11	关于审理人身损害赔偿案件适用法律若干问题的解释	第二十四条	20
12	侵权责任法	第二十六条	15
13	关于审理人身损害赔偿案件适用法律若干问题的解释	第十八条	14
14	关于审理人身损害赔偿案件适用法律若干问题的解释	第七条	12
15	侵权责任法	第三十二条	11
16	关于确定民事侵权精神损害赔偿责任若干问题的解释	第十条	10
17	侵权责任法	第二十四条	7
18	侵权责任法	第六条第一款	6
19	关于确定民事侵权精神损害赔偿责任若干问题的解释	第八条	6
20	侵权责任法	第四十八条	5

四、案例解析

学生体育课摔倒受伤引发的赔偿案

1. 案情简介

2016 年 3 月 10 日下午,湖南省常德市某中学(以下简称某中学)学生谢某在上体育课因自己玩"跳山羊"的游戏时不慎摔倒受伤,之后被送往医院住院治疗 11 天,共花费医疗费 17925 元。经鉴定,谢某构成九级伤残。谢某的法定代理人多次要求该中学赔偿,未果,故诉至法院。

2. 法院观点

法院认为，学校组织的体育教学活动具有一定的危险性，谢某在上体育课玩游戏时受伤，该中学未举证证明其课前进行了相应的安全教育，课中未采取必要的安全措施和尽到法定的管理职责，因此，该中学具有过错，应当承担主要责任；谢某在课中未听从教师的教学活动安排，导致损害的发生，亦具有一定过错，应承担相应的责任。根据本案的实际情况和双方的过错程度，被告某中学与谢某承担责任的比例分别确定为70%和30%。

3. 笔者评析

这是一起学生在体育课运动时受伤的事故，该中学主张在课前对学生进行了安全教育、课中采取了必要的安全措施，但未提交证据，导致败诉。因此，学校在学生上体育课前一定要进行安全教育，课中采取必要的安全措施，并保存好证据。此外，学生要遵守规章制度和训练规则，听从老师的安排，预防运动损伤。

五、防控指南

1. 学校应建立健全体育教学安全体系，增强风险防范意识，预防学生运动损伤事件发生。学校应当按照《学校体育工作条例》的规定制定体育安全制度，按《学校体育工作条例》的要求设置、维护体育场地、器材、设备，预防学生运动损伤事故发生，切实维护学生运动安全。

2. 增强教师（教官）的安全意识和风险防控能力。

（1）学校应定期对体育教师进行培训，提高其安全意识，使其掌握训练规则、规范。

（2）体育教师（军训教官）应当在体育课前对学生进行安全培训，如：为避免体育课上（军训时）受伤，体育教师（军训教官）应在课前讲解安全知识；带领学生都做好准备活动。

（3）体育教师（军训教官）应当按照训练规范、原则训练学生。教育学生按照规范的技术动作训练，可以有效避免运动伤害事故的发生。体育教师（军训教官）要及时发现并纠正学生的不规范、不合理动作，传授规范的技术要领，使学生在运动中能合理地运用技术动作，减少伤害事故的发生。

3. 提高学生的安全意识及运动风险防范能力。

（1）学校可以定期邀请法律专业人士向学生宣讲运动安全知识、运动伤害案例解析，让学生了解运动伤害的风险和运动伤害民事责任的承担主体及责任比例的划分。

（2）体育教师（军训教官）可以根据自己的经验，及时讲解运动中的常识，帮助学生更好地认识自身，提高保护自己的能力。

第二节　学生精神创伤法律风险及防控

一、精神创伤的概念

本节所述的精神创伤又叫心理创伤，是指学生在校园生活中遭受到较为严重的伤害事件所引起的心理、精神甚至生理的不正常状态。

精神创伤从创伤程度上划分，可以分为可治愈性精神创伤和不可治愈性精神创伤。有些精神创伤可能比较轻微，经过一段时间（通常在三个月之内）的自我调整就可以自动痊愈。但是也有一些精神创伤的影响会延续较长的时间，甚至可能是终身的。对于较为严重的精神创伤，在心理学和精神科的分类中被称为"创伤后应激障碍"。

精神创伤从产生时间上划分，可以分为立时性精神创伤和延时性精神创伤。立时性精神创伤是指遭受到伤害事件后立即产生精神障碍结果。也有些精神创伤可能会延迟出现，即在伤害事件发生一段时间后才会出现，这称为延时性精神创伤。

二、现状

笔者通过中国裁判文书网、最高人民法院网等网站检索出 2012—2018 年涉及学生精神创伤的 122 个案例，从下图的数据我们可知近些年来学生精神创伤案件的变化趋势。

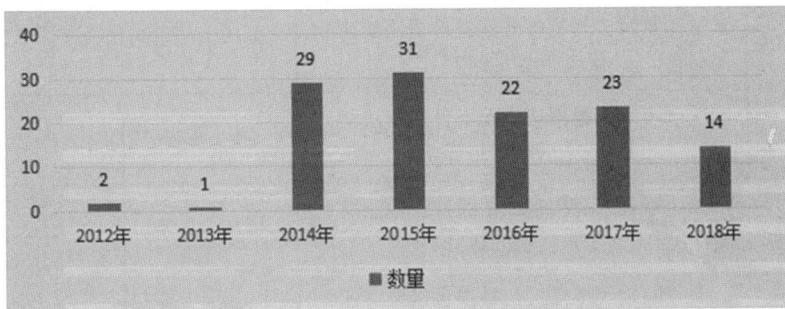

2012—2018 年全国学生精神创伤案例数量变化趋势图（单位：件）

精神创伤的类型和表现

类型	表现
轻度的精神创伤	情绪低落，郁郁寡欢，伤心落泪，生活动力下降，不愿和人交往，对生活缺乏兴趣等
中度的精神创伤	长时间的情绪低落，悲观厌世，社会性孤独自闭，或严重的睡眠障碍，焦虑紧张，恐惧胆小，甚至出现自杀倾向
重度的精神创伤	除了有轻度、中度的精神创伤症状之外，还具有典型的症状，如伤害事件的记忆或画面不断地出现在梦境中，或即使在清醒状态下也不断地在脑海中重现，感觉创伤事件就发生在刚才，因而使受害者经常处于惊恐和痛苦之中不可自拔

三、高频法条

（此处统计了民事案件中涉及学生精神创伤的被援引的高频法律法条）

序号	法律法规名称	援引法条	引用频次
1	关于审理人身损害赔偿案件适用法律若干问题的解释	第二十四条	7
2	侵权责任法	第十六条	6
3	关于审理人身损害赔偿案件适用法律若干问题的解释	第二十一条	6
4	关于审理人身损害赔偿案件适用法律若干问题的解释	第二十二条	6
5	关于审理人身损害赔偿案件适用法律若干问题的解释	第十九条	6
6	关于审理人身损害赔偿案件适用法律若干问题的解释	第二十三条	5
7	关于确定民事侵权精神损害赔偿责任若干问题的解释	第十条	5
8	民法通则（2009年修订）	第一百一十九条	4
9	道路交通安全法（2011年修订）	第七十六条	3
10	关于审理人身损害赔偿案件适用法律若干问题的解释	第一条	3
11	关于审理人身损害赔偿案件适用法律若干问题的解释	第三十五条	3
12	关于审理人身损害赔偿案件适用法律若干问题的解释	第二十五条	3
13	关于审理人身损害赔偿案件适用法律若干问题的解释	第二十八条	3
14	关于审理人身损害赔偿案件适用法律若干问题的解释	第十七条	3
15	关于审理人身损害赔偿案件适用法律若干问题的解释	第十七条第一款	3
16	侵权责任法	第二十二条	2
17	侵权责任法	第二十六条	2
18	侵权责任法	第二条	2

续表

序号	法律法规名称	援引法条	引用频次
19	侵权责任法	第六条	2
20	保险法（2014 年修订）	第六十五条	2

四、案例解析

（一）案例一：教师一脚踢出学生精神分裂症

1. 案情简介

学生李某是湖南省某中学的学生，2007 年 4 月 17 日，李某在学校上体育课时，因体育动作不符合要求，被该中学的体育教师田某当众踢了其下腹一脚。李某由于此事受到了刺激，学习成绩急速下降，一年后被湘雅二医院的医生诊断为精神分裂症。

2. 法院观点

老师田某在学生李某上体育课时踢了李某腹部一脚，故田某实际上对李某实施了体罚行为；此体罚行为虽非造成李某精神分裂症的主要原因，但为李某出现精神分裂症的诱发因素，故田某的体罚行为与李某患有精神分裂症有一定的因果关系。田某系湖南省某中学的在编教师，2007 年 4 月 17 日给李某上体育课，也是受湖南省某中学的指派，属履行教育职责，故本案李某的民事赔偿责任应由湖南省某中学全部承担。根据湖南省某中学的过错程度、侵害手段、场合、行为方式等具体情节以及侵害行为所造成的后果，结合当地的平均生活水平，法院判定湖南省某中学赔偿李某各项损失 61261.26 元、精神损害抚慰金 20000 元。

3. 笔者评析

本案中，老师田某故意实施侵权行为造成在校学生损伤，《学生伤害事故处理办法》第九条第一款第九项的规定："因下列情形之一造成的学生伤害事故，学校应当依法承担相应的责任：学校教师或者其他工作人员体罚或者变相体罚学生，或者在履行职责过程中违反工作要求、操作规程、职业道德或者其他有关规定的。"据此，法院判决湖南省某中学对学生李某的损害结果承担全部民事责任于法有据。

（二）案例二：研究生陶某坠亡案

1. 案情简介

陶某生前是某大学自动化学院研三学生，在陶某读研期间，长期遭受导师王某压迫，被迫叫导师爸爸，还为其买饭打扫卫生，并被干预出国读博士、找工作等。2018年3月26日早晨7点半，不堪忍受的陶某从宿舍楼坠下身亡。陶某坠亡后，陶某的亲属悲痛欲绝，无奈之下将导师王某诉至法院。

2. 法院观点

经过法院组织调解，陶某亲属与其导师王某达成协议，协议约定由王某向陶某家属支付精神抚慰金65万元，王某对其在教育培养陶某过程中自己的不当言行表示道歉。之后，陶某的亲属撤回对王某的起诉。

3. 笔者评析

《民法典》第一千一百八十三条规定："侵害自然人人身权益造成严重精神损害的，被侵权人有权请求精神损害赔偿。"《最高人民法院关于确定民事侵权精神损害赔偿责任若干问题的解释（2020修正）》第一条规定："因人身权益或者具有人身意义的特定物受到侵害，自然人或者其近亲属向人民法院提起诉讼请求精神损害赔偿的，人民法院应当依法予以受理。"

本案中，陶某因精神创伤自杀身亡，其近亲属依法向人民法院诉请王某赔偿精神损害抚慰金，虽然在诉讼过程中，双方在法院的主持下达成和解协议，陶某的近亲属撤回了起诉，但该事件引起了网友的关注，对学校和老师造成了一定的负面影响。这一案例值得学校和老师深思。

五、防控指南

1. 充分发挥心理咨询室（师）的作用。有条件的学校应当建立校园心理咨询室，配备专业的心理咨询师；无设立心理咨询室条件的学校，需要配置具备心理咨询服务能力的工作人员。学校应当主动安排心理咨询师或具备心理咨询服务能力的工作人员对受到心理创伤的学生进行心理康复，帮助其恢复健康心身，将自杀、自残、自卑、自暴自弃等念头扼杀在萌芽状态。对心理素质评分较低的学生，心理咨询师应当对其进行心理健康辅导，使其保持健康的心理状态，预防出现心理问题。

2. 教师应当依法教育学生，杜绝不当教育行为。教师不当的行为，如：侮辱学生人格，冷暴力，对学生体罚均可导致学生精神创伤。教育机构应当制定教职工行为规范手册，列明哪些属于教师禁止使用的语言、禁止做出的行为，并制定相应处罚措施。

3. 学校应当教育学生规范自己的行为。学校在学生行为规范手册中列明辱骂、嘲笑、凌辱、冷暴力等属于不当言语或行为，教育学生规范自己的行为，不得对他人有不当言语或行为。

4. 学校与家长建立密切联系，与家长形成合力，引导学生走出阴影。学校应加强与家长的沟通，让家长掌握学生的心理状态，特别对受到心理创伤的学生，学校积极与该学生家长形成合力，引导学生走出阴影。

5. 积极预防学生自杀。自杀是校园精神创伤最严重的后果，学校、教职工一旦发现学生有自杀倾向后，积极应对，早期干预，加强与家长的沟通，避免悲剧发生。学校对天台、阳台、水塘等容易发生学生自杀行为的区域要设置护栏、监控等措施。

第三节　大学生校园借贷法律风险及防控

一、校园借贷的概念

校园借贷是指在校学生向各类借贷平台借钱的行为。

校园借贷一般可以分为五类：

（1）电商背景的电商平台——淘宝、京东等传统电商平台提供的信贷服务，如蚂蚁花呗、借呗、备用金、京东白条等；

（2）消费金融公司——如趣分期、任分期等，部分还提供较低额度的现金提现；

（3）P2P贷款平台（网贷平台），用于大学生助学和创业，如名校贷等，因国家监管要求，包括名校贷在内的大多数正规网贷平台均已暂停校园借贷业务；

（4）线下私贷——民间放贷机构和放贷人这类主体，俗称高利贷。高利贷通常会进行虚假宣传、线下签约、做非法中介、收取超高费率，同时存在暴力催收等问题，受害者通常会遭受巨大财产损失甚至自身安全受到威胁；

（5）银行机构——银行面向大学生提供的校园产品，如：招商银行的"大学生闪电贷"，中国建设银行的"金蜜蜂校园快贷"，青岛银行的"学e贷"等。

二、校园借贷现状

校园不良借贷行为严重扰乱了校园环境和市场环境，严重危害了学生人身财产安全和社会稳定。为此，2016年4月，教育部与银监会联合发布了《关于加强校园不良网络借贷风险防范和教育引导工作的通知》，明确要求各高校建立校园不良网络借贷日常监测机制和实时预警机制，同时，建立校园不良网络借贷应对处置机制。

2016年8月24日，银监会亦明确提出用"停、移、整、教、引"五字方针，整改校园借贷问题。2017年9月6日，教育部明确规定："取缔校园借贷款业务，任何网络贷款机构都不允许向在校大学生发放贷款。"强压之下，诸多涉及校园借贷业务的平台正谋求转型或退出。经过整治，校园借贷得到遏制，但出现回租贷、培训贷等诸多"新马甲"。教育部等部门于2017年联合下发了《关于进一步加强校园借贷规范管理工作的通知》，明确要求未经银行业监管部门批准设立的机构不得进入校园为大学生提供信贷服务。此外，很多商业银行加大高校助学、培训、消费、创业等金融产品的研发和推广，为大学生提供规范、合法的金融服务，力求将不良借贷赶出校园。

笔者通过中国裁判文书网、最高人民法院网等网站检索出2012—2018年涉及校园借贷的83个案例，从下方的年份分布图我们可以看到，涉及与校园借贷有关的纠纷案例数量呈逐年递增的趋势，特别是2017年以来呈直线上升的趋势。

2012—2018年全国涉及校园借贷案例数量变化趋势图（单位：件）

校园网贷新套路

序号	类型	方式
1	以好处为诱饵，引诱大学生贷款	诈骗分子在大学校园内以"给好处费"为诱饵，让大学生以自己的名义在网贷平台贷款，并承诺所有贷款和利息均由诈骗分子返还，贷款成功后诈骗分子向大学生支付几百元至数千元不等现金作为"好处费"。然而一旦贷款成功，诈骗分子便人间蒸发
2	发布虚假广告，骗取押金	诈骗分子一般在搜索引擎上大量散布虚假网络贷款信息，待大学生搜索到信息与其联系后，诈骗分子便伪造贷款合同，要求大学生缴纳数千元的押金
3	骗取大学生信息，擅自以大学生名义申请贷款	诈骗分子先通过各种手段，如制作虚假贷款申请表获得大学生手机号码的暂时使用权、银行卡以及个人信息，将大学生的银行卡与诈骗分子的微信、支付宝等绑定后再交还大学生。诈骗分子再以被骗大学生名义在网贷平台办理大学生贷款，之后，诈骗分子时刻关注到账信息，一旦到账迅速转移款项，随后销声匿迹

四、高频法条

（此处统计了民事案件中涉及校园借贷的被援引的高频法律法条）

序号	法律法规名称	援引法条	引用频次
1	合同法	第二百零六条	25
2	合同法	第二百零七条	12
3	民法通则（2009年修订）	第一百零八条	12
4	合同法	第一百九十六条	11
5	合同法	第二百一十条	11
6	合同法	第二百一十一条	10
7	合同法	第一百零七条	9
8	合同法	第六十条	9
9	民法通则（2009年修订）	第八十四条	9
10	关于审理民间借贷案件适用法律若干问题的规定	第二十九条	9
11	合同法	第二百零五条	7
12	合同法	第六十条第一款	7
13	民法通则（2009年修订）	第九十条	7
14	关于审理民间借贷案件适用法律若干问题的规定	第二十六条	7
15	合同法	第八条	6
16	合同法	第六十一条	6
17	关于审理民间借贷案件适用法律若干问题的规定	第三十条	6
18	关于审理民间借贷案件适用法律若干问题的规定	第二十六条第一款	6
19	物权法	第三十九条	5
20	物权法	第四十条	5

五、案例解析

（一）案例一：大学生周某某陷入不良校园借贷一案

1. 案情简介

周某某系在校大学生，某金融公司为一金融服务平台，周某某在某网贷平台"汇付天下"上进行注册并成为会员。2015年10月20日，出借人李某华、借款人周某某、某金融公司在网络平台"汇付天下"上签订电子版《借款协议》一份，该协议约定：借款人周某某借款本金为7000元，借款用途为起步创业，借款利息为年利率11.76%，借款期限18个月，应偿还本息合计为8234.8元，还款方式为按月还款，等本等息。

三方签订电子合同后的次日，周某某收到7000元借款。之后，周某某共还款4期，其中本金共还1555.56元，在此以后周某某未按约定还款，周某某首次逾期时间为2016年3月21日。

某金融公司于2017年4月9日与出借人李某华签订了债权转让协议，该协议约定李某华将《借款协议》下对周某某的全部债权转让给某金融公司。

某金融公司多次通过发送催收函、电话、短信等手段向周某某讨要债务未果后，遂起诉至法院，要求周某某还清所有款项，其中本金5444.44元，利息1313.82元，逾期罚息3414.53元。

2. 法院观点

周某某系完全民事行为能力人，其通过某金融公司的网贷平台与出借人签订借款协议，其已知晓该协议的条件，虽该协议通过网络操作签署，但周某某自行实名登记注册并对借款协议进行确认，应受该借款协议的约束，周某某应当按照合同约定的条件履行合同义务。根据合同约定出借人可以将债权转让给他人，某金融公司通过与出让人李某华签订债权转让协议获得对周某某的债权，按照合同规定以及相关当事人的约定，某金融公司取代出让人而成为新的债权人，现借款已全部到期，周某某应按约定归还全部借款本金给某金融公司。

借款合同虽约定了利息、罚息及其计算方式，但考虑到周某某借款时系在校学生，偿还能力较弱，故对于某金融公司提出要求周某某支付罚息的诉讼请求，不予支持，酌情将利息的计算标准调整为按银行同期贷款基准利率计算。

最后，法院判决周某某向某金融公司偿还借款本金 5444.44 元及按银行同期贷款基准利率计算的利息。

3. 笔者评析

《民法典》第四百六十五条规定："依法成立的合同，受法律保护。依法成立的合同，仅对当事人具有法律约束力，但是法律另有规定的除外。"本案中，周某某虽系在校学生，但具备完全民事行为能力，其根据自身意愿签订的合同，无其他法定无效情形，因此，合同有效。周某某需要偿还借款。但网贷平台未审核其学生身份，周某某作为学生不具备充分的还款能力，因此，不宜适用巨额利息及罚息。

（二）案例二：大学生向某与刘某某借贷纠纷一案

1. 案情简介

大学生向某与刘某某系大学同学关系，刘某某因个人消费、资金周转等原因，先后分多次向向某借款 32600 元。2017 年 5 月 5 日，刘某某向向某出具了一份借条，其主要内容为：刘某某分多次以银行转账、微信、支付宝、现金等方式向向某借款 85500 元，还款期限为 2017 年 5 月 10 日，逾期按月利率 2% 计算利息，并且由刘某某承担律师费等费用。

刘某某逾期未还款，向某遂起诉至法院。刘某某辩称该借贷事实上并非普通民间借贷，而是向某对其实施的高利借贷，借款本金并没有向某所主张的 89570 元，其中包含大量高额利息，刘某某借款利率每周高达 8%。

2. 法院观点

根据质证意见，法院认定刘某某向向某借款的金额为 32600 元，对于向某超过部分的主张，因未提供充分的证据予以证实，向某应当承担举证不能的法律后果。基于对借条真实性存疑，故对于借条中关于律师费和借款利率的约定，均不予支持。

另外，向某与刘某某均系学生，学生的职责是好好学习，而非创业或者享受，特别是债权人向某，明知道刘某的身份是学生，没有固定收入来源和偿还能力，还不计后果地在短期内借大额款项给刘某，应当要受到一定的约束，否则不利于校园环境的稳定，不利于学生的学习成长，甚至会助长不良社会风气。据此，法院判决刘某某向向某偿还借款本金 32600 元，并且从 2017 年 5 月 11 日起至还清之日止，以未偿还的借款为基数、按银行同期贷款利率的标准，向向某支付借款利息。

3. 笔者评析

《关于审理民间借贷案件适用法律若干问题的规定》第十六条第二款规定："被告抗辩借贷行为尚未实际发生并能作出合理说明，人民法院应当结合借贷金额、款项交付、当事人的经济能力、当地或者当事人之间的交易方式、交易习惯、当事人财产变动情况以及证人证言等事实和因素，综合判断查证借贷事实是否发生。"本案中，虽然向某提供了借条，但刘某某抗辩借贷行为尚未实际发生并能作出合理说明，因此，法院根据案件实际情况，认定实际借贷金额只有 32600 元，法院的认定是以法律为依据的。

六、防控指南

（一）学生层面

1. 大学生遭遇暴力催收时应寻求帮助。学生遇到校园借贷平台人员暴力催收时，应立即向公安机关报警，让公安机关协助处理。也可以向班主任或学校保卫处报告，请求其给予帮助。

2. 大学生要树立适度、合理的消费观。大学生要学会理性消费，并加强自己的防范意识，不让不良校园贷有机可乘。

3. 通过勤工俭学来缓解消费压力。当下，很多公司、企业都面向大学生招收"暑假工""钟点工"，为大学生勤工俭学创造了条件。大学生可以利用周末、寒暑假的时间来工作，通过勤工俭学获取工资，缓解自身消费压力。

（二）学校层面

1. 加强对大学生的教育培训。

（1）对大学生进行金融素养教育。学校应开设相关的金融知识讲座和课程，让大学生掌握基本的金融常识，真正提高大学生与金钱打交道的能力，提高大学生的金融素养。

（2）加强大学生个人信息安全意识的教育。目前，大多数校园借贷平台，各类网站的 App、软件等都需要用户输入姓名、身份证以及手机号码等个人信息进行实名注册才能正常使用，而大学生个人信息的安全保护意识薄弱，往往轻易地在网站、平台输入自己的关键信息，这就给了不法分子可乘之机，为不法分子通过获取大学生的信息，再以大学生的名义申请贷款提供了便利。此外，不法分子还通过获取大学生的手机号暂时使用权来骗取贷款。因此，学校应该对大学生定期开展个人信息安全保护教育，让大学生增强个人信息安全保护意识，提高大学生个人信息安全保护的能力，从根本上防范大学生个人信息泄露的风险。这样就降低了大学生陷入"套路贷"的风险。

（3）教育大学生不慎陷入"套路贷"的应对方法。学校可开展针对大学生陷入"套路贷"的应对方法的模拟演练，让大学生了解"套路贷"的催收模式，从而使大学生在面临"套路贷"时，能采取正确的处理方式。

2. 建立网络借贷日常监测机制和实时预警机制。各高校应建立校园不良网络借贷日常监测机制和实时预警机制，学校在识别出校园不良借贷行为时，立即帮助大学生采取应对措施，防止大学生遭受校园不良网络借贷的损害。

3. 引导大学生树立健康的消费观。大学生心智不够成熟，虚荣心强，盲目攀比，缺乏理性的消费观。学校应引导大学生树立健康的价值观和消费观，督促大学生将主要精力放在学习上，做到不虚荣、不攀比。

（三）银行、金融机构层面

1. 鼓励各大银行、金融机构适度开放大学生信用卡业务。全社会不应遏制大学生消费，应当提倡大学生适度消费，形成健康的消费观。各大银行、金融机构可适度开放大学生信用卡业务。大学生使用信用卡的好处显而易见：一是有助于大学生更加迅速地融入当前高速发展的社会，正确建立合理消费与学习生活、创收增收、合法守约的均衡关系；二是有助于大学生形成良好的信用和风险意识。

2. 银行为大学生提供个性化的金融服务。银行应在风险可控的前提下，有针对性地开发高校助学、培训、消费、创业等金融产品，向大学生提供定制化、规范化的金融服务，合理设置信贷额度和利率，提高大学生校园信贷服务质效，畅通正规、阳光的校园信贷服务渠道。

第八章

学生校园伤害事故中的民事赔偿问题

学校是公共场所，学生聚集，难免会发生学生校园伤害事故。发生学生校园伤害事故后，往往容易引起纠纷。学校对纠纷的处理是否妥当，不仅关系到学生权益的保障，还关系到校园秩序的维护，这就对学校的负责人及管理人员提出了很高的要求。为了让学校的负责人及管理人员清楚学生伤害事故的解决方式及民事赔偿相关的问题，本章将围绕学生校园伤害事故民事纠纷的解决方式、民事赔偿范围和标准详细展开。

第一节　学生校园伤害事故民事纠纷的解决途径

根据《民法典》《民事诉讼法》的规定，处理民事纠纷的方式主要包括协商、调解、诉讼等方式。学生校园伤害事故纠纷的民事赔偿纠纷属于民事纠纷的类型，解决纠纷的方式也主要包括协商、调解、诉讼的方式。此外，争议双方还可以通过仲裁的方式解决纠纷。由于仲裁委员会受理案件的前提是当事人签订仲裁协议，而学生伤害事故的当事人之间在事故发生前大多数未签订仲裁协议，因此，现实中很少有通过仲裁的方式解决学生伤害事故纠纷的情形，故本书不对以仲裁的方式解决纠纷进行阐述。

一、校园伤害事故民事纠纷解决方式一览表

解决方式	概念	适用情形	优点	缺点
协商	协商是学生伤害事故纠纷当事人双方或多方愿意相互协商，迅速解决纠纷的方式	适用于案情简单、当事人争议不大、案件标的额小、责任比例明确的纠纷	程序简单，成本低，快捷高效，对学校造成的负面影响小	当事人意思自治达成的协议，可能因一方主张协议显失公平而被认定无效
调解	调解是受害方和赔偿义务人（包括学校、承保的保险公司）或致害方都自愿通过请求教育行政主管部门、人民调解委员会进行调解的解决纠纷的方式	适用于案件当事人较理性，案件事实清楚，当事人争议不大的案件	当事人之间不伤和气，程序简单、灵活，成本低	各方当事人承担责任的比例不一定完全依照法律规定的标准
诉讼	诉讼是学生校园伤害事故纠纷当事人直接通过向法院提起诉讼解决纠纷的方式	案件复杂或当事人争议较大，标的较大且损害后果不明确的案件，如受害人的损害后果可能是成为植物人或四肢瘫痪的案件	诉讼的方式比较公平、公正。有标准的法定程序，且有强制性和权威性	程序复杂，时间、经济成本高，影响受害方与加害方的感情，往往给学校带来负面的声誉影响

二、案例解析

（一）长沙某高等专科学校学生坠楼死亡一案

1. 案情简介

李某是湖南某高等专科学校学生。2018年11月12日21时9分，

李某与朋友发生了争吵，李某情绪非常激动，当即从四楼坠下，学校立即将其送往湖南某医院抢救，经抢救无效死亡。李某死亡后，李某的父母认为李某的辅导老师师德有问题，李某的死亡与该老师有直接因果关系，遂与学校发生了纠纷，要求学校赔偿李某死亡的损失。

2. 处理结果

双方在当地人民调解委员会的主持下进行了调解，经调解，双方达成了赔偿协议。协议约定由学校补偿李某的家属 20 万元，另外，对李某的父母进行爱心援助 20 万元。

3. 笔者评析

这是一起通过调解的方式解决纠纷的案例。本案中，学校认为自己履行了管理职责，在李某发生损害的过程中处理没有错。但考虑到李某的死亡给李某的家庭带来巨大的痛苦，学校自愿给予适当的帮助。

（二）中学生玩白磷致同学烧伤一案

1. 案情简介

2015 年 12 月 4 日早自习时，常德某中学学生符某同其他班干部一起到老师办公室开班干部会议。会议结束后，与会班干部应某将化学老师放在该办公室办公桌下的白磷取出来玩耍导致白磷自燃，白磷将符某脸部、胸部多处烧伤。之后符某在常德某医院、中南大学湘雅医院、湖南省第二人民医院等医院进行治疗。经鉴定，符某的伤情构成十级伤残，护理期 60 日、营养期 60 日，面部疤痕激光及药物治疗约需要医药费用 20000 元。符某因校园伤害事故所遭受的损失合计117863.66 元。

2. 法院观点

常德某中学教师违反规定将白磷存放在办公桌之下，在组织学生召开会议时又未履行注意义务，存在过错，常德某中学应对符某的损害后果承担主要责任。

应某虽系限制民事行为能力人，但对将存放在办公桌下的不明物品私自取出玩耍的行为可能造成一定的后果应当有一定的预见能力。

其将白磷取出玩耍导致白磷自燃造成他人人身受到损害，具有过错，应当承担一定的责任。

白磷自燃起火，超过了符某日常安全注意的范围，符某在该次责任事故中没有过错，不应该承担责任。

结合本案实际情况，符某的损失由应某承担 10% 的赔偿责任，常德某中学承担 90% 的赔偿责任。

3. 笔者评析

这是一起由学校与致害学生都存在过错，分别实施侵权行为，导致受害学生伤残而引起纠纷的案例，也属于多因一果的侵权纠纷案例，这种情况需要划分侵权人学校和致害学生承担责任的比例，适合通过诉讼的方式来解决纠纷。

三、防控指南

1. 学校应根据具体的情况选择最恰当的方式解决纠纷。第一，发生学生校园伤害事故后，学生伤害事故受害人或监护人要求学校承担赔偿责任的，学校应当综合考虑案件的具体情形、当事人争议的大小、标的总额的大小、解决纠纷的成本以及对学校的负面影响等因素，在协商、调解、诉讼等解决方式中做出恰当、理性的选择。

第二，通过对案件进行评估后，学校对于具有协商或调解基础的案件，应首先通过协商或调解的方式解决纠纷；非得通过诉讼途径解决纠纷时，学校一定要尽早请法律专业人士介入，指导搜集、保存证据，为诉讼做好充分准备。

2. 受害学生的监护人应选择理性的方式解决纠纷。学生发生校园伤害事故后，特别是发生严重损害后果的事故后，受害人的亲属或监护人可能会失去理智，做出冲动或过激的行为，这是近年来"校闹"事件屡见报端的原因之一。如果受害学生亲属或监护人进行"校闹"，不但不利于纠纷的处理，甚至可能因此构成刑事犯罪。因此，受害学生监护人或其他亲属应当理性维权，不得采取"校闹"的方式维权。对于案件争议较大，赔偿标的额也较大的案件，建议选择诉讼的方式解决纠纷。

第二节　学生校园伤害事故民事纠纷案件的赔偿范围和标准

一、学生校园伤害案件的赔偿范围

根据《民法典》第一千一百七十九条、第一千一百八十三条以及相关司法解释的规定：学生校园伤害案件的民事赔偿范围包括医疗费、误工费、护理费、交通费、住宿费、住院伙食补助费、营养费、残疾辅助器具费、残疾赔偿金、鉴定费、精神损害抚慰金。造成死亡的，还应当赔偿丧葬费和死亡赔偿金。

二、学生校园伤害案件的赔偿标准

根据《关于审理人身损害赔偿案件适用法律若干问题的解释》《精神损害赔偿解释》，各项赔偿项目的赔偿标准如下：

（一）赔偿计算法律依据

1. 医疗费：《关于审理人身损害赔偿案件适用法律若干问题的解释》（2020 修正）第六条规定。

2. 误工费：《关于审理人身损害赔偿案件适用法律若干问题的解释》（2020 修正）第七条规定。

3. 护理费：《关于审理人身损害赔偿案件适用法律若干问题的解释》（2020 修正）第八条规定。

4. 交通费：《关于审理人身损害赔偿案件适用法律若干问题的解释》（2020 修正）第九条规定。

5. 住院伙食补助费、住宿费：《关于审理人身损害赔偿案件适用法律若干问题的解释》（2020 修正）第十条规定。

6. 营养费：《关于审理人身损害赔偿案件适用法律若干问题的解释》（2020 修正）第十一条规定。

7. 残疾赔偿金：《关于审理人身损害赔偿案件适用法律若干问题的解释》（2020 修正）第十二条规定。

8. 残疾辅助器具费：《关于审理人身损害赔偿案件适用法律若干问题的解释》（2020 修正）第十三条规定。

9. 丧葬费：《关于审理人身损害赔偿案件适用法律若干问题的解释》（2020 修正）第十四条规定。

10. 被抚养人生活费：《关于审理人身损害赔偿案件适用法律若干问题的解释》（2020 修正）第十七条规定。

11. 死亡赔偿金：《关于审理人身损害赔偿案件适用法律若干问题的解释》（2020 修正）第十五条规定。

12. 精神损害抚慰金：《精神损害赔偿解释》（2020 修正）第五条规定。

在实践中，地方高级人民法院会参照当地的平均生活水平制定精神损害抚慰金的标准，如《安徽省高级人民法院审理人身损害赔偿案件若干问题的指导意见》规定：

第一，公民身体权、健康权遭受一般伤害没有构成伤残等级的，精神抚慰金的数额一般为 1000 元至 5000 元；

第二，公民身体权、健康权遭受的伤害已经构成伤残等级，精神抚慰金的数额可以结合受害人的伤残等级确定，一般不低于 5000 元，但不高于 80000 元；

第三，造成公民死亡的，精神抚慰金的数额一般不低于 50000 元，但不高于 80000 元。

湖南省暂未出台关于精神损害抚慰金的赔偿标准，但笔者通过查阅审判实例，发现湖南省各地法院对人身损害赔偿案件精神损害抚慰金的最高标准认定为 50000 元。

（二）赔偿计算表

赔偿项目	计算公式		
医疗费	医疗机构出具的医药费用、治疗费用等收款凭证所载费用之和		
误工费	A类：受害人有固定收入	按实际减少的收入计算	
	B类：受害人无固定收入（受害人能举证证明其最近三年平均年收入） 公式＝最近三年平均年收入（元/年）÷365（天）×误工期限（天）		
	C类：受害人无固定收入（受害人不能举证证明其最近三年平均年收入） 公式＝受诉法院所在地相同或相近行业上一年度职工年平均工资×（元/年）÷365（天）×误工期限（天）		
护理费	护理人员有收入（参照误工费的规定计算）	护理人员有固定收入	按照实际减少的收入计算
		护理人员无固定收入	最近三年平均年收入（元/年）÷365（天）×误工期限（天）
	护理人员无收入或雇用护工	当地护工从事同等级别护理的劳务报酬（元/天）×护理期限（天）。护理期限：1.护理至受害人恢复自理能力为止；2.因伤致残不能恢复的，护理期限结合受害人年龄、健康状况等确定合理期限，最长不超过二十年	
交通费	正式票据所载实际交通费用之和（包括受害人及其必要的陪护人员因就医或转院治疗实际发生的交通费用，票据所载事项应与就医地点、时间、人数、次数相吻合）		
住宿费住院伙食补助费	1.可以参照当地国家机关一般工作人员的出差伙食补助标准予以确定； 2.受害人确有必要到外地治疗，因客观原因不能住院，此时住院伙食补助费还包括受害人及其陪护人员实际发生的住宿费和伙食费		

续表

赔偿项目	计算公式		
丧葬费	受诉法院所在地上一年度职工月平均工资（元/月）×6（月）		
残疾赔偿金	受害人为城镇居民（或农村居民符合按照城镇居民索赔条件）	≤60周岁	受诉法院所在地上一年度城镇居民人均可支配收入（元/年）×20（年）×伤残赔偿系数
		60~75周岁	受诉法院所在地上一年度城镇居民人均可支配收入（元/年）×〔20－（实际年龄－60）〕（年）×伤残赔偿系数
		≥75周岁	受诉法院所在地上一年度城镇居民人均可支配收入（元/年）×5（年）×伤残赔偿系数
残疾赔偿金	受害人为农村居民	≤60周岁	受诉法院所在地上一年度农村居民人均纯收入（元/年）×20（年）×伤残赔偿系数
		60~75周岁	受诉法院所在地上一年度农村居民人均纯收入（元/年）×〔20－（实际年龄－60）〕（年）×伤残赔偿系数
		≥75周岁	受诉法院所在地上一年度农村居民人均纯收入（元/年）×5（年）×伤残赔偿系数

赔偿项目			计算公式
死亡赔偿金	受害人为城镇居民（或农村居民符合按照城镇居民索赔条件）	≤60周岁	受诉法院所在地上一年度城镇居民人均可支配收入（元/年）×20（年）
		60~75周岁	受诉法院所在地上一年度城镇居民人均可支配收入（元/年）×〔20-（实际年龄-60）〕（年）
		≥75周岁	受诉法院所在地上一年度城镇居民人均可支配收入（元/年）×5（年）
死亡赔偿金	受害人为农村居民	≤60周岁	受诉法院所在地上一年度农村居民人均纯收入（元/年）×20（年）
		60~75周岁	受诉法院所在地上一年度农村居民人均纯收入（元/年）×〔20-（实际年龄-60）〕（年）
		≥75周岁	受诉法院所在地上一年度农村居民人均纯收入（元/年）×5（年）
被扶养人生活费	被扶养人为城镇居民	≤18周岁	受诉法院所在地上一年度城镇居民人均消费性支出（元/年）×（18-实际年龄）÷扶养人数×伤残赔偿指数
		≤60周岁（被抚养人无劳动能力又无其他生活来源）	受诉法院所在地上一年度城镇居民人均消费性支出（元/年）×20（年）×伤残赔偿指数 备注：受害人死亡的伤残赔偿指数按照1计算

赔偿项目	计算公式		
		60~75周岁	受诉法院所在地上一年度城镇居民人均消费性支出（元/年）×〔20（年）-（实际年龄-60）〕（年）÷扶养人数×伤残赔偿指数 备注：受害人死亡的伤残赔偿指数按1计算
		≥75周岁	受诉法院所在地上一年度城镇居民人均消费性支出（元/年）×5（年）÷扶养人数×伤残赔偿指数 备注：受害人死亡的伤残赔偿指数按照1计算
被扶养人生活费	被扶养人为农村居民	≤18周岁	受诉法院所在地上一年度农村居民人均年生活消费支出（元/年）×（18-实际年龄）（年）÷扶养人数×伤残赔偿指数 备注：受害人死亡的伤残赔偿指数按1计算
		≤60周岁（被扶养人无劳动能力又无其他生活来源）	受诉法院所在地上一年度农村居民人均年生活消费支出（元/年）×20（年）÷扶养人数×伤残赔偿指数 备注：受害人死亡的伤残赔偿指数按照1计算

赔偿项目	计算公式	
	60~75周岁	受诉法院所在地上一年度农村居民人均年生活消费支出（元/年）×〔20-（实际年龄-60）〕（年）÷扶养人数×伤残赔偿指数 备注：受害人死亡的伤残赔偿指数按照1计算
	≥75周岁	受诉法院所在地上一年度农村居民人均年生活消费支出（元/年）×5（年）÷扶养人数×伤残赔偿指数 备注：受害人死亡的伤残赔偿指数按照1计算
精神损害抚慰金	根据侵权人的过错程度、侵害手段、场合、行为方式、侵权行为造成的后果、侵权人的获利情况、侵权人经济赔偿能力、受诉法院所在地平均生活水平等因素确定。 注意事项： 1. 精神损害抚慰金计算的具体标准，因个案和地域经济发达程度的不同会有较大差异。目前深圳地区一般按如下标准计算：根据伤残等级从十级至一级分别对应为1万元至10万元，死亡的，同一级。 2. 司法实践操作中：在诉讼中，注意该费用应在诉讼请求中明确提出在交强险中优先支付。商业保险中没有精神损害的赔偿项目。	
财产损失	根据估损清单及相应财产有效凭证主张（包括车辆维修、施救损失；车载货物损失；经营车辆停运损失；非经营车辆替代支出的交通费等）	
残疾辅助器具费的赔偿标准	残疾辅助器具费按照普通适用器具的合理费用标准计算。伤情有特殊需要的，可以参照辅助器具配制机构的意见确定相应的合理费用标准。辅助器具的更换周期和赔偿期限参照配制机构的意见确定	

三、案例解析

（一）案例一：受害学生构成残疾的民事赔偿范围

1. 案情简介

李某系邵阳某中学学生，2011年11月23日，李某从寝室回教室，走到接近三楼的楼梯踏步处时，因湿滑摔倒，从楼梯过道护栏缺损处坠落至二楼。当日，学校将李某送至某人民医院住院治疗，在该院住院16天后转至湖南省儿童医院治疗。之后，李某先后到中南大学湘雅医院、原北京军区总医院附属八一脑外科医院、上海市华山医院住院治疗，被诊断为：1.颅脑外伤后遗症；2.神经元损伤；3.痉挛性截瘫。2013年9月21日，湖南省人民医院司法鉴定中心根据李某的现状，出具鉴定意见：被鉴定人李某目前遗留有中枢性四肢瘫痪，评定为三级伤残，需要长期护理，属完全护理依赖。

李某的父亲认为是学校的过错导致儿子四肢瘫痪，他接受不了儿子四肢瘫痪的事实，经与儿子就读的邵阳某中学交涉赔偿事宜未果后，一纸诉状将该中学诉至法院。

2. 法院观点

首先，关于邵阳某中学的责任问题：邵阳某中学未能保证教学设施的安全，对此次摔伤事故具有主要过错，应对李某的三级伤残承担主要赔偿责任。李某作为一名12岁的初中学生，在校内未能谨慎行走，安全意识不高，具有一定过错，应减轻邵阳某中学的赔偿责任。据此认定邵阳某中学与李某分别承担李某损失的70%、30%的责任。

其次，关于李某的损失总额问题：

（1）医疗费。李某住院4次治疗，共花医疗费89813元，有病历和发票佐证，本院予以认定。

（2）关于护理费标准。因李某及护理人员即其母亲陈某均为洞口县农村户籍，陈某虽提供了一份在深圳市某区中明鑫五金制品厂从事五金模具车床制造工作且月工资为6000元的证明，因未提供工资清单及其他相关证据加以佐证，本院对上述证据不予采信。应适用湖南省2013 年服务行业人员平均工资标准即每年 36067 元的标准计算 20 年，护理费用为 721340 元。

（3）住院伙食补助费。李某主张住院伙食补助费 4490 元，在法律规定范围内，本院予以认定。

（4）营养费。李某的出院医嘱中明确李某需要加强营养，故李某主张营养费 5000 元，本院予以认定。

（5）鉴定费。本案鉴定费 1700 元，由李某垫付，应当计入损失总额。

（6）交通费。因治疗需要，李某先后在四家医院住院治疗，共产生交通费 9453.5 元，有发票佐证，本院予以认定。

（7）残疾赔偿金。残疾赔偿金适用 2013 年湖南省农村居民人均纯收入 8372 元/年的标准计算，残疾赔偿金应为 133952 元（8372×20×80%）。

（8）精神损害抚慰金。考虑到李某因受伤致四肢瘫痪，生活不能自理，造成严重精神损害，本院酌情认定李某的精神损害抚慰金为30000 元。

本案李某经济损失总计 997448.5 元。据此由邵阳某中学承担李某损失的 70%，计 698213.95 元，李某自行承担损失的 30%，计299234.55 元。李某的后续治疗费待实际发生后可另行起诉解决。

3. 笔者评析

本案是受害学生构成伤残的案件，在法院确定的赔偿项目中，包括了医疗费、护理费、住院伙食补助费、营养费、鉴定费、交通费、残疾赔偿金、精神损害抚慰金，这些项目的参照依据是《关于审理人身损害赔偿案件适用法律若干问题的解释》和《精神损害赔偿解释》的规定。因李某是限制民事行为的未成年人，无劳动能力，故损失不包括误工费的项目。因未提供住宿费损失的证据，法院未支持李某住宿费的损失的诉讼请求。

（二）案例二：受害学生死亡的民事赔偿范围

1. 案情简介

10 岁的李某某系龙山县某学校四年级学生，2015 年 4 月 12 日，李某某独自前往龙山县某学校上学，下午 14 时 11 分到校，大约一分钟后，与同学方某离校前往学校附近的小河游泳，在游泳过程中，李某某意外死亡。据龙山县某学校监控显示，在李某某离校外出过程中，龙山县某学校大门敞开，无门卫及教师现场管理、阻止。李某某死亡后，经龙山县公安局刑事侦查大队法医检验，认定李某某系溺水死亡。李某某的父母得知儿子溺水死亡的消息，犹如晴天霹雳，两人悲痛欲绝。之后，聘请律师代理其将龙山县教育局、承保的保险公司、龙山县某学校诉至法院，要求三被告赔偿李某某死亡的各项损失。

2. 法院观点

首先，关于学校的责任比例：教育部《学生意外伤害事故处理办法》第九条第十一项规定，对未成年学生擅自离校等与学生人身安全直接相关的信息，学校发现或者知道，但未及时告知未成年学生的监护人，导致未成年学生因脱离监护人的保护而发生伤害的，学校应承担相应的责任。

本案受害学生李某某到校后又中途离开学校下河游泳，缺席下午课程和晚自习，学校未及时发现并寻找，这视为学校未尽到教育、管理职责，《民法典》第一千二百条规定："限制民事行为能力人在学校或者其他教育机构学习、生活期间受到人身损害，学校或者其他教育机构未尽到教育、管理职责的，应当承担侵权责任。"据此学校应当承担责任。李某某本人作为限制民事行为能力人，对下河游泳的危险性应有一定的认知能力，但因疏忽大意导致意外事故发生，自身也存在一定的过错，可以减轻学校的赔偿责任。结合上述因素，龙山县某学校承担 60% 的赔偿责任较为公平。

其次，关于损失总额问题：（1）关于丧葬费认定。丧葬费按照本院确认的 14557.5 元（职工年平均工资 48525 元÷12 月×6 月×60%）予以支持。

（2）死亡赔偿金。死亡赔偿金按照本院确认的 120720 元（农村人均纯收入 10060 元×20 年×60%）计算。

（3）其他赔偿项目和标准的认定见"受害学生构成残疾的民事赔偿范围"，在此不赘述。

同时考虑到李某一家因李某某的意外死亡，精神遭受到重大打击，认定精神抚慰金为 50000 元。李某某的损失共计 187120.8 元。

3. 笔者评析

在受害学生死亡案件中，医疗费、护理费、住院伙食补助费、营养费、鉴定费、交通费、精神损害抚慰金等赔偿标准与学生构成伤残的案件的赔偿标准相同，不同的是死亡案件多出丧葬费和死亡赔偿金的赔偿项目。法律对丧葬费的标准有明确的规定，在实践中无争议。死亡赔偿金的参照标准分城镇居民标准和农村居民标准。本案中，受害方主张应当按照城镇居民的标准计算死亡赔偿金，但法院认为，受害方证据不足，应当按受诉法院所在地上一年度农村居民人均纯收入的标准计算。可见，在审判实践中，法院对死亡赔偿金的参照标准的认定会存在一定的分歧，学校和相关赔偿义务人需引起注意。

四、防控指南

1. 学校作为赔偿义务人时应注意：

（1）审查受害人的赔偿范围是否合法。学校应当掌握人身损害赔偿案件的赔偿范围，如：对于医保已报销的医疗费用应当不纳入赔偿范围，以及保险公司已报销的项目也不应当纳入赔偿范围等。

（2）仔细审查赔偿标准的证据。受害人的户口性质与死亡（残疾）赔偿金的总额有直接关系，目前我国城镇居民与农村居民的死亡（残疾）赔偿金参照的标准相差两倍多，因此，需仔细审查受害人户口性质的证据，特别是受害人是农村户口，其主张在城镇居住满一年，参照城镇居民人均可支配收入标准计算死亡（残疾）赔偿金的证据，以免超出法律规定的标准赔偿受害人的损失。

（3）审查各项损失的合理性和必要性。如果学校或者加害人对受害人治疗的必要性和合理性有异议的，应当提交证据，比如医疗费数额较大，还可以申请第三方鉴定机构对受害人治疗的必要性和合理性进行鉴定。

2. 受害学生的监护人需注意。受害学生监护人需要保存好各项损失的发票，以便于举证证明各项损失的数额。如：医疗费、交通费、住宿费、护理费、鉴定费等发票。

第二篇

校园犯罪行为的刑事法律风险防控

根据犯罪行为侵犯的客体不同和社会危害性大小，刑法将各种犯罪依次划分为十类，分别是：危害国家安全罪；危害公共安全罪；破坏社会主义经济秩序罪；侵犯公民人身权利、民主权利罪；侵犯财产罪；妨害社会管理秩序罪；贪污贿赂罪；渎职罪；危害国防利益罪；军人违反职责罪。这十类犯罪中，所涉及的罪名有四百多个。

而校园犯罪行为中，比较常见的是破坏社会主义经济秩序，侵犯公民人身权利、民主权利，侵犯财产，贪污贿赂，渎职犯罪行为，因此，本书主要阐述以上校园常见的犯罪行为以及法律风险防控。

第一章

校园犯罪概述

第一节　校园犯罪的概念

校园犯罪是指区别于一般校园暴力等一般违法行为，给学生或学校造成严重后果，已经触犯刑法的犯罪行为。如针对学生的故意伤害、虐待、猥亵、强奸、杀人、绑架等。

校园犯罪有别于一般的校园违法行为。首先，体现在行为上，比如猥亵、强奸、杀人、绑架等行为，一旦实施，就属于校园犯罪行为；而罚作业、罚劳动等变相体罚方式，一般情况下不可能属于校园犯罪。其次，危害结果不一样，一般的校园违法行为危害结果较轻，对学生的伤害有限；而校园犯罪是造成严重危害后果或者具有严重法益威胁性的行为，对学生甚至是社会秩序造成了严重损害或者严重威胁。最后，需要承担的法律责任不一样，一般的校园违法行为，只需承担民事法律责任或行政法律责任，比如赔礼道歉、赔偿损失、行政拘留等；而校园犯罪，对侵害人来说须承担刑事责任，轻则刑事拘留，重则有期徒刑、无期徒刑甚至死刑，对学校来说，如存在管理不当或其他过错，须承担民事责任；如属于侵害人，则同样须承担刑事责任。

第二节　犯罪现状

笔者通过中国裁判文书网、最高人民法院网等网站检索出 2012—2019 年涉及与教育行业有关的刑事犯罪案件 236 件，刑事犯罪变化趋势如下图：

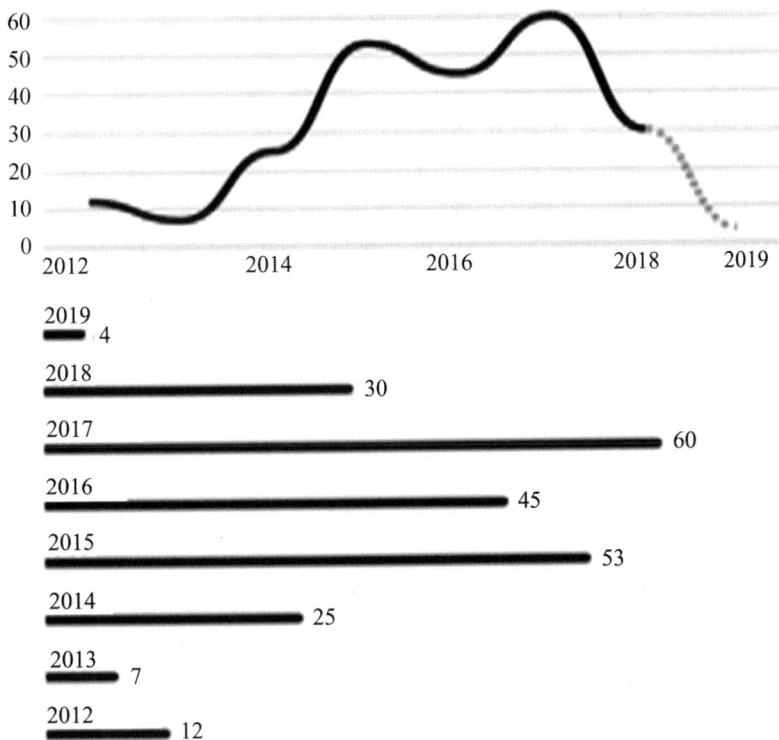

通过对上述教育机构刑事犯罪数量变化趋势图的分析，我们发现从 2017 年起，校园刑事犯罪的数量呈现出逐年下降的趋势，但这并不是得益于学校管理的改善，而是法律的威慑性在起作用。

北京市高级人民法院 2017 年发布的案件统计分析显示，五年间发生的校园暴力刑事犯罪案件的罪名主要集中于故意伤害罪、寻衅滋事罪和聚众斗殴罪，三类案件累计占比 78%，其余罪名涉及抢劫罪、故意杀人罪、性犯罪等。

笔者检索出教育行业刑事犯罪案件 236 件，通过案例统计分析，发现全国教育行业犯罪前三大一级案由依次是：危害公共安全罪，侵犯公民人身权利、民主权利罪，妨害社会管理秩序罪。具体情况如下图：

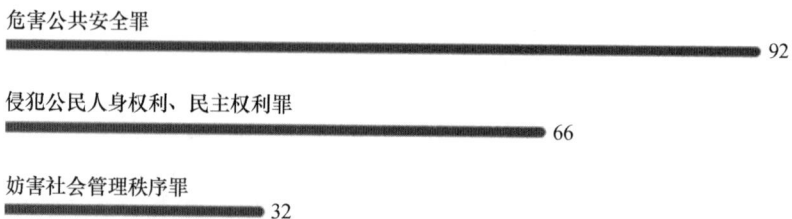

危害公共安全罪

92

侵犯公民人身权利、民主权利罪

66

妨害社会管理秩序罪

32

教育行业涉及刑事犯罪的案件中前三大二级案由依次是：交通肇事罪，故意伤害罪，妨害司法罪。具体情况如下图：

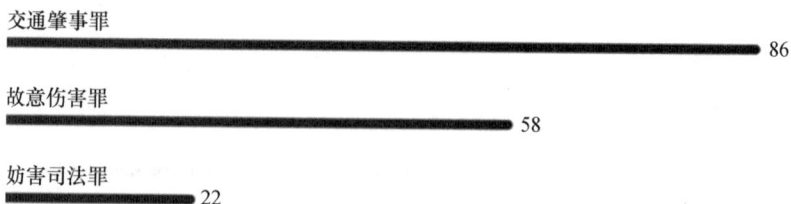

交通肇事罪

86

故意伤害罪

58

妨害司法罪

22

教育行业涉及刑事犯罪的案件中前三大三级案由依次是：拒不执行判决、裁定罪，非法占用农用地罪，合同诈骗罪。具体情况如下图：

拒不执行判决、裁定罪

18

非法占用农用地罪

6

合同诈骗罪

3

第二章

教育机构安全事故类犯罪

第一节 教育设施重大安全事故罪

一、概述

1. 教育设施重大安全事故罪的概念。教育设施重大安全事故罪是指明知校舍或者其他教育设施有危险，而不采取措施或者不及时报告，致使发生重大伤亡安全事故的行为。教育设施主要指学校的教室、宿舍、食堂、围墙、体育设施等。

2. 教育设施重大安全事故罪的犯罪客体。教育设施重大安全事故罪侵犯的客体是学校及其他教育机构的正常活动和师生员工的人身安全。

3. 教育设施重大安全事故罪的客观方面。客观方面表现为明知校舍或者教育教学设施具有危险而仍不采取措施或者不及时报告，致使发生重大事故的行为。

4. 教育设施重大安全事故罪的犯罪主体。本罪的主体为特殊主体，即对校舍或者教育教学设施负有维护义务的直接人员。主要是学校领导、负责学校后勤维修工作的职工。

5. 教育设施重大安全事故罪的主观方面。本罪在主观方面表现为过失。可以是疏忽大意的过失，也可以是过于自信的过失。

二、犯罪现状

笔者通过中国裁判文书网、最高人民法院网等网站检索出 2012—2017 年涉及校园教育设施重大安全事故罪的 25 篇裁判文书，通过统计分析我们发现教育设施重大安全事故罪自 2015 年以来呈现下降趋势。这说明随着时代的发展，教育机构及其工作人员对教育设施的安全越来越重视，但不可否认的是该类事故造成的后果一般较为严重，因此，我们应高度重视。

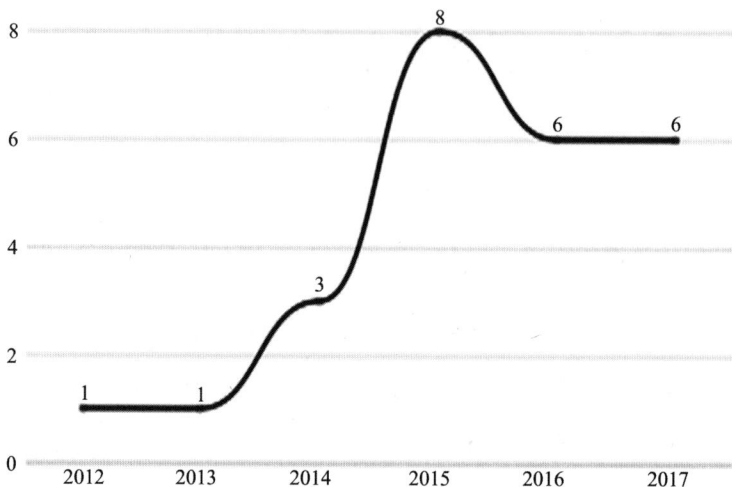

2012—2017 年全国教育设施重大安全事故罪案例数量变化趋势图（单位：件）

三、高频法条

（此处统计了教育设施重大安全事故罪案件中被援引的高频法律法条）

序号	法律法规名称	援引法条	引用频次
1	刑法（2011 年修订）	第一百三十八条	8
2	刑法（2015 年修订）	第一百三十八条	8
3	刑法（2011 年修订）	第六十七条第一款	6
4	刑法（2011 年修订）	第七十二条第一款	4
5	刑法（2015 年修订）	第六十七条第一款	4
6	刑法（2011 年修订）	第七十三条第二款	3
7	刑法（2011 年修订）	第四十五条	3
8	刑法（2015 年修订）	第六十七条第三款	3
9	刑法（2011 年修订）	第七十三条	2
10	刑法（2011 年修订）	第七十三条第三款	2
11	刑法（2011 年修订）	第七十二条	2
12	刑法（2011 年修订）	第六十一条	2
13	刑法（2011 年修订）	第六十七条第三款	2
14	刑法（2011 年修订）	第四十七条	2
15	刑法（2015 年修订）	第三十七条	2
16	刑法（2015 年修订）	第六十一条	2
17	刑法（2017 年修订）	第一百三十八条	2
18	关于办理危害生产安全刑事案件适用法律若干问题的解释	第八条第四款第一项	2
19	关于审理人身损害赔偿案件适用法律若干问题的解释	第二十七条	2
20	刑法（1997 年修订）	第七十八条	1

四、案例解析

某幼儿园教育设施重大安全事故罪一案

1. 案情简介

某市某幼儿园园长高某明知该园用于接送幼儿的面包车车况差，油路不畅，急需检修，仍要求该幼儿园雇用的司机乔某驾驶该车接送幼儿。某日，该校车行驶时，由于汽化器回火，引起汽车着火，将车上的王某 1、杨某、赵某等三名儿童当场烧死，儿童孟某被严重烧伤，经医治无效死亡，王某 2、谷某等两名儿童被烧成重伤，面包车被烧毁。案发后，司机乔某逃离现场，后被群众扭送至现场，被闻讯赶来现场的公安人员带走。幼儿园园长高某当晚逃往西安，后于 2002 年 6 月 17 日到公安机关投案。

2. 法院观点

司机乔某违反交通运输法规，驾驶机动车发生重大交通事故，致 4 人死亡、2 人重伤、车辆烧毁的严重后果，情节特别恶劣，应以交通肇事罪定罪处罚。主管人员、肇事车辆的管理所有人，只有在指使、强令他人违章驾驶而造成重大交通事故的情况下，才能以交通肇事罪定罪处罚。本案车毁人伤亡的危害后果，固然是乔某违反交通运输法规的行为直接造成的，但其中 4 名幼儿被烧死、2 名幼儿被烧成重伤，与高某明知教育教学设施有危险而将其继续投入使用的行为有因果关系。对于园长高某，应当以教育设施重大安全事故罪追究其刑事责任。

据此，某市中级人民法院判决：幼儿园园长高某犯教育设施重大安全事故罪，判处有期徒刑四年；司机乔某犯交通肇事罪，判处有期徒刑五年。

3. 笔者评析

本案例为最高人民法院公报刊登的案例。本案中，一审法院对幼儿园园长高某以交通肇事罪判处，二审法院改判高某犯教育设施重大安全事故罪。笔者认为，二审法院改判的理由是，根据《刑法》第一百三十八条规定，幼儿园园长高某明知该校的校车油路不畅，却让司机驾驶汽车接送幼儿的行为应当以教育设施重大安全事故罪判处刑事责任。

五、防控指南

1. 提高教育设施负责人的安全意识。从大量的案例中我们不难发现，大多数教育设施重大安全事故的发生是因为责任人对教育设施安全认识不够。因此，学校应加强对教育设施负责人的培训，提高其安全意识，这可以减少或避免教育设施安全事故的发生。

2. 健全教育设施安全制度。学校要制定相应的教育设施安全制度，如事故防范制度，学校在事故发生前要防患于未然，减少制度缺失和人为因素引起的灾难。

3. 定期检查维护设施设备。学校的建筑物承重部件因久经承重容易损坏，外凸部件阳台、飘窗、窗檐等容易受风雨侵蚀。这些是容易产生重大安全事故的构件，学校需定期对其进行检查、维护，发现有安全隐患的要及时整改或更换，防止发生安全事故。

4. 设立警示标志。学校应在内沟井、动力机房、燃气管道、热气管道、电力路线、强电箱、变压器房等易产生人身伤害的地方设置醒目警示标志，将"非工作人员禁入"的标志悬挂在最醒目的位置，并建立专人值守或巡视制度。

5. 设置防护设施。学校应对教育、教学硬件设施设置防护措施，在天台、阳台等高空易坠地方，应当合理设置防护栏；易滑跌倒地段应当有防滑措施，以防学生嬉闹坠亡或滑倒摔伤，这可以避免或减少悲剧的发生。

6. 禁止使用有安全隐患的教育设施。学校一旦发现教育设施如校车、教室、宿舍存在安全隐患，应当立即停止使用，严防教育设施安全事故的发生。

第二节　爆炸罪

一、概述

1. 爆炸罪的概念。爆炸罪是指故意用爆炸的方法，杀死杀伤不特定多人，毁坏重大公私财物，危害公共安全的行为。

2. 爆炸罪的客体。本罪侵犯的客体是公共安全，即不特定多数人的生命、健康或者重大公私财产的安全。爆炸罪侵害的对象是学校、工厂、矿场、港口、仓库、住宅、农场、牧场、公共建筑物或者其他公私财产，以及不特定的人、畜。如果用爆炸的方法破坏火车、汽车、电车、船只、飞机等交通工具，或者破坏轨道、桥梁、隧道、公路、机场等交通设备，虽然使用的是爆炸的方法，也危害了公共安全，但由于破坏的是特定的危险对象，所以应当分别以破坏交通工具罪或破坏交通设备罪处理。

3. 爆炸罪的客观方面。本罪在客观方面表现为对公私财物或人身实施爆炸，危害公共安全的行为。爆炸物品，包括炸弹、手榴弹、地雷、炸药（包括黄色炸药、黑色炸药和化学炸药）、雷管、导火索、雷汞、雷银等起爆器材和各种自制的爆炸装置（如炸药包、炸药瓶、炸药罐等）。实施爆炸的方式方法很多：有的在室内安装炸药包，在室内或者室外引爆；有的将爆炸物直接投入室内爆炸；有的利用技术手段，使锅炉、设备发生爆炸；有的使用液化气或者其他方法爆炸。实施爆炸地点主要是在人群集中或者财产集中的公共场所、交通线等处，如将爆炸物放在船只、飞机、汽车、火车上实施定时爆炸，在商场、车站、影剧院、街道、群众集会地方制造爆炸事件。

4. 爆炸罪的主体。本罪的主体为一般主体，即达到法定刑事责任年龄、具有刑事责任能力的人，均可成为本罪的主体。由于爆炸罪严重危害公共安全，破坏社会秩序，所以法律规定这种犯罪处罚年龄的起点较低。根据《刑法》第十七条第二款的规定，已满14周岁不满16周岁的人犯爆炸罪，应当负刑事责任。

5. 爆炸罪的主观方面。本罪在主观方面表现为故意，包括直接故意和间接故意。即行为人明知其行为会引起爆炸，危害不特定多数人的生命、健康或重大公私财产的安全，并且希望或者放任这种危害结果的发生。犯本罪的动机多种多样，如出于报复、嫉妒、怨恨、诬陷等，犯罪动机如何不影响本罪的成立。

二、犯罪现状

笔者通过中国裁判文书网、最高人民法院网等网站检索出 2012—2018 年涉及爆炸罪的 4106 篇裁判文书，通过统计分析我们发现从 2016 年以来爆炸罪呈现下降趋势，这说明我国对于此类犯罪已采取了很好的应对措施。爆炸罪在校园发生的情况比较少，但是校园人数众多，该犯罪一旦发生，必将导致很多家庭支离破碎，因此，学校也应当引起重视。

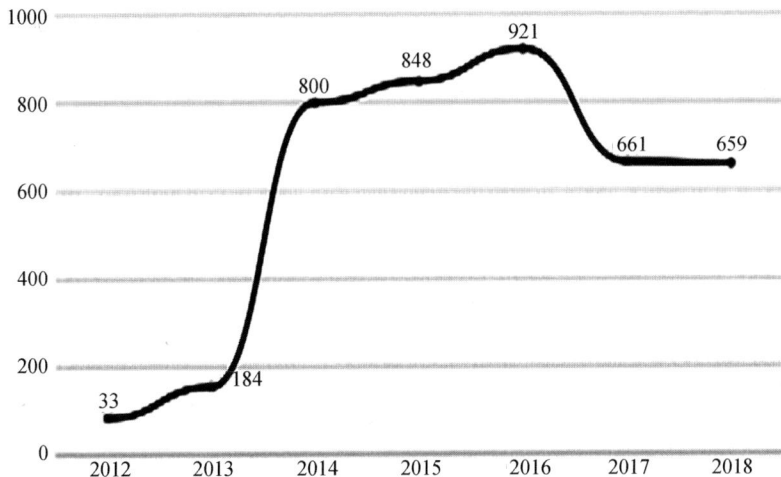

2012—2018 年全国爆炸罪案例数量变化趋势图（单位：件）

三、高频法条

（此处统计了爆炸罪案件中被援引的高频法律法条）

序号	法律法规名称	援引法条	引用频次
1	刑法（2011 年修订）	第一百一十四条	9
2	刑法（2011 年修订）	第六十七条第三款	8
3	刑法（2015 年修订）	第六十七条第三款	8
4	刑法（2015 年修订）	第一百一十四条	6
5	刑法（2015 年修订）	第六十四条	6

序号	法律法规名称	援引法条	引用频次
6	刑法（2011 年修订）	第六十四条	5
7	刑法（2011 年修订）	第一百二十五条 第一款	4
8	刑法（2015 年修订）	第一百二十五条 第一款	4
9	刑法（2015 年修订）	第二十五条	4
10	刑法（2015 年修订）	第六十七条	4
11	刑法（2011 年修订）	第二十五条第一款	3
12	刑法（2011 年修订）	第二十六条第一款	3
13	刑法（2011 年修订）	第二十六条第四款	3
14	刑法（2011 年修订）	第六十一条	3
15	刑法（2011 年修订）	第六十七条第一款	3
16	刑法（2015 年修订）	第一百二十五条	3
17	刑法（2015 年修订）	第七十三条	3
18	刑法（2015 年修订）	第七十二条	3
19	刑法（2015 年修订）	第二十三条	3
20	刑法（2015 年修订）	第二十五条第一款	3

四、案例解析

长沙某学校易某爆炸罪一案

1. 案情简介

行为人易某和黎某等人因不服政府拆迁欲实施报复，2014 年 10 月 28 日晚两人一起喝酒后回到家中，先通过 010-114 查询到中央电视台的电话，然后拨打该电话扬言要于第二日 6 点到 8 点之间趁长沙某学校学生上学之际，带上液化气罐和装满汽油的啤酒瓶到学校门口实施爆炸。打完电话之后，行为人易某在自己家中将液化气罐和装满汽油的啤酒瓶绑在一起，自制了爆炸装置。然而未待行为人着手实施爆炸行为，行为人就被办案机关抓获。

2. 法院观点

行为人易某采用爆炸的方法危害公共安全，尚未造成严重后果，其行为已构成爆炸罪。公诉机关指控被告人犯爆炸罪的事实和罪名成立。行为人易某在准备爆炸工具之后，因意志以外的原因未能着手实行犯罪，系犯罪预备，可以比照既遂犯从轻处罚。行为人易某到案后能如实供述其犯罪事实，可以从轻处罚。根据被告人犯罪的事实、犯罪性质、情节以及其行为对社会的危害程度，法院判决如下：行为人易某犯爆炸罪，判处有期徒刑四年。

3. 笔者评析

本案中，行为人明知爆炸会危害公共安全，仍然试图用爆炸的方式侵害学校安全及学生等不特定人的生命安全，并为爆炸自制了爆炸装置，因意志以外的原因未能着手，系爆炸罪的犯罪预备。根据《刑法》第二十二条之规定，对于预备犯，可以比照既遂犯从轻、减轻处罚或者免除处罚。审判机关对该行为人预备犯罪的行为判处有期徒刑四年是适用罪刑法定原则的体现。

五、防控要点

1. 普及爆炸物和爆炸源的相关知识。学校应普及爆炸物和爆炸源的相关知识，帮助学生识别哪些是爆炸物或爆炸源。爆炸物或爆炸源包括炸药、雷管、火药、炸弹、手榴弹、地雷、雷汞等，也包括自制的爆炸装置，如自制煤气爆炸罐。爆炸物还包括合成爆炸物，如：充电宝、粉尘、可燃气体、打火机、热水袋、电暖袋、香水、花露水、电池、碳酸饮料等在特定条件下可引起爆炸的物质。

2. 普及爆炸发生的危害性。学校应普及爆炸发生的危害性，让学生充分意识到远离爆炸物和爆炸源的必要性，从而提高学生远离易燃易爆物品的安全意识。一旦爆炸发生，造成的危害后果是不言而喻的：一是对校园财物造成危害；二是对生命健康和安全造成危害。如果是学生本人造成爆炸结果，则学生需要承担相应的刑事责任。

3. 谨防火源导致的爆炸。火源爆炸，常见的如食堂锅炉爆炸以及抽烟点火和燃放烟花爆竹引发的爆炸。对此，学校应当定期检查、维修、更换食堂设备，在锅炉房张贴醒目警告标志；严格管理学生抽烟问题，将禁止学生在容易蓄积沼气的地方抽烟列入学校规章制度中；严格管理烟花爆竹问题，禁止在校园燃放烟花爆竹。

4. 谨防化学实验爆炸情形。学校化学实验中容易涉及易燃易爆化学物品，比如关于钠、镁、钾的反应实验等。在这些实验过程中：一是操作过程可能导致爆炸事故；二是学生容易获得、藏匿这些化学品。因此，学校应当严格规范操作程序，并对化学物品谨慎保管，对化学物品的数量、重量严格控制、管理。

5. 谨防外来人员实施爆炸。很多校园爆炸是由外来人员造成的，因此，学校应当谨防外来人员实施爆炸，加强校园安保和巡逻，建立校园安保制度。

第三节　失火罪

一、概述

1. 失火罪的概念。失火罪是由于行为人的过失而引起火灾，造成严重后果，危害公共安全的行为。

2. 失火罪的客体。本罪在客体方面表现为对公共安全的危害，通常表现为危害重大公私财产的安全以及既危害不特定多数人的生命、健康，又危害重大公私财产安全两种情况。由于火的燃烧须依附于财物，没有财物的燃烧，火势就难以危及不特定多数人的人身安全。因此，单纯危害不特定多数人的生命、健康的情况是罕见的。

3. 失火罪的客观方面。本罪在客观方面表现为行为人实施引起火灾，造成严重后果的危害公共安全行为。

4. 失火罪的主体。本罪主体为一般主体，凡达到法定刑事责任年龄、具有刑事责任能力的人均可成为本罪主体。国家工作人员或者具有从事某种业务身份的人员，在执行职务中或从事业务过程中过失引起火灾，不构成失火罪。

5. 失火罪的主观方面。本罪在主观方面表现为过失，既可出于疏忽大意的过失，即行为人应当预见自己的行为可能引起火灾，因为疏忽大意而未预见，致使火灾发生；也可出于过于自信的过失，即行为人已经预见自己的行为可能引起火灾，由于轻信火灾能够避免，结果发生了火灾。

二、犯罪现状

笔者通过中国裁判文书网、最高人民法院网等网站检索出 2012—2018 年涉及失火罪的 12788 篇裁判文书，从下方的年份分布图我们可以看到失火罪案例数量的变化趋势。通过数据分析，我们从地域分布来看，发生失火罪较多的地区是：湖南省、广西壮族自治区、福建省，分别占比 18%、9%、9%。其中湖南省的案件量最多，达到 2298 件。

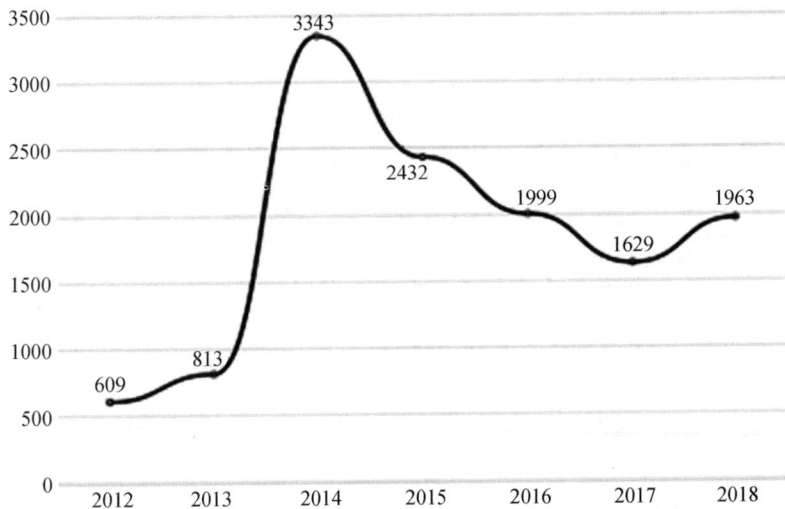

2012—2018 年全国失火罪案例数量变化趋势图（单位：件）

三、高频法条

（此处统计了失火罪案件中被援引的高频法律法条）

序号	法律法规名称	援引法条	引用频次
1	刑法（2011年修订）	第一百一十五条第二款	6037
2	刑法（2015年修订）	第一百一十五条第二款	3838
3	刑法（2011年修订）	第七十二条第一款	3351
4	刑法（2011年修订）	第七十三条第三款	3095
5	刑法（2011年修订）	第六十七条第一款	3075
6	刑法（2011年修订）	第七十三条第二款	2592
7	刑法（2015年修订）	第六十七条第一款	2158
8	刑法（2015年修订）	第七十二条第一款	2125
9	刑法（2011年修订）	第七十二条	2078
10	刑法（2011年修订）	第一百一十五条	2064
11	刑法（2015年修订）	第七十三条第三款	1923
12	刑法（2011年修订）	第六十七条第三款	1819
13	刑法（2015年修订）	第一百一十五条	1754
14	刑法（2015年修订）	第七十二条	1698
15	刑法（2015年修订）	第七十三条第二款	1610
16	刑法（2017年修订）	第一百一十五条第二款	1591
17	刑法（2011年修订）	第七十三条	1373
18	刑法（2011年修订）	第六十七条	1313
19	刑法（2015年修订）	第六十七条第三款	1306
20	刑法（2015年修订）	第七十三条	1204

四、案例解析

某学校林某失火罪一案

1. 案情简介

2014年5月10日11时，行为人林某在未取得从事建筑防水施工资质的情况下，在从事某学校仓库的屋顶防水作业过程中，因操作液化石油气罐和火枪不当，引燃防水卷材引发火灾，导致放置在该仓库内的恒安系列卫生纸以及办公电脑等物品被烧毁。经鉴定，被烧毁的办公电脑以及恒安系列产品等物品价值人民币 90 余万元。

2. 法院观点

行为人林某引燃防水卷材引发火灾造成直接财产损失人民币 90 余万元，构成失火罪，因有自首情节，故判处有期徒刑一年六个月。

3. 笔者评析

本案中，行为人林某在从事学校仓库的屋顶防水作业过程中因过失引起火灾，造成严重后果，导致公私财产遭受重大损失，但犯罪情节较轻，根据法律应当在三年以下有期徒刑或者拘役的幅度内量刑，加之其有自首行为，依法可以对其从轻或者减轻处罚。审判机关对林某判处有期徒刑一年六个月，量刑适当。

五、防控指南

1. 定期检查校园构筑物、设备设施。学校应严格依据消防标准对于易引发火灾的构筑物、场地、设备进行定期检查，比如电路、变压器房、锅炉房、厨房等，发现问题及时整改、维修、更换，从根源上预防、消除火灾隐患。

2. 加强学生防火意识。很多时候校园失火事故是因学生使用电器不当造成的，学校应当加强学生防火意识：一是教育学生按照学校规定使用电器，尽量不要使用劣质、老化、三无电器，对于学校禁止使用的电器，学生不得擅自使用；二是学生离校后，应该断开宿舍内所有电器设备的电源。

3. 加强火灾应对能力。学校加强火灾应对能力：一是设置足够的监控设备、消防设备，并确保灭火器能够正常使用，保证消防通道顺畅；二是建立消防应急队伍，一旦出现消防事故，立即有序应对；三是培训师生的消防应对能力，如经常进行课外的消防演练。

4. 确保学校消防安全管理主体责任落实到位。学校应当建立消防管理制度，定岗定责，并确保消防安全管理主体职责落实到位。一旦发生失火事件，要追究到具体责任人，倒逼相关责任人重视学校的消防问题。

第三章

侵犯学生人身自由的犯罪

第一节 非法拘禁罪

一、概述

1. 非法拘禁罪的概念。非法拘禁罪是指以拘押、禁闭或者其他强制方法，非法剥夺他人人身自由的犯罪行为。

2. 非法拘禁罪的客体。非法拘禁罪侵犯的客体是他人的身体自由权。

3. 非法拘禁罪的客观方面。本罪在犯罪客观方面的表现是：（1）行为人实施了非法拘禁行为，故意剥夺他人人身自由；（2）行为人有造成非法剥夺他人人身自由的结果；（3）行为人采用了捆绑、关押、禁闭等手段非法剥夺他人人身自由。

4. 非法拘禁罪的主体。本罪的犯罪主体为一般主体，包括无权行使拘禁的人，有权行使拘禁却滥用职权的人等两种非法拘禁行为人。

5. 非法拘禁罪的主观方面。本罪在犯罪主观方面的表现是故意，过失不构成本罪。即行为人明知自己采取的行为会产生非法剥夺他人人身自由而故意为之，并积极追求这种结果产生的故意行为。

二、犯罪现状

笔者通过中国裁判文书网、最高人民法院网等网站检索出 2012—2018 年涉及非法拘禁罪的 60467 篇裁判文书，从下方的年份分布图我们可以看到非法拘禁罪案例数量的变化趋势。虽然自 2016 年开始非法拘禁罪的案例呈现递减的趋势，但通过案例分析我们发现涉及非法拘禁罪的案例里面，大学生、职校生这类群体涉及非法拘禁罪的人数较多，这是因为随着我国网络媒体的发展，大学生、职校生容易受到社会的影响，部分学生陷入"传销""校园贷"等陷阱里面无法自拔，从而导致这类人群触犯非法拘禁罪的概率越来越高。

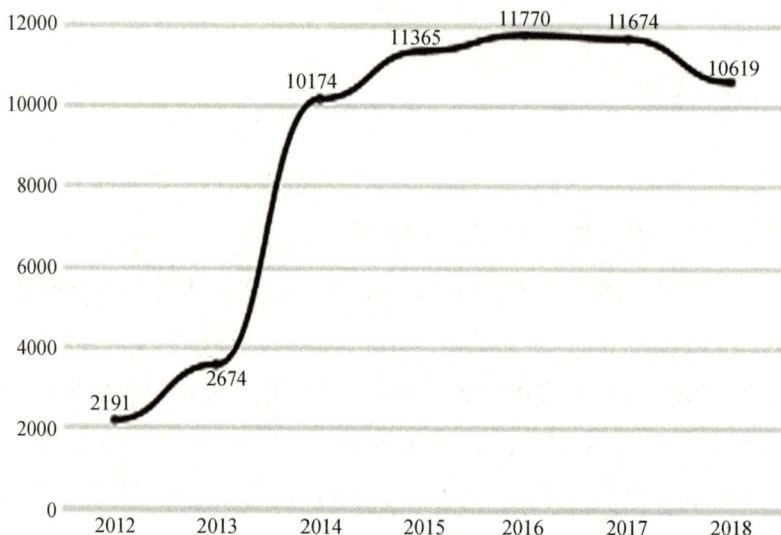

2012—2018 年全国非法拘禁罪案例数量变化趋势图（单位：件）

三、高频法条

（此处统计了非法拘禁罪案件中被援引的高频法律法条）

序号	法律法规名称	援引法条	引用频次
1	刑法（2011 年修订）	第二百三十八条第一款	15931
2	刑法（2015 年修订）	第二百三十八条第一款	15854
3	刑法（2015 年修订）	第二十五条第一款	12523
4	刑法（2011 年修订）	第二十五条第一款	12467
5	刑法（2015 年修订）	第六十七条第三款	11306
6	刑法（2011 年修订）	第六十七条第三款	10164
7	刑法（2015 年修订）	第二百三十八条	8150
8	刑法（2015 年修订）	第二百三十八条第三款	7202
9	刑法（2011 年修订）	第二百三十八条第三款	7144
10	刑法（2011 年修订）	第二百三十八条	6947
11	刑法（2017 年修订）	第二百三十八条第一款	6492
12	刑法（2015 年修订）	第六十七条第一款	5107
13	刑法（2015 年修订）	第二十五条	5041
14	刑法（2017 年修订）	第二十五条第一款	4974
15	刑法（2015 年修订）	第七十二条第一款	4849
16	刑法（2017 年修订）	第六十七条第三款	4727
17	刑法（2011 年修订）	第七十二条第一款	4714
18	刑法（2011 年修订）	第六十七条第一款	4548
19	刑法（2015 年修订）	第二十六条第一款	4331
20	刑法（2015 年修订）	第六十七条	4306

四、案例解析

某大学多名大学生非法拘禁同学一案

1. 案情简介

行为人姚某某、夏某某、董某某三人系某大学本科在校学生，共同参加某传销组织。

2015年4月24日，行为人姚某某将其大学校友被害人高某骗至淮安市淮阴区王营镇营西桥附近由王某霞负责的传销窝点。拘禁二三天后，因高某不肯加入传销组织，传销组织安排行为人姚某某等人将高某送走。

2015年5月8日，行为人夏某某将其大学同学被害人孔某骗至淮安市淮阴区国际汽配城附近由夏某甲负责的传销窝点。拘禁十天后，孔某仍不肯加入传销组织，被群众发现后报警，孔某被公安机关解救。

2015年6月29日凌晨，行为人董某某将其大学同学被害人韩某某骗至淮安市淮阴区香港路圣泉浴室附近雯某甲负责的传销窝点。因韩某某不肯加入传销组织，2015年7月中旬，雯某甲安排人将韩某某送走。

2. 法院观点

行为人姚某某、夏某某、董某某三人因参与传销而非法限制他人人身自由，其行为均已构成非法拘禁罪，属共同犯罪，应以非法拘禁罪论处，遂判处姚某某有期徒刑一年（缓刑两年）、夏某某有期徒刑五年六个月、董某某有期徒刑两年（缓刑两年）。

3. 笔者评析

这是一起典型的大学生加入传销组织后，对其他学生进行非法拘禁的案例。大学生由于缺乏生活经验、思想较为单纯、心智发展不够成熟等原因，往往很容易被传销人员极具诱惑、极具套路的语言所吸引。大学生欺骗同学加入传销组织的事件也越来越多，是因为大学生被骗入传销组织，经过传销组织洗脑后其自愿加入传销组织，这种情况下，大学生由原先的受害人转变成了加害者，其利用同学间的信任，以找工作兼职、旅游等方式将同学骗入传销组织，大学生因此走上了犯罪道路。

五、防控指南

1. 让学生知晓非法拘禁相关的知识。防控校园非法拘禁：首先，学校应对学生进行普法教育，加强学生对非法拘禁的认识，让学生了解哪些行为可能构成非法拘禁罪，如：校园欺凌过程中对同学的非法拘禁；感情纠纷引发的对爱人、情敌的非法拘禁等行为会构成非法拘禁罪。其次，学校要让学生知晓非法拘禁行为的法律后果，让学生知道实施拘禁他人的行为有可能构成非法拘禁罪，面临刑事处罚，从而避免学生因轻视非法拘禁罪法律责任而发生非法拘禁的行为。

2. 防范教师对学生的非法拘禁行为。教师对学生非法拘禁，很多时候是因为对学生进行管理、管教、惩罚时，实施了禁闭、关押等行为，而教师未意识到自身对学生的惩戒行为已经不当，并涉嫌构成非法拘禁罪。学校应当加强对教师的法律知识宣传，让教师意识到哪些行为涉嫌非法拘禁罪。此外，教师对严重危害校园安全的学生，不能擅自实施拘禁行为，而应当及时交由公安机关处理。

3. 防范学生误入传销组织而遭遇非法拘禁。近年来，学生因误入传销组织而遭遇非法拘禁的情况较多。学生思想较为单纯，容易轻信他人，往往成为受害者。这种情况下，学校应当向学生宣传传销组织的特点、经营的套路，让学生了解常见的传销套路，避免自身误入传销组织。

4. 防范校园借贷导致的非法拘禁。部分学生陷入校园不良借贷，因无能力偿还高额利息，学生存在躲避归还借款的行为，出借人可能因逼迫学生还款而非法拘禁学生。因此，应当让学生学会权衡自己的经济实力，倡导学生理性消费，避免因陷入校园不良借贷被非法拘禁。

第二节　绑架罪

一、概述

1. 绑架罪的概念。绑架罪是指出于勒索财物或者其他目的，使用暴力、胁迫或者其他方法，绑架他人的行为或者绑架他人作为人质的行为。

2. 绑架罪的客体。本罪侵犯的客体是复杂客体，包括他人的人身自由权利、健康、生命权利及公私财产所有权利。行为人以暴力、胁迫等手段对他人实施绑架，直接危害被害人的生命健康。在司法实践中，行为人常常以危害被害人相威胁，迫使其家属交付赎金。在绑架过程中，被害人往往受虐待、重伤甚至惨遭杀害，还有的行为人将被害人杀害后再向其家属勒索财物。

3. 绑架罪的客观方面。客观方面表现为使用暴力、胁迫或者其他的方法，绑架他人的行为。"暴力"，是指行为人直接对被害人进行捆绑、堵嘴、蒙眼、装麻袋等人身强制或者对被害人进行伤害、殴打等人身攻击手段。"胁迫"，是指对被害人实行精神强制，或者对被害人及其家属以实施暴力相威胁。"其他方法"，是指除暴力胁迫以外的方法，如利用药物、醉酒等方法使被害人处于昏迷状态等。这三种犯罪手段的共同特征是使被害人处于不能反抗或者不敢反抗的境地，将被害人非法绑架离开其住所或者所在地，并置于行为人的直接控制之下，使其失去行动自由的行为。法律只要求行为人具有绑架他人其中一种手段就构成本罪。

4. 绑架罪的主体。本罪的犯罪主体为一般主体。

5. 绑架罪的主观方面。主观方面由直接故意构成，并且具有勒索财物或者扣押人质的目的。"以勒索财物为目的的绑架他人"，是指采用暴力、胁迫或者麻醉的方法，强行将他人劫持，以杀害、杀伤或者不归还人质相要挟，勒令与人质有关的亲友，在一定期限内交出一定财物，以财物赎人。这里的"财物"应从广义上理解，不局限于钱财，也包括其他财产利益。

二、犯罪现状

为了解绑架罪的犯罪现状，笔者通过中国裁判文书网、最高人民法院网等网站检索出 2012 年—2018 年涉及绑架罪的 31601 篇裁判文书，从下图的年份分布我们可以看到，自 2016 年开始绑架罪的案件数量呈下降的趋势，但 2018 年又有所回升，但幅度不大，这主要是因为随着经济的发展，法制不断完善，相关部门监管力度不断加强，人民群众的自我防御能力不断提高。但绑架属于恶性犯罪行为，犯罪分子的犯罪手段十分恶劣，往往使用恐吓、威胁或直接暴力的手段，对青少年的身心摧残极其严重，为此，我们应防范绑架学生事故的发生。

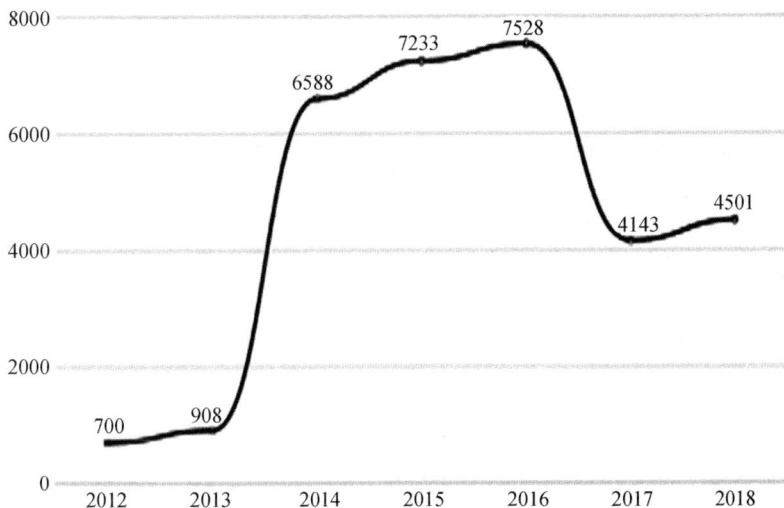

2012—2018 年全国绑架罪案例数量变化趋势图（单位：件）

三、高频法条

（此处统计了绑架罪案件中被援引的高频法律法条）

序号	法律法规名称	援引法条	引用频次
1	刑法（2011 年修订）	第二百三十九条第一款	139
2	刑法（2011 年修订）	第二十五条第一款	87
3	刑法（2011 年修订）	第五十二条	73
4	刑法（2011 年修订）	第二百三十九条	68
5	刑法（2011 年修订）	第五十三条	66
6	刑法（2011 年修订）	第六十七条第三款	64
7	刑法（2015 年修订）	第二百三十九条第一款	62

序号	法律法规名称	援引法条	引用频次
8	刑法（2011年修订）	第六十四条	58
9	刑法（2011年修订）	第二十六条第一款	47
10	刑法（1997年修订）	第二百三十九条第一款	44
11	刑法（2011年修订）	第二十六条第四款	40
12	刑法（2015年修订）	第二百三十九条	39
13	刑法（2015年修订）	第五十二条	38
14	刑法（2015年修订）	第五十三条	34
15	刑法（2015年修订）	第二十五条第一款	33
16	刑法（2015年修订）	第六十四条	33
17	刑法（2017年修订）	第二百三十九条第一款	33
18	刑法（2015年修订）	第六十七条第三款	32
19	刑法（2011年修订）	第六十七条第一款	29
20	刑法（2011年修订）	第一条	28

四、案例解析

刘某等4人绑架学生一案

1. 案情简介

2009年3月5日晚9时，行为人刘某等4人驾车到某学院对面的公路上，将正在路边散步的某思源学院学生王某乙、李某乙强行拉上车，并殴打王某乙，抢走其价值180元的天语牌手机1部，还搜出王某乙农业银行卡1张，逼迫其说出密码，从卡上取走300元。

之后，4人将王、李2人拉至某农家乐，威胁2人，让2人分别给家里打电话要钱，4人扬言把钱打到王某乙银行卡上后再放人。李某乙遂向其父打电话要钱，并称若不汇钱其命将完，其父意识到李某乙被绑架，遂按行为人刘某等人要求汇了8000元钱。王某乙亲属在王某乙一再电话催促之下，向行为人刘某等人汇了5000元钱。

2011年10月4日，公安机关将网上追逃的行为人刘某抓获。

2. 法院观点

行为人刘某等人在劫取被害人财物后，又以勒索财物为目的，挟持被害人，向其亲属索要赎金，其行为构成绑架罪，应以绑架罪的共犯论处，判处有期徒刑十一年，并处罚金 10000 元，剥夺政治权利二年。

3. 笔者评析

行为人刘某等人为勒索财物，以危害学校学生生命相威胁，迫使其家属交付赎金，其行为符合绑架罪的构成要件。

《刑法》第二百三十九条第一款规定：以勒索财物为目的绑架他人的，或者绑架他人作为人质的，处十年以上有期徒刑或者无期徒刑，并处罚金或者没收财产。本案中，刘某因犯绑架罪，被判处有期徒刑十一年，并处罚金 10000 元，剥夺政治权利二年，该处罚结果在法定刑以内，量刑适当。

五、防控指南

1. 做好预防措施。学校要加强管理，强化工作职责，制定应急预案。后勤部门负责人要经常性地对学校保安人员进行培训和教育，严格执行保安 24 小时巡逻制度和出入校门登记制度，严防不法分子进入校内。同时，学校需要加强对学生的管理，严格执行考勤制度。

2. 安装监控、路灯等设备。学校附近、地下通道、拐角、街巷、树林等人员混杂或隐蔽偏僻处，是学生绑架案件的多发地区，学校应在该地区安装监控设备并确保监控正常运行，避免出现监控盲区，并安装足够多的路灯。

3. 加强学生对绑架的防范意识。学校应加强学生对绑架的防范意识，如：建议学生不在公共场合露财，不要佩戴贵重首饰和携带贵重物品；外出结伴同行，尽量避免独自去行人稀少、阴暗、偏僻的场所等。

4. 培养学生在面临绑架时的应对技巧。即便防范措施到位，也不可能完全避免绑架事件的发生。因此，学校应当培养学生在面临绑架时的应对技巧，学生遇到可疑人员时，应当迅速机智地逃离现场，在保证自身安全的前提下大声呼喊。一旦遭受到绑架：一是保护好自己的人身安全，不宜与犯罪人员直接对抗；二是在确保自身安全的前提下，想办法寻求救助方法，如立即报警并通知班主任、辅导员、可靠的亲友，向其请求帮助。

5. 加强学生品德教育，防范学生涉嫌绑架犯罪。学校应重视学生的思想品德教育，指出绑架行为的严重法律后果，打消学生因经济困难等原因而产生的绑架勒索的念头。

第四章

侵犯学生生命、健康的犯罪

第一节 过失致人死亡罪

一、概述

1. 过失致人死亡罪的概念。过失致人死亡罪是指行为人因疏忽大意没有预见到或者已经预见到而轻信能够避免他人死亡，以致剥夺他人生命权的行为。

2. 过失致人死亡罪的客体要件。本罪侵犯的客体是他人的生命权。

3. 过失致人死亡罪的客观要件。本罪在犯罪客观方面的表现是：（1）行为人具有致人死亡的行为；（2）客观上必须发生致人死亡的结果；（3）行为人的过失行为与被害人死亡结果之间具有因果关系。

4. 过失致人死亡罪的主体要件。本罪的犯罪主体是一般主体，即年满十六周岁、具有刑事责任能力的自然人，均可构成本罪主体。

5. 过失致人死亡罪的主观要件。本罪在犯罪主观上的表现为过失，包括过于自信的过失和疏忽大意的过失两种，该过失是针对死亡结果而言的。

二、犯罪现状

笔者通过中国裁判文书网、最高人民法院网等网站检索出 2012—

2018 年涉及过失致人死亡罪的 16276 篇裁判文书，从下方的年份分布图我们可以看到过失致人死亡罪案例数量的变化趋势。从地域分布来看，当前过失致人死亡罪案例主要集中在山东省、河南省、江苏省，分别占比 11%、9%、8%。其中山东省的案件量最多，达到 1827 件。

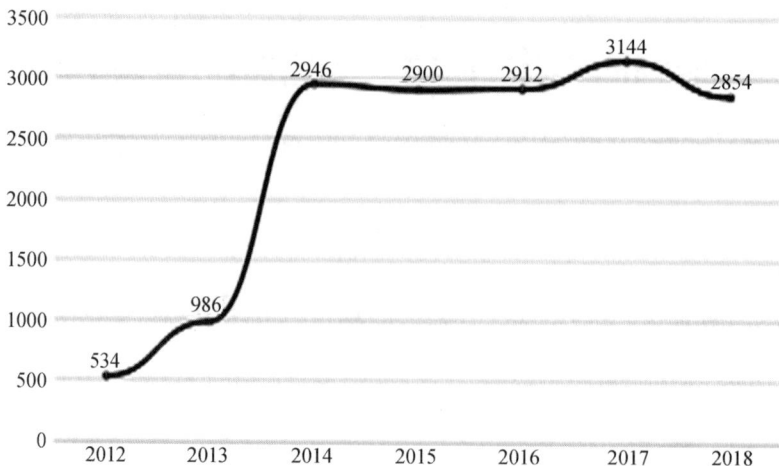

2012—2018 年全国过失致人死亡罪案例数量变化趋势图（单位：件）

三、高频法条

（此处统计了过失致人死亡罪案件中被援引的高频法律法条）

序号	法律法规名称	援引法条	引用频次
1	刑法（2011 年修订）	第二百三十三条	5809
3	刑法（2011 年修订）	第七十二条第一款	3714
4	刑法（2015 年修订）	第六十七条第一款	3523
5	刑法（2015 年修订）	第七十二条第一款	3376
6	刑法（2011 年修订）	第六十七条第一款	3357
7	刑法（2011 年修订）	第七十三条第二款	2922
8	刑法（2011 年修订）	第七十三条第三款	2909
9	刑法（2015 年修订）	第七十三条第三款	2701
10	刑法（2015 年修订）	第七十三条第二款	2701
11	刑法（2017 年修订）	第二百三十三条	2633

序号	法律法规名称	援引法条	引用频次
12	刑法（2015 年修订）	第七十二条	1753
13	刑法（2017 年修订）	第六十七条第一款	1706
14	刑法（2011 年修订）	第七十二条	1634
15	刑法（2017 年修订）	第七十二条第一款	1576
16	刑法（2015 年修订）	第六十七条	1382
17	刑法（2017 年修订）	第七十三条第三款	1303
18	刑法（2017 年修订）	第七十三条第二款	1299
19	刑法（2015 年修订）	第七十三条	1287
20	刑法（2015 年修订）	第六十七条第三款	1255

四、案例解析

伊某某过失致人死亡罪一案

1. 案情简介

吉县某镇某小学教师宿舍楼后山体塌方，该校便将取土工程发包给行为人伊某某。行为人伊某某施工完毕后，无证驾驶绿色皮卡车离开学校，同车随行的有和其一起施工的安某某。当车辆行至该校宿舍区和教学楼区中间的门口时，将突然从车右侧墙后跑来的该校一年级学生徐某某（年仅六周岁）撞倒并碾压，致徐某某当场死亡。之后，吉县某小学与徐某某亲属达成协议，约定由该小学赔偿徐某某死亡的损失 52 万元。

2. 法院观点

本案中，伊某某具有无证驾驶已达报废标准机动车辆的违法行为，可从重处罚，其主动投案并如实供述，构成自首，又可从轻处罚。同时考虑到该案的发生与被害人所在学校存在未尽到安全责任义务有一定的关系，据此，法院认为伊某某犯罪情节较轻，故判决行为人伊某某犯过失致人死亡罪，判处有期徒刑三年，缓刑四年。

3. 笔者评析

本案案发地点不具有道路交通安全法规定的"道路"特征，不属于公共交通管理的范围。根据《关于审理交通肇事刑事案件具体应用法律若干问题的解释》第八条第二款之规定可知，在公共交通管理的范围外，驾驶机动车辆或者使用其他交通工具致人伤亡或者致使公共财产或者他人财产遭受重大损失，构成犯罪的，分别认定为重大责任事故罪、重大劳动安全事故罪或过失致人死亡罪。本案属于发生在公共交通管理范围之外驾驶机动车辆过失致人死亡的情况，应以过失致人死亡罪定罪处罚。

五、防控指南

1. 提升教师的安全意识。教师在对学生进行军训、培训、管理等过程中，未充分注意，过失导致学生伤害甚至死亡的情况时有发生。教师应提升安全意识，通过接受安全教育、专业技能培训的方式，提升安全意识和专业能力，严格按训练规范训练学生，避免因过失致学生死亡的悲剧发生。

2. 规范校园设备设施的使用。学校应规范校园内设备设施的使用，定期进行检查维修，避免因相关设备问题造成学生伤亡。

3. 规范校园内车辆的管理。学校应当按照《校车安全管理条例》的要求制订校园内车辆管理制度，规范校园内车辆行驶的时间、方式、速度，限制校外车辆在校园内行驶、停放，减小学生伤害发生的概率。

4. 加强对学校危险区域的管理，警示学生勿靠近危险区域。建设单位应对正在建设施工的区域设置醒目的危险警示牌。学校应提示学生勿靠近危险区域，定期检查警示牌是否完好，放置位置是否恰当，这有助于预防伤害事故发生。

5. 加强学生教育。学校应当加强对学生的教育，告知学生在学习和生活过程中把握分寸，提高安全防范意识。学校应教育学生在校园内注意自身不被行驶的自行车、电动车或汽车伤害，走路时不要玩手机，同时，自己骑自行车、电动车或驾驶汽车时，要注意安全，以免悲剧发生。

6. 健全学生伤害事故处理预案，完善校园伤害应急处理体系。防范学生在校园内受到伤害，重在预防，但即便防范措施到位，也存在学生受到伤害的可能。一旦学生遭受到伤害，学校应启动应急方案，防止伤害继续扩大导致学生死亡，如：及时护送学生就近就医、控制犯罪人员等。学校在处理学生伤害事故中，要不断总结经验，逐步完善校园伤害应急处理体系。

第二节　故意杀人罪

一、概述

1. 故意杀人罪的概念。故意杀人罪是指故意非法剥夺他人生命的行为。它是属于侵犯公民人身权利罪的一种。故意杀人罪是行为犯，只要行为人实施了故意杀人的行为，就构成故意杀人罪。由于生命权利是公民人身权利中最基本、最重要的权利，因此，不管被害人是否实际被杀，不管杀人行为处于故意犯罪的预备、未遂、中止等哪个阶段，都构成犯罪，应当立案追究。

2. 故意杀人罪的客体。故意杀人罪侵犯的客体是他人的生命权。法律上的生命是指能够独立呼吸并能进行新陈代谢的活的有机体，是人赖以生存之前提。

3. 故意杀人罪的客观方面。首先，必须有剥夺他人生命的行为，作为、不作为均可以构成。以不作为行为实施的杀人罪，只有那些对防止他人死亡结果发生负有特定义务的人才能构成。其次，剥夺他人生命的行为必须是非法的，即违反了国家的法律。经受害人同意而剥夺其生命的行为，也构成故意杀人罪。再次，直接故意杀人罪的既遂和间接故意杀人罪以被害人死亡为要件。最后，行为人的危害行为与被害人死亡的结果之间具有因果关系。

4. 故意杀人罪的主体。故意杀人罪的主体是一般主体，故意杀人罪的主体包括已满十四周岁的未成年人。

5. 故意杀人罪的主观方面。故意杀人罪在主观上须有非法剥夺他人生命的故意，包括直接故意和间接故意。即明知自己的行为会发生他人死亡的危害后果，并且希望或者放任这种结果的发生。故意杀人的动机是多种多样和错综复杂的。常见的如报复、图财、拒捕、义愤、气愤、失恋、流氓动机等。动机可以反映杀人者主观恶性的不同程度，对正确量刑有重要意义。

二、犯罪现状

笔者通过中国裁判文书网、最高人民法院网等网站检索出 2012—2018 年涉及故意杀人罪的 188192 篇裁判文书，从下方的年份分布图我们可以看到故意杀人罪案例数量的变化趋势。在众多故意杀人案件中，虽涉及校园的并不多，但是在大学发生的仍然占有一定的比例。学生实施故意杀人行为的主要原因既有社会经济地位带来的心理问题，也有家庭因素，故学校作为教育机构应该关注学生的心理问题，让学生的不良情绪及时得到排解，学会理智解决问题。

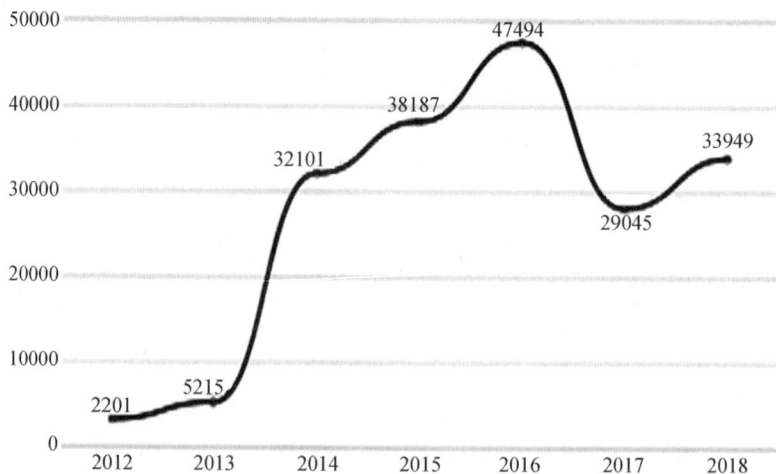

2012—2018 年全国故意杀人罪案例数量变化趋势图（单位：件）

三、高频法条

（此处统计了故意杀人罪案件中被援引的高频法律法条）

序号	法律法规名称	援引法条	引用频次
1	刑法（2015年修订）	第七十八条	57851
2	刑法（2015年修订）	第七十九条	41436
3	刑法（2011年修订）	第七十八条	39914
4	刑法（2011年修订）	第七十九条	25816
5	刑法（2017年修订）	第七十八条	24762
6	刑法（2017年修订）	第七十九条	21189
7	刑法（2015年修订）	第二百三十二条	11050
8	刑法（2011年修订）	第二百三十二条	10820
9	关于办理减刑、假释案件具体应用法律的规定	第二条	10378
10	刑法（2015年修订）	第五十七条第一款	9599
11	刑法（2011年修订）	第五十七条第一款	8572
12	关于办理减刑、假释案件具体应用法律若干问题的规定（2012年）	第二条	6764
13	刑法（2011年修订）	第五十七条第二款	6552
14	关于办理减刑、假释案件具体应用法律的规定	第六条	5852
15	刑法（2015年修订）	第五十七条第二款	5777
16	刑法（2015年修订）	第七十八条第一款	5664
17	刑法（2011年修订）	第八十条	5066
18	关于办理减刑、假释案件具体应用法律若干问题的规定（2012年）	第一条	4837
19	刑法（2017年修订）	第二百三十二条	4715
20	刑法（2015年修订）	第八十条	4599

四、案例解析

上海某大学投毒故意杀人案

1. 案情简介

被告人林某与被害人黄某系上海某大学同寝室的同学。林某因日常琐事对黄某不满，决意采用投放毒物的方式加害黄某。2013 年 3 月 31 日下午，林某进入某实验室，取出内装有剧毒化学品二甲基亚硝胺原液的试剂瓶和注射器，当日 17 时 50 分许，林某携带上述物品回到寝室，趁无人之机，将试剂瓶和注射器内的二甲基亚硝胺原液投入该室饮水机内。4 月 1 日 9 时许，黄某在寝室从该饮水机接水饮用后，出现呕吐等症状，即于当日中午到某医院就诊。4 月 2 日下午，黄某再次到某医院就诊，经检验发现肝功能受损，遂留院观察。4 月 3 日下午，黄某病情趋重，转至该院重症监护室救治。林某在此后直至 4 月 11 日，包括在接受公安人员调查询问时，始终隐瞒实情。4 月 12 日零时许，公安机关确定林某有作案嫌疑并对其传唤后，林某才如实供述其向寝室饮水机投放二甲基亚硝胺的事实。4 月 16 日，黄某经抢救无效死亡。黄某做梦也未曾想到，饮用寝室的水后几天，自己年仅 27 岁的生命就这样结束了。经法医鉴定，黄某系因二甲基亚硝胺中毒致急性重型肝炎引起急性肝功能衰竭，继发多器官功能衰竭死亡。

2. 法院观点

被告人林某明知二甲基亚硝胺系剧毒化学品且有严重危害性，而向饮水机内投放大剂量的二甲基亚硝胺原液，致被害人接水饮用后中毒。在被害人入院特别是转入重症监护室救治期间，林某仍刻意隐瞒真相，编造谎言，故意杀人动机明显，且实施了以投放毒物为手段的杀人行为，其行为已构成故意杀人罪。法院判处被告人林某死刑。

3. 笔者评析

校园故意杀人罪往往不涉及钱财，很多源于同学之间的小矛盾，小矛盾慢慢积累成大矛盾，不能得到及时宣泄后，引发行为人故意杀人的念头，特别是室友之间的嫉妒、损失尊严的行为容易积累仇恨。

本案中，林某仅因日常琐事对被害人不满，利用自己所掌握的专业知识，蓄意采取隐蔽的手法，向饮水机内投放剧毒化学品，杀死无辜被害人，犯罪情节特别恶劣，罪行极其严重，应依法惩处。最高人民法院认为，林某归案后虽始终如实供述犯罪事实，认罪态度好，但这不足以对其从宽处罚，从而予以核准死刑。此案件在当时引起了轰动，引发了社会对室友关系的关注和思考，该案是给教育机构起警示和教育作用的典型案例。

五、防控指南

1. 对师生普及故意杀人行为的法律责任。学生和部分教师往往不清楚故意杀人行为的法律责任，学校应向其普及法律知识，让师生了解故意杀人行为的法律责任，故意杀害他人的行为人可能面临民事赔偿和刑事处罚的法律后果。这可以减少或避免因轻视法律责任导致的故意杀人行为。

2. 防范教师对学生实施故意杀人行为。学校要让教师认识到哪些行为会构成故意杀人罪。教师对学生实施故意杀人行为，常见的有两种情况：一种是师生矛盾引发的教师杀害学生的行为；另一种是不作为的故意杀人行为。第一种情况下，应当加强教师的思想品德教育以及法律意识，让教师认识到若实施故意杀人的行为会面临严重法律后果而不敢实施犯罪。第二种情况下，教师在特定情形下是有救助学生的义务的，比如说，教师带幼儿园学生出去春游，学生不小心掉到池塘里，教师没有救助的话，是构成不作为的故意杀人罪的。

3. 防范学生之间的故意杀人行为。学生之间经常因校园欺凌、斗殴或基于报复、嫉妒等不良心理导致实施故意杀人行为，这种情况下，学校应当加强对学生的管理，引导学生形成正确的价值观，加强道德教育，促进学生形成良好的品格。学生之间发生矛盾后，学校应秉持公正、客观的态度及时处理，并对学生进行心理疏导。

4. 防范外来人员对学生实施故意杀人行为。学校应当注意防范外来人员对学生实施故意杀人行为，要充分发挥保卫处的功能，安保人员应加强安保和巡逻；同时，学校应安排专门的安保人员对外来人员进行身份核实、证件查验、信息登记，并对进出车辆进行查验、登记。这可以减小外来人员进入校园实施故意杀人行为的概率。

5. 学校应引导学生树立正确的人生观和价值观。由于故意杀人罪的行为人可能存在心理缺陷或心理问题，学校应当加强对学生的心理健康教育。不论在哪个阶段，学校的心理健康教育、爱的教育不可或缺，通过建立心理咨询室或招聘有心理咨询服务能力的老师，对学生进行心理健康教育，让学生学会管理情绪、排解苦闷，从而正确认识自己，树立正确的人生观、价值观，防止学生走上犯罪的道路。

第三节　虐待被监护、看护人罪

一、概述

1. 虐待被监护、看护人罪的概念。虐待被监护、看护人罪是指对未成年人、老年人、患病的人、残疾人等负有监护、看护职责的人，虐待被监护、看护的人，情节恶劣的行为。

2. 虐待被监护、看护人罪的客体。本罪侵犯的客体是他人的身体健康权等人格权。

3. 虐待被监护、看护人罪的客观方面。本罪在客观上表现为行为人实施了虐待被监护、看护的人，情节恶劣的行为。事实上，包括发生在幼儿园里的虐童行为在内，该罪的客观行为通常表现为殴打或者体罚等，行为性质显然更符合故意伤害犯罪。因此，如果造成被监护、看护的人轻伤以上后果的，应根据刑法修正案（九）关于"有第一款行为，同时构成其他犯罪的，依照处罚较重的规定定罪处罚"的规定，以故意伤害罪定罪处罚。

4. 虐待被监护、看护人罪的主体。刑法修正案（九）新增设的虐待被监护、看护人罪的主体，主要是对未成年人、老年人、患病的人、残疾人等负有监护、看护职责的学校（含幼儿园等育婴机构）、养老院、医院、福利院等单位负有监护、看护职责的人员以及直接负责的主管人员和其他直接责任人员。

5. 虐待被监护、看护人罪的主观方面。虐待被监护、看护人罪在主观方面表现为故意，包括直接故意和间接故意。

二、犯罪现状

笔者通过中国裁判文书网、最高人民法院网等网站检索出 2016—2019 年涉及虐待被监护、看护人罪的 52 篇裁判文书，从下方的年份分布图我们可以看到虐待被监护、看护人罪案例数量呈上升趋势。

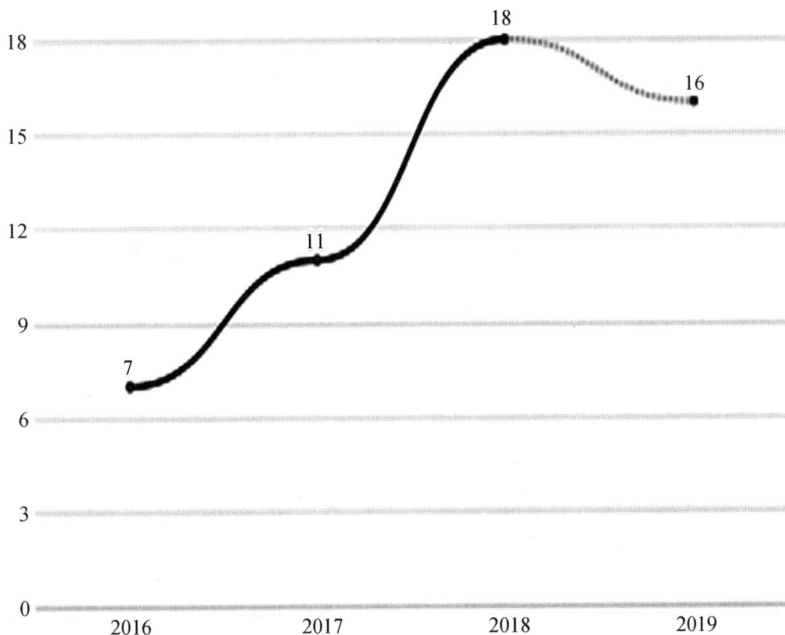

2016—2019 年全国虐待被监护、看护人罪案例数量变化趋势图（单位：件）

三、高频法条

（此处统计了虐待被监护、看护人罪案件中被援引的高频法律法条）

序号	法律法规名称	援引法条	引用频次
1	刑法（2015年修订）	第二百六十条之一	11
2	刑法（2015年修订）	第六十七条第三款	11
3	刑法（2015年修订）	第二百六十条之一第一款	10
4	刑法（2017年修订）	第二百六十条之一第一款	10
5	刑法（2017年修订）	第二百六十条之一	5
6	刑法（2015年修订）	第七十二条第一款	3
7	刑法（2015年修订）	第七十二条第二款	3
8	刑法（2015年修订）	第三十七条之一	3
9	刑法（2017年修订）	第七十九条	3
10	刑法（2017年修订）	第七十八条	3
11	刑法（2017年修订）	第三十六条第一款	3
12	刑法（2017年修订）	第六十七条第三款	3
13	刑法（2017年修订）	第四十七条	3
14	刑法（2015年修订）	第七十三条第三款	2
15	刑法（2015年修订）	第七十三条第二款	2
16	刑法（2015年修订）	第三十七条之一第一款	2
17	刑法（2015年修订）	第六十一条	2
18	刑法（2015年修订）	第六十七条	2
19	刑法（2017年修订）	第一条	2
20	刑法（2017年修订）	第六十一条	2

四、案例解析

北京某幼儿园虐待被看护人案

1. 案情简介

2017年11月，数十名幼儿家长反映北京某幼儿园小二班的幼儿遭遇老师扎针、喂不明白色药片的行为，并提供孩子身上多个针眼的照片。经公安机关调查，北京某幼儿园教师刘某某因部分儿童不按时睡觉，遂采用缝衣针扎的方式进行"管教"。因涉嫌虐待被看护人罪，刘某某被刑事拘留。

2. 法院观点

被告人刘某某犯虐待被看护人罪，事实清楚，证据确实、充分，判处刘某某有期徒刑一年六个月，同时禁止其自刑罚执行完毕之日或者假释之日起五年内从事未成年人看护教育工作。

3. 笔者评析

幼儿是祖国的未来、民族的希望，是需要特殊保护的群体，其合法权益不容侵犯。本案中，刘某某身为幼儿教师，本应对其看护的幼儿进行看管、照料、保护、教育，却违背职业道德和看护职责要求，使用针状物对多名幼童进行伤害，情节恶劣，其行为严重损害了未成年人的身心健康，已构成虐待被看护人罪，依法应予惩处。根据其犯罪情节和预防再犯罪的需要，应当依法适用从业禁止。

五、防控指南

1. 严格筛选教师尤其是幼师。虐童案件频繁发生在学前教育阶段，一个很重要的原因是学前教育阶段的教师或看护人员门槛较低。因此，学校在录用教师尤其是幼师的时候，应当严格审查：一是学校应当严格审查教师的从业资质，无相应从业资质的人员不能聘用；二是学校应当严格审查教师的素质水平，尤其是品德素质。

2. 加强教育从业人员品德素质教育，提高对幼儿的关爱。幼儿园大量悲剧的频发在于教育从业人员没有对幼儿给予足够的关爱，没有站在幼儿的立场上考虑他们面临的危险，如虐待幼儿会导致幼儿身心受到损害。学校应加强教育从业人员的品德素质培养，尤其是学前教育阶段的教育从业人员的品德素质培养，使其提高对幼儿的关爱度。

3. 提高教师的法律意识。刑法修正案（九）出台后，虐待被监护、看护人罪的主体包括幼师、教师等具有看护职责的人。在该修正案出台以前，很多幼师教师轻视虐童行为的法律责任，同时，也有幼师教师不知道取乐、侮辱、伤害儿童的行为也属于虐待。因此，学校应当加强对教师的普法教育，让教师认识到哪些行为属于虐待行为，并认识到实施虐待行为的严重法律后果。

4. 利用教育信息化产品，提高教学透明度。幼儿园可以安装教育信息化产品，比如掌通家园等系统，可以为园长、幼师、家长提供便捷化的服务，促使教育机构不断加强安全管理，比如"宝宝视频"不仅可以满足父母远程"看娃"的需求，还可以让父母能够时刻关注孩子在园内的活动。

第五章

扰乱公共秩序罪

第一节　寻衅滋事罪

一、概述

1. 寻衅滋事罪的概念。寻衅滋事罪是指肆意挑衅，随意殴打、骚扰他人或任意损毁、占用公私财物，或者在公共场所起哄闹事，严重破坏社会秩序的行为。

2. 寻衅滋事罪的客体。本罪侵犯的客体是社会秩序。

3. 寻衅滋事罪的客观方面。寻衅滋事罪的客观行为具体表现为：（1）随意殴打他人，情节恶劣的；（2）追逐、拦截、辱骂、恐吓他人，情节恶劣的；（3）强拿硬要或者任意损毁、占用公私财物，情节严重的；（4）在公共场所起哄闹事，造成公共场所秩序严重混乱的。

4. 寻衅滋事罪的主体。寻衅滋事罪的主体为一般主体，凡已满十六周岁具有刑事责任能力的自然人均能成为本罪的主体。

5. 寻衅滋事罪的主观方面。寻衅滋事罪的主观方面是直接故意，即明知自己的行为会发生破坏社会秩序的危害结果，并且希望这种结果发生。行为人的犯罪动机是为了满足耍威风、取乐等不正常的精神刺激或其他不健康的心理需要。

二、犯罪现状

笔者通过中国裁判文书网、最高人民法院网等网站检索出 2012—2018 年涉及寻衅滋事罪的 180701 篇裁判文书，我们从下方的年份分布图可以看到，伴随裁判文书公开，寻衅滋事罪案例数量基本呈逐年增长的趋势。在校园犯罪行为中，很多行为难以根据现有罪名进行准确定罪的，则被归为寻衅滋事罪。所以，寻衅滋事罪在某种程度上扮演着"兜底罪名"的角色。

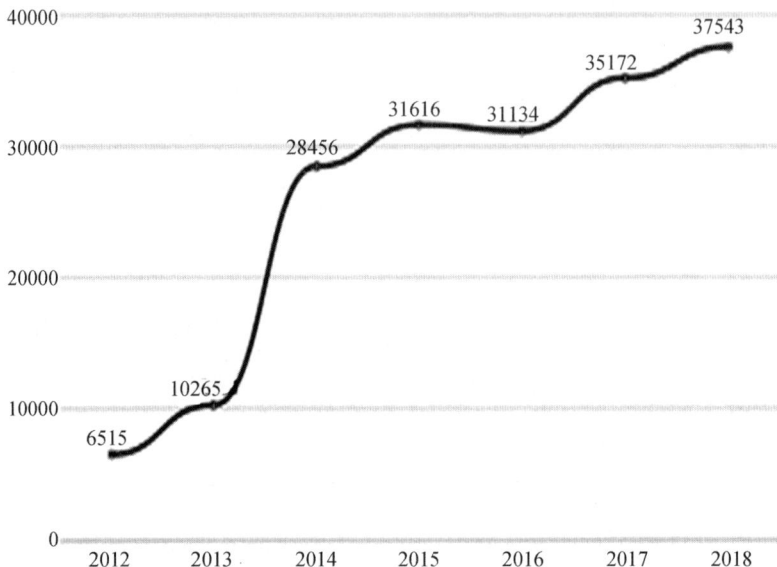

2012—2018 年全国寻衅滋事罪案例数量变化趋势图（单位：件）

三、高频法条

（此处统计了寻衅滋事罪案件中被援引的高频法律法条）

序号	法律法规名称	援引法条	引用频次
1	刑法（2015 年修订）	第二百九十三条第一款第一项	36327
2	刑法（2015 年修订）	第六十七条第三款	33703
3	刑法（2011 年修订）	第二百九十三条第一款第一项	31078
4	刑法（2011 年修订）	第二十五条第一款	29479
5	刑法（2015 年修订）	第二百九十三条	29339
6	刑法（2015 年修订）	第二十五条第一款	29112
7	刑法（2011 年修订）	第六十七条第三款	28228
8	刑法（2011 年修订）	第二百九十三条	21856
9	刑法（2015 年修订）	第六十七条第一款	20307
10	刑法（2017 年修订）	第二百九十三条第一款第一项	18193
11	刑法（2017 年修订）	第六十七条第三款	17990
12	刑法（2011 年修订）	第六十七条第一款	16986
13	刑法（2015 年修订）	第六十七条	16210
14	刑法（2015 年修订）	第七十二条第一款	16202
15	刑法（2017 年修订）	第二百九十三条	15432
16	刑法（2011 年修订）	第七十二条第一款	15136
17	刑法（2017 年修订）	第二十五条第一款	14443
18	刑法（2015 年修订）	第二百九十三条第一款第三项	14274
19	刑法（2015 年修订）	第二十五条	13077
20	刑法（2015 年修订）	第七十三条第三款	12941

四、案例解析

王某校园寻衅滋事案

1. 案情简介

2013 年 4 月 2 日，行为人王某在某学校门前滋事，持刀扎伤行为人王某某（17 岁），经鉴定，王某某构成轻微伤（偏重）。

之后，行为人王某又在某大学南门校门口，无故殴打学生李某某、肖某等人，造成李某某软组织挫伤。行为人王某后经公安机关电话通知主动投案。

2. 法院观点

王某的行为符合寻衅滋事罪的全部构成要件。对行为人王某以寻衅滋事罪，判处有期徒刑一年六个月。

3. 笔者解析

本案中，行为人王某为了寻求精神刺激或者变态心理的满足，在学校公共场所无理取闹，随意殴打他人，破坏公共秩序，构成寻衅滋事罪。王某违反法律规定，随意殴打数人，人民法院判处其有期徒刑一年六个月，符合法律规定，量刑适当。

第二节 聚众斗殴罪

一、概述

1. 聚众斗殴罪的概念。聚众斗殴罪是指为了报复他人、争霸一方或者其他不正当目的，纠集众人成帮结伙地互相进行殴斗，破坏公共秩序的行为。

2. 聚众斗殴罪的客体。聚众斗殴罪侵犯的客体是所谓公共秩序，不应简单地理解为公共场所的秩序。公共秩序包括在社会公共生活中应当遵守的各项共同生活的规则、秩序，在实际生活中，聚众斗殴犯罪可以是在公共场所，例如在公园、影剧院中，也可以是发生在较僻静的私人场所。

3. 聚众斗殴罪的客观方面。聚众斗殴罪的客观方面表现为纠集众人结伙斗殴的行为。

4. 聚众斗殴罪的主体。凡年满16周岁且具备刑事责任能力的自然人均能构成聚众斗殴罪的犯罪主体。但并非所有参加聚众斗殴者均构成聚众斗殴罪。只有聚众斗殴的首要分子和其他积极参加者，才能构成聚众斗殴罪犯罪主体。所谓首要分子，是指在聚众斗殴中起组织、策划、指挥作用的犯罪分子。所谓其他积极参加者，是指除首要分子以外的在聚众斗殴中起重要作用的犯罪分子。对于一般参加者，只能依照治安管理处罚法对其追究行政责任，不能构成聚众斗殴罪的犯罪主体。

5. 聚众斗殴罪的主观方面。聚众斗殴罪的主观方面是故意犯罪。犯罪的动机一般不是完全为了某种个人的利害冲突，也不是单纯为了取得某种物质利益，而是公然蔑视国家的法纪和社会公德，企图通过实施聚众斗殴活动来寻求刺激或者追求某种卑鄙欲念的满足。行为人在思想上已经丧失了道德观念和法制观念，是非荣辱标准已颠倒。这种公然蔑视社会公德和国家法纪的心理状态，是聚众斗殴犯罪故意的最明显的特点。

二、犯罪现状

笔者通过中国裁判文书网、最高人民法院网等网站检索出 2012—2018 年涉及聚众斗殴罪的 60341 篇裁判文书，从下方的年份分布图我们可以看到聚众斗殴罪案件数量呈递增趋势。在地域分布上，聚众斗殴的案件主要集中在江苏省、浙江省、天津市，分别占比 13.18%、

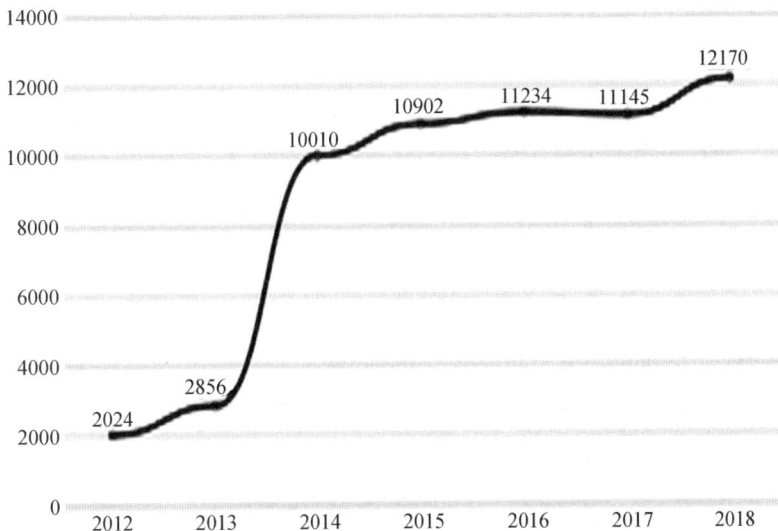

2012—2018 年全国聚众斗殴罪案例数量变化趋势图（单位：件）

12.26%、8.79%。其中江苏省的案件量最多，达到7954件。在行业分布中，聚众斗殴主要集中在金融业，在校园中占比相对较小，但是校园是人员聚集区，学生一般讲哥们义气，一旦学生之间发生矛盾，同学很容易聚集到一起，从而造成聚众斗殴的局面。

三、高频法条

（此处统计了聚众斗殴罪案件中被援引的高频法律法条）

序号	法律法规名称	援引法条	引用频次
1	刑法（2015年修订）	第七十八条	12137
2	刑法（2011年修订）	第七十八条	10852
3	刑法（2015年修订）	第七十九条	9350
4	刑法（2015年修订）	第二十五条第一款	8327
5	刑法（2011年修订）	第二十五条第一款	7908
6	刑法（2011年修订）	第七十九条	7058
7	刑法（2015年修订）	第二百九十二条第一款第四项	7007
8	刑法（2011年修订）	第二百九十二条第一款第四项	6599
9	刑法（2015年修订）	第六十七条第三款	6485
10	刑法（2015年修订）	第六十七条第一款	5630
11	刑法（2015年修订）	第二百九十二条	5345
12	刑法（2017年修订）	第七十八条	5215
13	刑法（2011年修订）	第六十七条第三款	5136
14	刑法（2011年修订）	第六十七条第一款	4776
15	刑法（2017年修订）	第七十九条	4562
16	刑法（2017年修订）	第二十五条第一款	4494
17	刑法（2015年修订）	第二百九十二条第一款	4227
18	刑法（2011年修订）	第二百九十二条	3864
19	刑法（2015年修订）	第二十七条	3635
20	刑法（2017年修订）	第六十七条第三款	3613

四、案例解析

冯某某等学生聚众斗殴案

1. 案情简介

犯罪人冯某某在原学校受张某某欺负，受了不少委屈，一直积压在心，便预谋报复。2014年8月初，两人通过QQ、电话相约斗殴。冯某某携带壁纸刀并纠集李某某等3人，与张某某纠集的汪某某等2人在校外发生殴斗，造成3人受伤，经法医鉴定均为轻微伤。

2. 法院观点

行为人冯某某纠集他人持械聚众斗殴，无视社会秩序的行为已构成聚众斗殴罪，应依法予以惩处。法院依法判处有期徒刑二年，缓刑二年。

3. 笔者评析

这是一起典型的由校园欺凌引起的校外聚众斗殴犯罪案件。本案的行为人冯某某既是聚众斗殴的纠集者和实施者，又是校园欺凌的受害人。其受到侵害后的不良情绪没有及时化解，心理创伤无法弥合，由此产生报复心理，加之法律意识淡薄，实施了聚众斗殴的犯罪行为。冯某某持械聚众斗殴，且是首要分子，本应在三年以上十年以下有期徒刑的法定刑幅度内量刑，但考虑到冯某某犯罪时是未成年人，且其发生聚众斗殴的行为是基于被欺凌后心理创伤无法弥合而实施的，主观恶性程度相对较低，因此，人民法院对其减轻处罚，判处有期徒刑二年，缓刑二年。

第三节　寻衅滋事、聚众斗殴行为的防控指南

1. 加强校园安全教育。防范校园寻衅滋事、聚众斗殴等事件的发生，需要切实加强在校学生的安全教育：一方面，学校应教育学生认

识到寻衅滋事、聚众斗殴行为的危害性以及让学生知晓实施寻衅滋事、聚众斗殴行为严重的法律后果，从而使学生不想、不敢实施寻衅滋事、聚众斗殴行为；另一方面，学校要帮助学生增强安全防范意识，让学生懂得保护自己，免受不法伤害。

2. 加强校园管理。防范寻衅滋事、聚众斗殴行为的发生，需要加强校园管理：一是学校应严格执行学生纪律制度，对寻衅滋事、聚众斗殴的行为绝不姑息；二是学校应加强监控管理，全方位监控校园安全问题。

3. 防范学生之间的寻衅滋事、聚众斗殴行为。学生之间经常因遭受校园欺凌后基于报复、仇恨等不良心理产生寻衅滋事、聚众斗殴的念头，这种情况下，学校应当给予学生足够的关心和关爱，引导学生形成正确的价值观，并加强道德教育，促进学生形成良好的品格。学生之间发生矛盾后，学校应秉持公正、客观的态度及时处理，并及时对学生进行心理疏导。

4. 防范外来人员对学生实施寻衅滋事、聚众斗殴行为。学校应当注意防范外来人员对学生实施寻衅滋事、聚众斗殴行为，学校要充分发挥学校保卫处功能，安排专职安保人员对外来人员核实身份、查验证件、登记信息，对进出车辆进行查验、登记；同时，学校应健全校园安保和巡逻制度，安保负责人督促安保人员严格遵守安保和巡逻制度规定。

第六章

侵犯财产罪

第一节　诈骗罪

一、概述

1. 诈骗罪的概念。诈骗罪是指以非法占有为目的，用虚构事实或者隐瞒真相的方法，骗取数额较大的公私财物的行为。

2. 诈骗罪的客体。本罪侵犯的客体是公私财物所有权。

3. 诈骗罪的客观方面。本罪在客观方面表现为使用欺诈方法骗取数额较大的公私财物。通常认为，该罪的基本构造为：行为人以非法占有为目的实施欺诈行为→被害人产生错误认识→被害人基于错误认识处分财产→行为人取得财产→被害人受到财产上的损失。

4. 诈骗罪的主体。本罪主体是一般主体，凡达到法定刑事责任年龄、具有刑事责任能力的自然人均能构成本罪。

5. 诈骗罪的主观方面。本罪在主观方面表现为直接故意，并且具有非法占有公私财物的目的。

二、犯罪现状

笔者通过中国裁判文书网、最高人民法院网等网站检索出 2012—

2018 年涉及诈骗罪的 294996 篇裁判文书，从下方的年份分布图我们可以看到诈骗罪案例数量呈现递增的趋势。针对案例进行分析，我们发现诈骗罪案件主要集中在浙江省、河南省、江苏省，分别占比 9%、8%、7%。其中浙江省的案件量最多，达到 26550 件。学校涉及诈骗罪不多，但是学生单纯，社会经验少，求职、升学心切，无收入来源，是实施诈骗的理想对象，所以，学生和学校也应当对诈骗的行为高度重视。

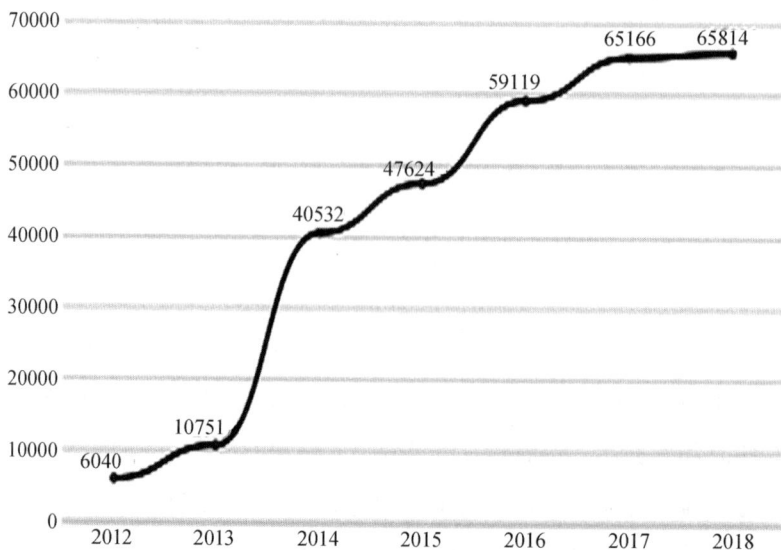

2012—2018 年全国诈骗罪案例数量变化趋势图（单位：件）

三、高频法条

（此处统计了诈骗罪案件中被援引的高频法律法条）

序号	法律法规名称	援引法条	引用频次
1	刑法（2015 年修订）	第二百六十六条	77793
2	刑法（2011 年修订）	第二百六十六条	59039
3	刑法（2015 年修订）	第六十四条	46648
4	刑法（2015 年修订）	第六十七条第三款	42393
5	刑法（2015 年修订）	第五十二条	41488

序号	法律法规名称	援引法条	引用频次
6	刑法（2017 年修订）	第二百六十六条	39532
7	刑法（2015 年修订）	第五十三条	35027
8	刑法（2015 年修订）	第七十八条	32434
9	刑法（2011 年修订）	第五十二条	29023
10	刑法（2011 年修订）	第六十四条	28777
11	刑法（2011 年修订）	第六十七条第三款	28752
12	刑法（2011 年修订）	第五十三条	26639
13	刑法（2017 年修订）	第六十四条	26097
14	刑法（2015 年修订）	第七十九条	25745
15	刑法（2017 年修订）	第六十七条第三款	23511
16	刑法（2017 年修订）	第五十二条	22014
17	刑法（2011 年修订）	第七十八条	19843
18	刑法（2015 年修订）	第二十五条第一款	19202
19	刑法（2017 年修订）	第五十三条	17563
20	刑法（2017 年修订）	第七十八条	16465

四、案例解析

杨某某等人诈骗学生案

1. 案情简介

2012 年，行为人杨某某谎称自己有能力将即将毕业的学生马某安排到延安事业单位工作，让马某家属刘某某多联系几个人便于一起安排，进而骗取多人钱财共计 66.5 万元。

2012 年 8 月，行为人杨某某以有能力将刚刚毕业的李某某安排为延安地区农业银行正式工为由，骗取钱财 30 万元。

2015 年 3 月，行为人杨某某以有能力给学生周某某安排到西安市天然气总公司工作为由，骗取周某某母亲高某某 8 万元现金。

2. 法院观点

行为人杨某某以非法占有为目的，采用虚构为他人安排工作的手段，骗取他人钱款，诈骗数额特别巨大，已构成诈骗罪。据此，法院以行为人杨某某犯诈骗罪，判处有期徒刑十二年，并处罚金100000元。

3. 笔者评析

这是一起典型的诈骗人员采用虚构安排工作等手段诈骗学生钱财的案例。本案中，行为人杨某某以非法占有为目的，骗取学生及学生家长钱财，构成诈骗罪，因其诈骗数额特别巨大，法院综合考虑案件情况，判处杨某有期徒刑十二年，量刑适当。

五、防控指南

1. 加强防诈骗宣传工作。学校应当加强防诈骗宣传工作，向学生介绍常见诈骗类型的特点，整理受骗学生的素材等典型案例进行相关教育工作，教会学生识别诈骗手段，从而提高学生的防骗意识。

2. 谨防网络诈骗。学生经常遭遇网络诈骗的原因是学生相对单纯，容易成为网络诈骗的受害者。建议学生不要轻信不明短信、电话、不明朋友借款等。切忌在手机通讯录中用"爸妈"等称呼，以防手机丢失被诈骗集团利用。

3. 谨防推销诈骗。谨防推销诈骗：一方面，学生应牢记天上不会掉馅饼，推销产品的价格也是要根据市场价格而定，推销产品的价格不可能明显低于市场价格；另一方面，学生应当树立科学合理的消费观念，不要盲目攀比消费，防止陷入推销诈骗。

4. 谨防求职诈骗。学生在找工作、兼职的过程中，需谨防求职诈骗。建议通过正规的招聘渠道，如"人才招聘会""双向选择会""人才交流市场"以及由学校组织的各种活动选择工作。学生对有疑问的聘用岗位或单位，应请求相关部门调查核实清楚，以防误入传销组织当中。学生遇到意外情况时，应当及时向学校学生管理部门、保卫部门或地方公安机关反映，并注意保存所有的证据，以便在出现问题时提供有关线索协助调查。

第二节　盗窃罪

一、概述

1. 盗窃罪的概念。盗窃罪是指以非法占有为目的，盗窃公私财物数额较大或者多次盗窃、入户盗窃、携带凶器盗窃、扒窃公私财物的行为。

2. 盗窃罪的客体。本罪侵犯的客体是公私财物的所有权。侵犯的对象是国家、集体或个人的财物，一般是指动产而言，但不动产上之附着物，可与不动产分离的，例如田地上的农作物、山上的树木、建筑物上之门窗等，也可以成为本罪的对象。另外，能源如电力、煤气也可成为本罪的对象。

3. 盗窃罪的客观方面。本罪在客观方面表现为行为人具有窃取数额较大的公私财物或者多次窃取公私财物的行为。

4. 盗窃罪的主体。本罪主体是一般主体，凡达到刑事责任年龄且具备刑事责任能力的人均能构成。

5. 盗窃罪的主观方面。本罪在主观方面表现为直接故意，且具有非法占有的目的。

二、犯罪现状

笔者通过中国裁判文书网、最高人民法院网等网站检索出 2012—2018 年涉及盗窃罪的 1547599 篇裁判文书，从下方的年份分布图我们可以看到盗窃罪案例数量的变化趋势。针对案例进行分析，我们发现盗窃行为的案件主要集中在浙江省、江苏省、河南省，分别占比 11%、9%、7%。其中浙江省的案件量最多，达到 170236 件。

盗窃罪案件是学校案件中发案率最高的一种案件，占据学校所有案件的 80% 左右。有效防止和减少盗窃案的发生，将极大减少学校刑事案件的发案数量，这也能提高学生的生活和学习质量。

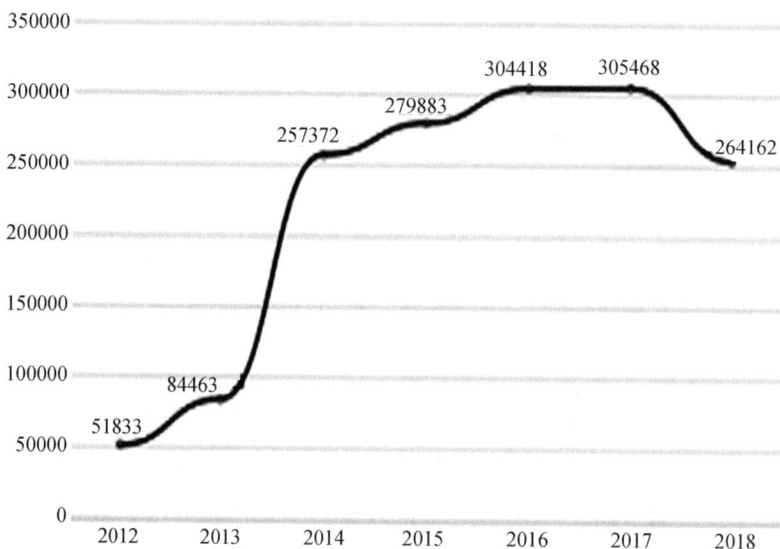

2012—2018 年全国盗窃罪案例数量变化趋势图（单位：件）

三、高频法条

（此处统计了盗窃罪案件中被援引的高频法律法条）

序号	法律法规名称	援引法条	引用频次
1	刑法（2015 年修订）	第二百六十四条	454007
2	刑法（2011 年修订）	第二百六十四条	419814
3	刑法（2015 年修订）	第六十七条第三款	321324
4	刑法（2011 年修订）	第六十七条第三款	261094
5	刑法（2015 年修订）	第五十二条	242465
6	刑法（2015 年修订）	第五十三条	214014
7	刑法（2015 年修订）	第六十四条	211280
8	刑法（2011 年修订）	第五十二条	210591
9	刑法（2011 年修订）	第五十三条	200918
10	刑法（2017 年修订）	第二百六十四条	187177

序号	法律法规名称	援引法条	引用频次
11	刑法（2011 年修订）	第六十四条	147528
12	刑法（2017 年修订）	第六十七条第三款	138636
13	刑法（2015 年修订）	第六十五条第一款	123818
14	刑法（2015 年修订）	第七十八条	122635
15	刑法（2011 年修订）	第七十八条	120719
16	刑法（2017 年修订）	第五十二条	108319
17	刑法（2011 年修订）	第二十五条第一款	101952
18	刑法（2015 年修订）	第六十七条	97990
19	刑法（2017 年修订）	第六十四条	96193
20	刑法（2011 年修订）	第六十五条第一款	92225

四、案例解析

学生李某某盗窃案

1. 案情简介

2014 年 11 月 4 日，被告人李某某在某县一家数码店窃得一台苹果平板电脑后，于同年 11 月 19 日在同学陪同下前往上述同一家数码店欲变卖时被发现当场抓获。

2015 年 10 月 20 日 4 时许，被告人李某某前往上海某馒头店内购买食品，乘被害人袁某不备之机，窃得被害人袁某放置于店内工作台下面的一只黑色单肩包，包内有现金人民币 8400 元。被害人袁某发现后追至娄山关路 814 号处，将被告人李某某抓获，并在附近地面发现被窃的黑色单肩包。

2. 法院观点

李某故意非法占有他人财物，其行为符合盗窃罪的犯罪构成的全部要件。行为人李某某犯盗窃罪，判处其拘役五个月，缓刑五个月，并处罚金人民币五百元。且行为人李某某在缓刑考验期限内不得进入夜总会、酒吧、迪厅、网吧等娱乐场所。禁止每日二十二点至次日六点离开其户籍地或居住地，如因治病或者探望长辈、亲属等原因确需在禁止时段离开住所的，应由法定代理人等成年亲属陪同，并应在事发后二十四小时内向社区报告。

3. 笔者评析

行为人李某某因过早离开家庭和学校，缺少家庭和学校教育，导致其法制意识淡薄。李某某初中毕业后，不思进取，盲目交友，独自一人来到上海后没有稳定工作，无收入和固定住所，在网吧等地闲逛，在不劳而获思想的驱动下，最终走上了盗窃的犯罪道路。

当下，有很多学生的父母为了谋生外出打工，将自己的孩子留在家里与祖父母或外祖父母一起生活，孩子缺乏父母的关爱、教育，由此走向犯罪的道路。此案入选公报案例的典型意义在于，告诫父母要多陪伴年幼的孩子，避免造成孩子因为缺乏父母的关爱和教育而走向犯罪的道路。本案中，法院结合李某某的个人成长经历、社会调查意见和羁押期间表现情况等，给予了李某某教育挽救和悔过自新的机会。

五、防控指南

1. 加强学生安全防范意识教育。学校应加强学生安全防范意识教育，预防被盗行为的发生，督促学生保管好自身财物、钥匙，出门关好门窗、抽屉，宿舍内不要留宿外来人员，发现异常情况及时向保卫部门报告。

2. 加强宿舍进出制度管理。学校要设立宿管员，对宿舍进行管理，晚上可以巡查并密切关注进出人员。尤其注意是否有可疑人员进出宿舍，对可疑人员可以检验身份、进行登记。必要时，可以设立考勤制度，掌握宿舍人员的去向。

3. 加强校园进出制度管理。学校要充分发挥学校保卫处功能，安排专职安保人员对外来人员核实身份、查验证件、登记信息，对进出车辆进行查验、登记，谨防校外人员进入校园实施盗窃行为。

4. 加强防盗设施建设。学校应安装充足的监控设备，保证校园无监控盲区，全方面监控校园安全的异常情况；学校还应谨防犯罪人员翻墙入校盗窃，可以采取加固、增高学校宿舍围墙、栅栏等方式。

5. 加强学生品德教育。学校应重视对学生的思想品德教育，强调盗窃行为的严重法律后果，消除学生的盗窃念头。

第三节 抢劫罪

一、概述

1. 抢劫罪的概念。抢劫罪，是指以非法占有为目的，对财物的所有人、保管人当场使用暴力、胁迫或其他方法，强行将公私财物抢走的行为。所谓暴力，是指行为人对被害人的身体实行打击或者强制。抢劫罪的暴力，是指对被害人的身体施以打击或强制，借以排除被害人的反抗，从而劫取他人财物的行为。这里的其他方法，是指行为人实施暴力、胁迫方法以外的其他使被害人不知反抗或不能反抗的方法。

2. 抢劫罪的客体。本罪侵犯的客体是复杂客体，既侵犯了财产权法益，又侵犯了人身权法益。

3. 抢劫罪的客观方面。本罪在客观方面表现为对财物所有人、持有人或者保管人等当场使用暴力、胁迫或者其他方法强行劫取财物，或者迫使其当场交出财物的行为。

4. 抢劫罪的主体。本罪的主体是一般主体。凡年满 14 周岁并具有刑事责任能力的自然人，均可以构成抢劫罪的主体。

5. 抢劫罪的主观方面。本罪在主观方面必须出于直接故意，并且具有非法占有公私财物的目的。

二、犯罪现状

笔者通过中国裁判文书网、最高人民法院网等网站检索出 2012—2018 年涉及抢劫罪的 455474 篇裁判文书，从下方的年份分布图我们可以看到抢劫罪案例数量自 2016 年开始呈现下降趋势。但通过案例分析发现，我国青少年犯罪呈现出人数增多，并且向低龄化、团伙化、恶性化方向发展的趋势，对社会稳定造成了极大危害。

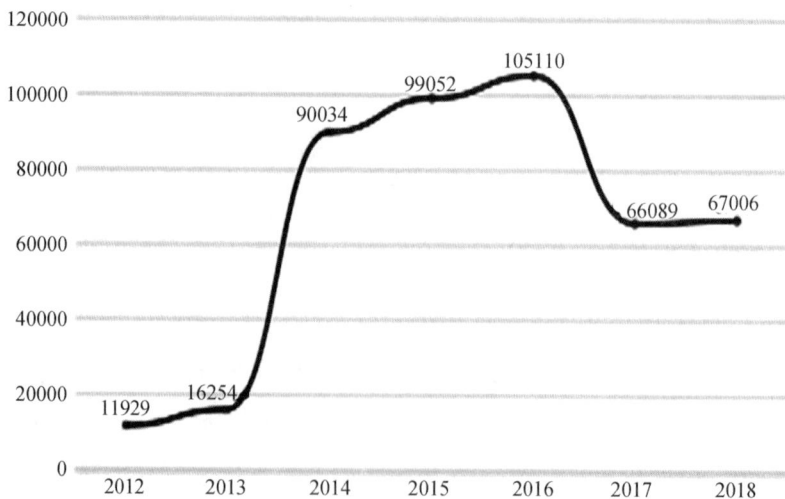

2012—2018 年抢劫罪案例数量变化趋势图（单位：件）

三、高频法条

（此处统计了抢劫罪案件中被援引的高频法律法条）

序号	法律法规名称	援引法条	引用频次
1	刑法（2015 年修订）	第七十八条	134814
2	刑法（2011 年修订）	第七十八条	113645
3	刑法（2015 年修订）	第七十九条	106243
4	刑法（2011 年修订）	第七十九条	82023
5	刑法（2017 年修订）	第七十八条	50233
6	刑法（2017 年修订）	第七十九条	45179
7	刑法（2011 年修订）	第二百六十三条	38600
8	刑法（2015 年修订）	第二百六十三条	26910
9	关于办理减刑、假释案件具体应用法律的规定	第二条	23602
10	刑法（2011 年修订）	第五十二条	23109
11	刑法（2011 年修订）	第五十三条	22998

续表

序号	法律法规名称	援引法条	引用频次
12	刑法（2011 年修订）	第六十七条第三款	22061
13	关于办理减刑、假释案件具体应用法律若干问题的规定（2012）	第二条	21249
14	刑法（2011 年修订）	第二十五条第一款	18896
15	刑法（2015 年修订）	第六十七条第三款	16955
16	刑法（2011 年修订）	第六十四条	16691
17	刑法（2015 年修订）	第五十二条	16368
18	关于办理减刑、假释案件具体应用法律若干问题的规定（2012）	第一条	15714
19	刑法（2015 年修订）	第五十三条	15267
20	关于办理减刑、假释案件具体应用法律的规定	第六条	14507

四、案例解析

刘某校园多次抢劫案

1. 案情简介

2015 年 7 月 16 日，行为人刘某伙同孙某某等三人（作案时未满十六周岁）商量到某中学抢劫学生，4 人来到某中学后将前往超市购买文具的被害人杨某甲带至超市旁一楼至二楼楼梯拐角处，在杨某甲脸上打了两巴掌，肩上打了一拳，并在其身上搜出人民币 50 元，然后 4 人离开某中学。

之后，行为人刘某等 4 人来到志丹县某小学，将另一被害人刘某甲强行拉至小学旁边一幼儿园巷内，在刘某甲脸上打了几巴掌并搜出人民币 20 元。行为人刘某用砖头威胁被害人刘某甲，要其下午再拿500 元钱，否则就打刘某甲，后 4 人离开。之后 4 人来到志丹县某小学再找刘某甲拿钱时，刘某甲家属将其抓住后报警。刘某抢劫的数额共计 95 元。

2. 法院观点

行为人刘某以非法占有为目的，伙同他人采取暴力、胁迫的方法多次劫取他人人民币共计 95 元，依据法律规定，以行为人刘某犯抢劫罪，判处有期徒刑十一年，并处罚金 1000 元。行为人刘某以量刑过重为由上诉至上一级人民法院，上一级人民法院做出维持原判的裁定。

3. 笔者评析

本案中，行为人刘某以非法占有为目的，当场采取暴力、胁迫等方法，违背他人意志，强行将公私财物抢走的行为，构成抢劫罪。刘某抢劫的行为，既侵犯了被害人的财产权法益，又侵犯了被害人的人身权法益。

根据《刑法》第二百六十三条第四款之规定，行为人刘某多次抢劫，虽然数额不大，也未对被害人造成严重人身伤害，但同样属于十年以上有期徒刑、无期徒刑或者死刑这个法定刑幅度，因此，被判处有期徒刑十一年并无不当。

五、防控指南

防范学生涉及抢劫行为的指南与本篇第三章第二节防范绑架行为的指南大部分相似，在此不再赘述。此外，学生在遭受抢劫后，不宜主动去追赶犯罪人员，以防人身安全受到威胁。

第七章

侵犯学生性的自主决定权的犯罪

第一节　猥亵儿童罪

一、概述

1. 猥亵儿童罪的概念。猥亵儿童罪是指以刺激或满足性欲为目的，用性交以外的方法对儿童实施的淫秽行为。不满十四周岁的男童女童都可以作为本罪的受害人或猥亵对象。猥亵的手段包括抠摸、舌舔、吸吮、亲吻、搂抱、手淫、鸡奸等行为。需要注意的是，通过网络通信工具，实施非直接身体接触的猥亵行为与实际接触儿童身体的猥亵行为具有相同的社会危害性，同样可认定构成猥亵儿童罪（既遂）。

2. 猥亵儿童罪的客体。本罪侵犯的客体是儿童的身心健康和人格尊严。本罪侵犯的对象是儿童，即不满 14 周岁的未成年人，包括男孩和女孩。

3. 猥亵儿童罪的客观方面。本罪在客观方面表现为以刺激或满足性欲为目的，用性交以外方法对儿童实施的淫秽行为。猥亵的手段包括抠摸、舌舔、吸吮、亲吻、搂抱、手淫、鸡奸等行为。

4. 猥亵儿童罪的主体。本罪的主体为一般主体。凡达到刑事责任年龄且具备刑事责任能力的自然人均能构成本罪。

5. 猥亵儿童罪的主观方面。本罪在主观方面表现为直接故意，间接故意和过失不构成本罪。

二、犯罪现状

为了深入了解猥亵儿童罪近年来呈现的状况，笔者通过中国裁判文书网、最高人民法院网等网站检索出 2012—2018 年涉及猥亵儿童罪的 10637 篇裁判文书，从下图的年份分布我们可以看到，伴随裁判文书公开，猥亵儿童罪案例数量呈逐年增长的趋势。通过调查，我们发现猥亵儿童罪的案件主要集中在安徽省、浙江省、四川省，分别占比7.78%、7.40%、6.62%。其中安徽省的案件量最多，达到 827 件。

通过分析近年多发的儿童遭性侵案件，我们发现主要呈现以下三个特点：①熟人作案比例相对较高，大多是利用特殊身份或特殊关系实施犯罪；②有性犯罪前科者再次实施性犯罪的比率较高；③因犯罪未被及时发现，受害人被侵害的次数多，持续时间长。

拥有特殊身份的校园更容易发生儿童被性侵事件，学校应该引起高度重视。

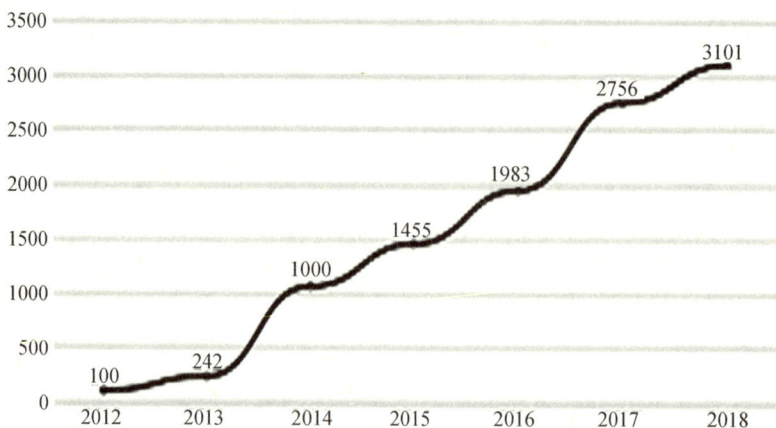

学校和学生的法律风险防控

2012—2018 年全国猥亵儿童罪数量变化趋势图（单位：件）

三、高频法条

（此处统计了猥亵儿童罪案件中被援引的高频法律法条）

序号	法律法规名称	援引法条	引用频次
1	刑法（2015年修订）	第七十八条	2183
2	刑法（2015年修订）	第七十九条	1521
3	刑法（2011年修订）	第七十八条	1237
4	刑法（2015年修订）	第二百三十七条第三款	1011
5	刑法（2017年修订）	第七十八条	975
6	刑法（2011年修订）	第七十九条	830
7	刑法（2017年修订）	第七十九条	809
8	刑法（2015年修订）	第二百三十七条第一款	746
9	刑法（2017年修订）	第二百三十七条第三款	691
10	刑法（2015年修订）	第六十七条第三款	606
11	刑法（2011年修订）	第二百三十七条第三款	588
12	刑法（2015年修订）	第二百三十七条	554
13	刑法（2017年修订）	第二百三十七条第一款	526
14	关于办理减刑、假释案件具体应用法律的规定	第二条	457
15	刑法（2017年修订）	第六十七条第三款	434
16	刑法（2011年修订）	第二百三十七条第一款	414
17	刑法（2017年修订）	第二百三十七条	405
18	关于办理减刑、假释案件具体应用法律的规定	第六条	328
19	刑法（2011年修订）	第六十七条第三款	324
20	刑法（2011年修订）	第二百三十七条	273

四、案例解析

某小学老师吴某猥亵儿童案

1. 案情简介

2016年9月至10月期间，行为人吴某利用担任某小学某班班主任及语文老师身份之便，在该班教室和该校教学楼三楼会议室等地，趁为学生辅导作业、讲课等机会，通过抚摸被害人臀部及阴部等部位，对本班学生被害人单某、江某、周某、陈某、高某实行猥亵。

2. 法院观点

行为人吴某多次在学校教室及会议室内当众猥亵多名儿童，其行为已构成猥亵儿童罪。为打击刑事犯罪活动，保护公民人身权利不受侵犯，依照《刑法》第二百三十七条之规定，判决行为人吴某犯猥亵儿童罪，判处有期徒刑九年。

3. 笔者评析

行为人吴某在学校教室及会议室内当众猥亵多名儿童，构成猥亵儿童罪。按照法律规定应当处五年以上有期徒刑，且应从重处罚。吴某身为教师，利用职务便利猥亵多名学生，更应当从严惩处。为此，吴某被判处有期徒刑九年。

第二节　强奸罪

一、概述

1. 强奸罪的概念。强奸罪是指违背妇女意志，使用暴力、胁迫或者其他手段，强行与妇女发生性交的行为，或者故意与不满14周岁的幼女发生性关系的行为。强奸（又叫性暴力、性侵犯或强制性交），是一种违背被害人的意愿，使用暴力、威胁或伤害等手段，强迫被害人进行性行为的一种行为。

2. 强奸罪的客体。该罪侵犯的客体是妇女性的不可侵犯的权利（又称贞操权或性自主权），即妇女按照自己的意志决定正当性行为的权利。犯罪对象是所有女性。

3. 强奸罪的客观方面。强奸罪客观上必须具有使用暴力、胁迫或者其他手段，使妇女处于不能反抗、不敢反抗、不知反抗状态或利用妇女处于不知、无法反抗的状态而乘机实行奸淫的行为。

4. 强奸罪的主体。该罪的主体是特殊主体，即年满十四周岁具有刑事责任能力的男子，但在共同犯罪情况下，妇女教唆或者帮助男子强奸其他妇女的，以强奸罪的共犯论处。

5. 强奸罪的主观方面。该罪在主观方面表现为故意，并且具有奸淫的目的。

二、犯罪现状

笔者通过中国裁判文书网、最高人民法院网等网站检索出 2012—2018 年涉及强奸罪的 140847 篇裁判文书，从下图的年份分布我们可以看到强奸罪自 2013 年开始呈上升的趋势，通过调查，我们从地域分布来看，发现强奸罪案件主要集中在山东省、广东省、浙江省，分别占比 7%、6%、5%。其中山东省的案件量最多，达到 9859 件。

当下，我国性侵的问题已经是一个无法被忽视的问题，特别是未成年孩子受侵害风险最大，我国有 3 亿多 18 岁以下的未成年人，其中 14 岁以下儿童约有 2 亿，幼儿、在校学生、留守儿童等都是遭受性侵害的高危人群。

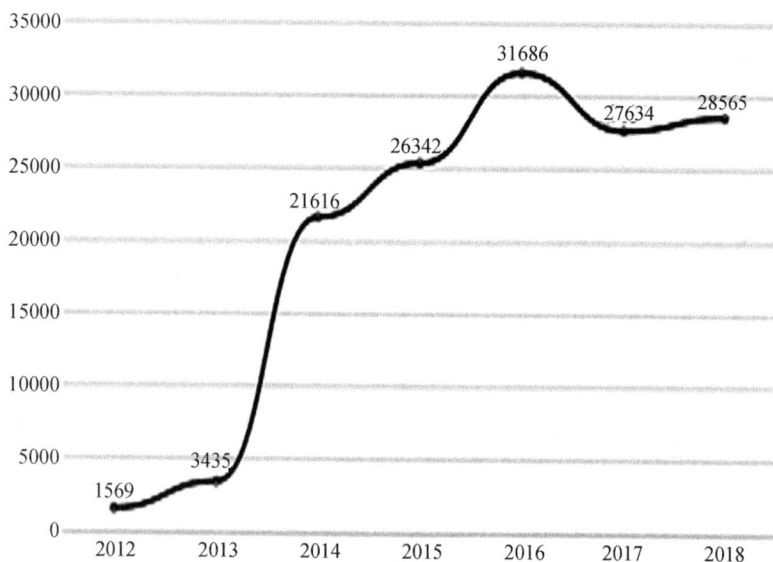

2012—2018 年全国强奸罪数量变化趋势图（单位：件）

三、高频法条

（此处统计了强奸罪案件中被援引的高频法律法条）

序号	法律法规名称	援引法条	引用频次
1	刑法（2015 年修订）	第二百三十六条第一款	251
2	刑法（2011 年修订）	第二百三十六条第一款	183
3	刑法（2015 年修订）	第二百三十六条	182
4	刑法（2015 年修订）	第二百三十六条第二款	163
5	刑法（2017 年修订）	第二百三十六条第一款	161
6	刑法（2015 年修订）	第六十七条第三款	131
7	刑法（2017 年修订）	第二百三十六条	115
8	刑法（2011 年修订）	第二百三十六条	106
9	刑法（2017 年修订）	第二百三十六条第二款	93
10	刑法（2011 年修订）	第二百三十六条第二款	88
11	刑法（2017 年修订）	第六十七条第三款	79
12	刑法（2011 年修订）	第六十七条第三款	74

序号	法律法规名称	援引法条	引用频次
13	刑法（2015 年修订）	第二十三条	60
14	刑法（2015 年修订）	第一条	56
15	刑法（2015 年修订）	第六十九条	50
16	刑法（2015 年修订）	第六十一条	46
17	刑法（2015 年修订）	第四十七条	46
18	刑法（2015 年修订）	第六十七条	45
19	刑法（2015 年修订）	第六十七条第一款	42
20	刑法（2011 年修订）	第二十三条	38

四、案例解析

某小学老师高某强奸、猥亵学生案

1. 案情简介

2012 年至 2016 年期间，A 县某小学班主任高某利用自己教师职业的便利条件，以手抚摸胸部、抚摸阴部，手指抠阴部的形式先后多次对其班上女学生刘某、王某、赵某、杨某、李某、克某共 6 人进行猥亵。并于 2016 年 1 月 13 日和 2016 年 4 月 7 日，违背被害人刘某的意志，利用其教师身份的特殊性，两次强行与刘某发生性关系（未果）。

2. 法院观点

高某的行为符合猥亵儿童罪和强奸罪的犯罪构成要件。高某犯强奸罪（未遂），判处有期徒刑四年；犯猥亵儿童罪，判处有期徒刑十年；数罪并罚，决定执行有期徒刑十三年。

3. 笔者评析

本案中，教师高某主观上具有强奸故意，但因其意志以外的原因未能得逞，属犯罪未遂，应比照既遂犯从轻或减轻处罚，鉴于其系对被害人负有特殊职责的人员，犯罪情节恶劣，社会危害性较大，故对其未遂只适用从轻处罚而不予减轻处罚。同时，高某利用其系各被害人班主任老师的特殊身份及被害幼女年幼、无知、胆小的特点，以满足性刺激为目的，长期、多次在校园内猥亵多名不满十四周岁的学生，其行为构成猥亵儿童罪。高某猥亵儿童的行为符合在公共场所当众猥亵儿童的要件，且有其他恶劣情节，依法从重处罚。

高某犯有数罪，应根据《刑法》第六十九条的规定，实行数罪并罚；其身为教师且系各被害人的班主任，对各被害人负有特殊职责，犯罪情节极其恶劣，具有严重的社会危害性且无任何悔罪表现，应对其从重处罚。

第三节　侵犯学生性的自主决定权犯罪的防控指南

1. 加强学生自我保护意识。学生性安全防范意识不强，自我保护能力弱，极易受到不法侵害。因此，学校应当加强学生自我保护意识，对学生开展性健康教育，让学生学会鉴别性犯罪行为，并教育其遭遇到不法性侵害后，及时举报或告诉家长。

2. 强化师德师风教育。在现实生活中，很多校园猥亵事件的犯罪行为人是教师，教师的职责是教书育人，学生一般会相信、依赖或害怕教师，教师如对学生进行不法性侵害，对学生造成的精神损害更为严重。因此，强化师德师风教育对于防范校园猥亵、强奸案件的发生至关重要。

3. 加强警示教育，严格责任追究。对于学校教职工或者其他工作人员，学校一旦发现其有不良行为，应当引起高度重视，严格调查，一经查实，立即与公检法部门对接，让相关部门依法追究其责任。学校或教育行政主管部门应坚决将有不良行为的教育从业者清除出教育行业，并将该类案例作为素材，对教育从业者进行警示教育。

4. 防范校外人员犯罪。学校应当注意防范外来人员对学生实施性犯罪行为，要充分发挥保卫处功能，加强安保和巡逻，排除可疑人员。学校的安保人员对外来人员严格进行身份核实、证件查验、信息登记，对进出车辆进行查验、登记。此外，在学校进行建设施工期间，建筑施工人员需要出入学校，学校应当给该类人员发放出入证，凭出入证出入校园。

5. 关于强奸罪的犯罪构成问题，有下列行为之一会构成强奸罪：一是与未满十四周岁的幼女发生性关系，无论幼女是否自愿；二是与不能正确表达意志的女精神病患者发生性关系；三是单位领导、部门主管利用职权关系胁迫女职工与其发生性关系。教育机构从业人员应避免出现上述行为。

第八章

侵犯知识产权罪

第一节　假冒注册商标罪

一、概述

1. 假冒注册商标罪的概念。假冒注册商标罪是指违反国家商标管理法规，未经注册商标所有人许可，在同一种商品上使用与其注册商标相同的商标，情节严重的行为。所谓商标是指自然人、法人或者其他组织对其生产、制造、加工、拣选或者经销的商品或者对其提供的服务项目上采用的，由文字、图形、字母、数字、声音、三维标志和颜色或者其组合构成的，能够将其商品或者提供的服务与他人的商品或者提供的服务区别开来的，具有显著特征的可视性标志。

2. 假冒注册商标罪的主体。该罪的犯罪主体为一般主体和单位，即任何企业事业单位或者个人假冒他人注册商标，情节达到犯罪标准的即构成本罪。

3. 假冒注册商标罪的客体。该罪侵犯的客体为他人合法的注册商标专用权以及国家商标管理秩序。

4. 假冒注册商标罪的主观方面。该罪主观方面为故意，且以营利为目的。过失不构成本罪。

5. 假冒注册商标罪的客观方面。该罪的客观方面为行为人实施了刑法所禁止的假冒商标行为且情节严重。

二、犯罪现状

笔者通过中国裁判文书网、最高人民法院网等网站检索出 2012—2018 年涉及假冒注册商标罪的 10898 篇裁判文书，从下方的年份分布图我们可以看到假冒注册商标罪案例数量的变化趋势。针对案例进行分析，我们发现假冒注册商标罪案例主要集中在广东省、浙江省、江苏省，分别占比 35%、9%、8%。其中广东省的案件数量最多，达到 3814 件。

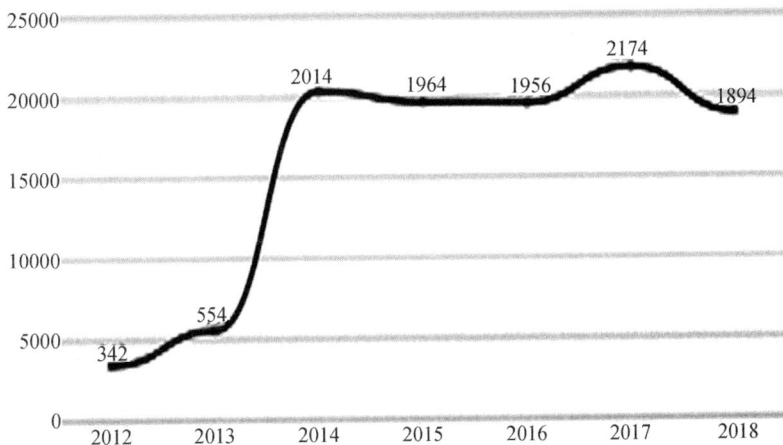

2012—2018 年全国假冒注册商标罪案例数量变化趋势图（单位：件）

三、高频法条

（此处统计了假冒注册商标罪案件中被援引的高频法律法条）

序号	法律法规名称	援引法条	引用频次
1	刑法（2011 年修订）	第二百一十三条	3643
2	刑法（2015 年修订）	第二百一十三条	3276
3	关于办理侵犯知识产权刑事案件具体应用法律若干问题的解释（二）	第四条	2904

序号	法律法规名称	援引法条	引用频次
4	刑法（2015 年修订）	第六十四条	2553
5	刑法（2011 年修订）	第六十四条	2544
6	刑法（2015 年修订）	第六十七条第三款	2196
7	刑法（2011 年修订）	第六十七条第三款	2019
8	关于办理侵犯知识产权刑事案件具体应用法律若干问题的解释（二）	第一条	2009
9	刑法（2011 年修订）	第五十三条	1830
10	刑法（2011 年修订）	第五十二条	1784
11	刑法（2015 年修订）	第五十二条	1780
12	关于办理侵犯知识产权刑事案件具体应用法律若干问题的解释（二）	第十二条	1716
13	刑法（2015 年修订）	第五十三条	1650
14	刑法（2017 年修订）	第二百一十三条	1471
15	刑法（2011 年修订）	第七十二条第一款	1312
16	刑法（2011 年修订）	第七十三条第三款	1288
17	刑法（2011 年修订）	第二十五条第一款	1254
18	刑法（2011 年修订）	第七十二条	1252
19	刑法（2011 年修订）	第七十三条第二款	1249
20	刑法（2015 年修订）	第七十二条第一款	1142

四、案例解析

学校金某某假冒注册商标案

1. 案情简介

2014 年 5 月起，行为人金某某未经注册商标所有人授权许可，在某市理工学校实训中心二楼研发中心内，雇请他人生产假冒 "POLO" "G-STAR" "Dior" "JackWolfskin" 注册商标的产品。

2. 法院观点

被告人金某某的犯罪行为完全符合假冒注册商标罪的全部构成要

件，犯假冒注册商标罪，遂依法判处其有期徒刑三年，缓刑四年，并处罚金人民币四十万元。

3. 笔者评析

《刑法》第二百一十三条规定："未经注册商标所有人许可，在同一种商品、服务上使用与其注册商标相同的商标，情节严重的，处三年以下有期徒刑，并处或者单处罚金；情节特别严重的，处三年以上十年以下有期徒刑，并处罚金。"本案中，行为人金某某未经注册商标权人许可，明知其行为侵犯到了注册商标权人的正当利益，仍然假冒他人注册商标，构成假冒注册商标罪。

第二节　侵犯著作权罪

一、概述

1. 侵犯著作权罪的概念。侵犯著作权罪是指以营利为目的，未经著作权人许可复制发行其文字、音像、计算机软件等作品，出版他人享有独占出版权的图书，未经制作者许可复制发行其制作的音像制品，制作、展览假冒他人署名的美术作品，违法所得数额较大或者有其他严重情节的行为。侵犯著作权罪的犯罪对象是他人的作品、图书、录音、录像制品和假冒他人署名的美术作品。所谓作品，是指人们借以表现自己思想、情感的文学、艺术和科学方面的智力成果。

2. 侵犯著作权罪的主体。侵犯著作权罪的主体为一般主体，既包括达到刑事责任年龄，并具有刑事责任能力的自然人，也包括经国家批准和未经国家批准从事出版、发行活动的单位。

3. 侵犯著作权罪的客体。本罪侵犯的客体既包括国家对文化市场的管理秩序，又包括著作权人对其作品依法享有的著作权，还包括著作邻接权人对其传播作品依法享有的权利。所谓"著作邻接权人"是指作品传播者，如图书、报刊、录音、录像制品出版者、艺术表演者等。

4. 侵犯著作权罪的主观方面。侵犯著作权罪在主观方面表现为故意，并且具有营利的目的。如果行为人出于过失，如误认为他人作品已过保护期而复制发行，或虽系故意，但由于追求名誉等非营利目的的，则不能构成侵犯著作权罪。

5. 侵犯著作权罪的客观方面。客观方面表现为以营利为目的，违反著作权管理法规，未经著作权人许可，侵犯他人著作权，违法所得数额较大或者有其他严重情节的行为。

二、犯罪现状

笔者通过中国裁判文书网、最高人民法院网等网站检索出 2012—2018 年涉及侵犯著作权罪的 2632 篇裁判文书，从网页上我们可以看到侵犯著作权罪案例主要集中在浙江省、广东省、江苏省，分别占比 25.53%、21.54%、10.41%。其中浙江省的案件量最多，达到 672 件。

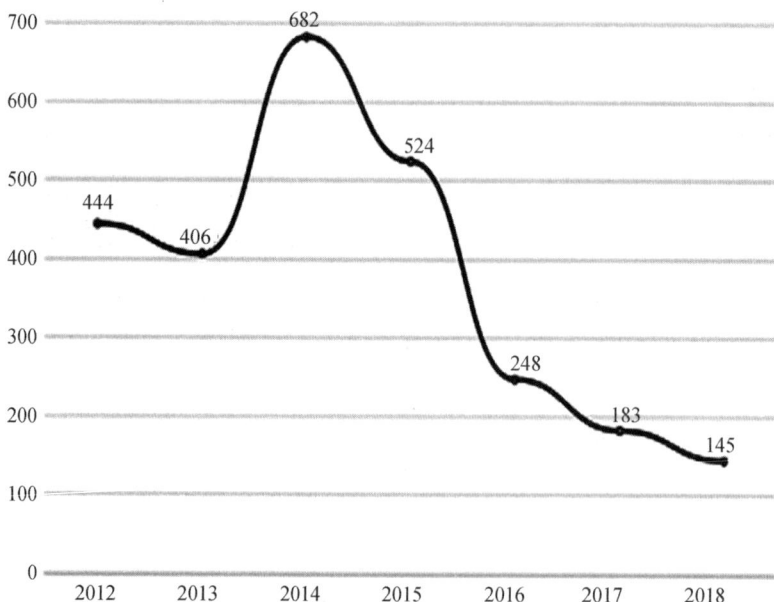

2012—2018 年全国侵犯著作权罪案例数量变化趋势图（单位：件）

三、高频法条

（此处统计了侵犯著作权罪案件中被援引的高频法律法条）

序号	法律法规名称	援引法条	引用频次
1	刑法（2011年修订）	第六十七条第三款	1350
2	刑法（2011年修订）	第六十四条	1340
3	刑法（2011年修订）	第二百一十七条第一项	1165
4	刑法（2011年修订）	第二百一十七条	967
5	刑法（2011年修订）	第七十二条第一款	838
6	关于办理侵犯知识产权刑事案件具体应用法律若干问题的解释（二）	第一条	811
7	刑法（2011年修订）	第七十三条第三款	769
8	刑法（2011年修订）	第二十三条	753
9	刑法（2011年修订）	第七十二条第三款	752
10	刑法（2011年修订）	第五十二条	705
11	刑法（2011年修订）	第五十三条	628
12	关于办理侵犯知识产权刑事案件具体应用法律若干问题的解释（二）	第四条	625
13	刑法（2011年修订）	第七十三条第二款	560
14	刑法（2011年修订）	第七十二条	355
15	刑法（2015年修订）	第六十四条	299
16	刑法（2011年修订）	第二百一十七条第三项	277
17	刑法（2015年修订）	第六十七条第三款	275
18	刑法（2015年修订）	第二百一十七条	271
19	刑法（2011年修订）	第六十七条	258
20	刑法（2011年修订）	第七十三条	245

四、案例解析

徐某等人侵犯著作权罪一案

1. 案情简介

2009 年 7 月至 2014 年 3 月期间，行为人徐某与行为人祝某未经相关部门审批，合伙在某市开办印刷厂印刷"试卷"销售牟利。在该印刷厂非法复制 SMJ《素质目标检测》，将该图书内试卷名称"同步检测—SMJ"改为"同步某"。并将"同步某"以征订的方式推销到各学校。其中，向诸暨街亭镇初中、诸暨店口一中、诸暨店口二中等学校推销了 1840 册，向金华四中、武义实验中学等学校推销了 1215 册，向武义桃溪中学推销了 1000 册。2014 年 3 月 25 日公安机关在行为人徐某位于某市的两个仓库内查获 10118 册"同步某"，公安机关还向各中学调取了样本。经某市文化广电新闻出版局鉴定，公安机关所查扣及所调取的上述"同步某"均为侵权盗版出版物。行为人徐某、祝某合计复制、发行盗印的试卷 14173 册。

2. 法院观点

行为人徐某、祝某以营利为目的，在未经著作权人许可的情况下，私自复制、发行他人作品，其行为均构成侵犯著作权罪，系共同犯罪。依法应该受到处罚。

3. 笔者解析

本案中，行为人以营利为目的，明知自己复制他人的出版物构成侵权，仍然未经著作权人许可复制他人出版物，侵犯了国家对文化市场的管理秩序以及著作权人对其作品依法享有的著作权，构成侵犯著作权罪。

第三节 假冒注册商标、侵犯著作权行为的防控指南

1. 宣传假冒注册商标、侵犯著作权的法律知识。

注册商标和著作权的相关问题较为专业，学校和学生在没有咨询专业人士的情况下，很难知道哪些情形属于侵犯注册商标和侵犯著作权。因此，司法机关和法律专业人士应大力宣传侵犯著作权和假冒注册商标的法律知识：一方面，可以帮助学校和学生识别哪些情形侵犯了自身的著作权和注册商标权利；另一方面，可以帮助学校避免侵犯他人的著作权和注册商标权利。

2. 防范职务作品的著作权纠纷。

学校组织职工参与创作时，应当对著作权的归属以及作品的使用方式等进行明确的约定，为避免产生著作权纠纷，学校可以约定作品的著作权归属学校。

3. 密切关注商标注册情况。

在商标申请期间，权利人一定要密切关注商标注册情况，同时还应注意查阅《商标公告》，一旦发现他人申请注册的商标与自己的商标相同或近似，应当及时提出异议或争议。

4. 运用法律手段维护自身知识产权权益。

当自身商标权、著作权益受到侵犯时，学校和学生应当积极运用法律武器维护自身的合法权益，比如通过发律师函、申请仲裁、向人民法院起诉等方式，要求对方停止侵权、赔偿损失等，以维护品牌声誉和价值。

第三篇

学校的行政法律风险防控

学校的行政法律风险是指学校作为行政行为的相对人，如存在违反行政法律规范的行为，则面临行政处罚的风险。

学校的行政法律风险防控是通过一定的机制、手段来发现和预防学校因不了解或违反行政法律规范而产生的不利结果。

总论　针对学校违反行政法律规范的行政处罚

行政处罚是指行政主体依照法定职权和程序，对违反行政法律规范但尚未构成犯罪的相对人，给予行政制裁的具体行政行为。

我国《行政处罚法》第八条规定，行政处罚的种类包括：（一）警告；（二）罚款；（三）没收违法所得、没收非法财物；（四）责令停产停业；（五）暂扣或者吊销许可证、暂扣或者吊销执照；（六）行政拘留；（七）法律、行政法规规定的其他行政处罚。

笔者通过对学校涉及行政处罚的大量案例进行分析，发现针对学校违反行政法律规范的行政处罚主要有：（一）警告；（二）罚款；（三）没收违法所得、没收非法财物；（四）责令停产停业；（五）暂扣或者吊销许可证、暂扣或者吊销执照。因此，本部分主要针对这五种行政处罚以案例的形式导入进行分析。

第一章
警　告

第一节　概　述

一、概念

警告是指行政处罚主体对公民、法人或其他组织违反行政法律规范的行为给予严肃告诫的一种行政处罚。从性质上分，警告属于申诫罚的一种。

警告属于行政处罚中最轻的一种处罚。

二、学校被处以警告的行政处罚的常见情形

警告主要适用于学校违反行政法规范的情节比较轻微，尚未造成严重社会危害的行为。警告可以单独适用，也可以与其他的行政处罚同时适用。学校被处以警告的行政处罚的常见情形包括购买食品时未索要食品的合格证明性文件等。

第二节　典型案例解析

某幼儿园购买食品时未索要食品的合格证明性文件，被处以警告

的行政处罚一案

一、案情简介

2016年2月16日，某民办幼儿园的采购人员从某调料城的一位经销商处以75元的价格购进10包龙口粉丝，用于幼儿的午餐。该粉丝的外包装标示生产厂家为商丘市晶鑫食品有限公司，幼儿园的采购人员在购买粉丝时未向销售人员索要粉丝的合格证明文件。在F区食品药品监督管理局来幼儿园检查时，该10包粉丝已被食用了4包，F区食品药品监督管理局抽检用了2包，剩余4包被该幼儿园食堂负责人丢弃。经幼儿园的财务核算，该幼儿园在给幼儿提供午餐的过程中没有盈利。

二、行政处罚

F区食品药品监督管理局认为某民办幼儿园在购买食品时未索要合格证明文件的行为违反食品安全法的规定，于2017年1月11日当场作出（F）食药监食当罚〔2017〕2号行政处罚决定书，对某幼儿园购买食品时未索要合格证明文件的行为处以警告的行政处罚并责令改正。某民办幼儿园不服行政处罚结果，向有管辖权的人民法院提起行政诉讼。

三、法院观点

幼儿园作为食品经营者，在购买涉案粉丝时，应当依照食品安全法的规定向销售者索要合格证明文件。索要合格证明文件的目的不言自明，即为了防范购买假冒伪劣或不合格商品。幼儿园未索要合格证明文件，F区食品药品监督管理局适用《食品安全法》第五十三条第一款、第一百二十六条第一款第（三）项规定对其作出警告处罚是适当的。

四、笔者评析

这是一起典型的幼儿园存在违法行为但情节比较轻微，被监管机关处以警告的行政处罚的案例。《食品安全法》第五十三条第一款规定："食品经营者采购食品，应当查验供货者的许可证和食品出厂检验合格证或者其他合格证明。"本案中的幼儿园采购人员在采购食品时未索要食品的合格证明文件，也无证据证明其查验了食品的合格证明文件，为此，该幼儿园被处以警告的行政处罚。

第二章

罚　款

第一节　概　述

一、概念

罚款是指行政处罚的主体责令违法者承担一定的财产给付义务，要求违法者在一定期限内交纳一定数量货币的行政处罚，这是最常见的、最广泛使用的行政处罚。

二、学校被处以罚款的常见情形

学校被处罚款的行政处罚的常见情形有：学校将污水排入雨水管网；学校的消防设施未保持完好有效；学校使用未经消防验收的教学楼；学校向学生提供不符合食品安全标准的食品；学校在未取得《食品经营许可证》或《食品经营许可证》过期的情况下从事食品经营或餐饮服务；学校在征订教辅过程中收取管理费等。

第二节　典型案例解析

某中等专业学校将污水排入雨水管网，被罚款 18 万元一案

一、案情简介

H市城市管理综合执法局在巡查中发现H市E南路68号存在污水排入雨水管网现象后，于2014年4月23日向H市铁路技术中等专业学校下达了E管责改字〔2014〕第3016号责令改正通知书，责令其立即停止违法行为，限三日内拆除违法设施，并恢复原状，限期接受处理。2014年5月4日H市城市管理综合执法局进行调查询问，H市铁路技术中等专业学校认可其在E南路将污水排入雨水管网的事实，但其在限定时间内未改正。

二、行政处罚

H市城市管理综合执法局认为，H市铁路技术中等专业学校在雨水、污水分流地区将污水排入雨水管网，违反了《城镇排水与污水处理条例》第二十条的规定，依据《城镇排水与污水处理条例》第四十九条的规定，决定给予H市铁路技术中等专业学校18万元罚款的行政处罚。H市铁路技术中等专业学校不服行政处罚结果，向有管辖权的人民法院提起行政诉讼。

三、法院观点

H市城市管理综合执法局在履行听证告知后，作出E管罚字〔2014〕第3016号行政处罚决定，认为H市铁路技术中等专业学校在雨水、污水分流地区将污水排入雨水管网，违反了《城镇排水与污水处理条例》之规定，决定处以18万元罚款，H市城市管理综合执法局所作出的处罚决定认定事实清楚、适用法律正确、程序合法，应予维持。

四、笔者评析

这是一起学校因违反行政法规律范的规定被处以较大数额罚款的

行政处罚的案例。《城镇排水与污水处理条例》第二十条："城镇排水设施覆盖范围内的排水单位和个人，应当按照国家有关规定将污水排入城镇排水设施。在雨水、污水分流地区，不得将污水排入雨水管网。"学校不得将污水排入雨水管网。本案中，H市铁路技术中等专业学校违反规定，将污水排入雨水管网，被处以较大数额的罚款，这是过罚相当的。这一起案例值得学校的负责人重视。

第三章

没收违法所得、没收非法财物

第一节 概 述

一、概念

1. 没收违法所得是指行政处罚的主体将行政违法行为人占有的，通过违法途径和方法取得的财产收归国有的制裁方法。

2. 没收非法财物是指行政处罚的主体将行政违法行为人非法占有的财产和物品收归国有的制裁方法。

二、学校被处以没收违法所得、没收非法财物的常见情形

1. 学校被处以没收违法所得行政处罚的主要情形有：违规收取教辅费用；违规收取回扣；擅自转让、出租国有土地使用权获得违法收入等。

2. 学校被处以没收非法财物行政处罚的主要情形有：在非法占用土地上新建建筑物等。

第二节 典型案例解析

某双语小学违规收取学生学杂费，被处以没收违法所得一案

一、案情简介

某双语小学在 2016 年秋季收取普通班二年级至六年级学生学杂费共计 372644 元，知情人士向 E 发改局举报，E 发改局接到举报后，发现该小学存在违规行为，于是对该小学涉及的违规收取学生学杂费的事情进行调查。

二、行政处罚

根据《W 省价格条例》第六十一条及《行政处罚法》第二十七条第一款第一项等相关规定，E 发改局于 2017 年 2 月 13 日对某双语小学收取学生杂费共计 372644 元的违规行为作出〔2017〕E 发改价检案 32 号行政处罚决定书，决定对其没收违法所得 372644 元。该处罚决定书于当日送达某双语小学。某双语小学不服行政处罚结果，向有管辖权的人民法院提起行政诉讼。

三、法院观点

本案中，E 发改局认定某双语小学在 2016 年秋季违反《W 省价格条例》的规定，决定对其处以没收违法所得，E 发改局所作出的处罚决定有事实和法律依据，程序合法，且未超越法定幅度，应予以维持。某学校在法定的期限内未提出异议，该行政处罚决定书已生效。

四、笔者评析

这是一起学校因违规收取学生学杂费用，被处以没收违法所得的

行政处罚的案例。《W省价格条例》第三十条第八项规定："国家机关、事业单位和代行政府职能的社会团体以及其他组织应当遵守行政事业性收费法律、法规以及国家和省管理规定，不得有下列行为：……（八）不执行收费减免或者其他优惠政策收费的……"第六十一条规定："违反本条例第三十条规定的，由财政、价格部门根据各自职责责令改正，补收应当收取的财政收入，有违法所得的，限期退还，逾期不退还或者无法退还的，予以没收；拒不改正，情节严重的，处以违法所得一倍以上五倍以下罚款，没有违法所得或者违法所得不足五万元的，处以五万元以上二十万元以下罚款，并对有关责任人员依法给予处分。"某双语小学未执行收费减免政策，收取学生杂费共计372644元的行为与《W省价格条例》的规定相悖，被处以没收违法所得的行政处罚。这一案例值得学校深思。

第四章

责令停产停业

第一节　概　述

一、概念

责令停产停业是指行政处罚的主体强制命令行政违法行为人暂时或永久性地停止生产经营和其他业务活动的制裁方法。

二、学校被处以责令停产停业的常见情形

学校被处以责令停产停业行政处罚的常见情形有：办学期间年度考评被评定为不合格；不接受消防监督检查；不到登记机关参加民办非企业单位年度检查等。

第二节　典型案例解析

某特殊教育学校在办学期间不到登记机关参加民办非企业单位年度检查，被责令停止招生的行政处罚一案

一、案情简介

N 县特殊教育学校是一所招收先天性聋、哑、盲人等特殊学生的民办学校，在办学期间，其2010年、2011年、2012年连续三年未参加 N 县教育局组织开展的年度民办学校办学情况评估，且2011年、2012年被评定为不合格；同时，N 县特殊教育学校在办学期间未办理学校食堂的餐饮服务许可证，不接受消防监督检查，不到登记机关民政管理部门参加民办非企业单位年度检查。N 县教育局认为 N 县特殊教育学校的上述行为违反了行政法律规范的规定，于2012年3月5日对其立案查处。

二、行政处罚

N 县教育局立案后，于2012年8月31日向 N 县特殊教育学校送达行政处罚告知书；同年9月25日，教育局向 N 县特殊教育学校送达行政处罚听证告知书。经 N 县教育局领导班子集体讨论后，于2013年1月25日，对 N 县特殊教育学校作出 N 教罚字〔2013〕001号行政处罚决定：责令停止招生；吊销办学许可证。N 县特殊教育学校不服行政处罚结果，向有管辖权的人民法院提起行政诉讼。

三、法院观点

《民办教育促进法》第八条第一款规定："县级以上地方各级人民政府教育行政部门主管本行政区域内的民办教育工作。"《民办教育促进法》第四十一条规定："教育行政部门及有关部门依法对民办学校实行督导，建立民办学校信息公示和信用档案制度，促进提高办学质量；组织或者委托社会中介组织评估办学水平和教育质量，并将评估结果向社会公布。"N 县教育局是本县人民政府的教育行政主管部门，具有对本县民办学校督导、办学情况评估的行政职能。

《民办教育促进法》第六十二条规定："民办学校有下列行为之一

的，由审批机关或者其他有关部门责令限期改正，并予以警告；有违法所得的，退还所收费用后没收违法所得；情节严重的，责令停止招生，吊销办学许可证；构成犯罪的，依法追究刑事责任：……（五）管理混乱严重影响教育教学，产生恶劣社会影响的。"本案中，N县特殊教育学校作为民办学校，应当自觉遵守国家法律、法规，自觉接受有关职能部门的管理、检查、监督。但N县特殊教育学校在办学期间拒不接受N县教育局组织的办学水平督查，2011年、2012年被评定为不合格，且未办理学校食堂的餐饮服务行政许可，不参加登记机关的年度检查，不接受消防监督检查，严重影响了教育教学，依法应予处罚。同时，N县特殊教育学校所租赁的办学场所已过租赁期限，出租单位通过诉讼后已申请法院强制腾退，现办学条件基本缺失，N县教育局对其作出责令停止招生，吊销办学许可证的行政处罚决定，认定事实清楚，证据确凿，适用法律、法规正确，符合法定程序，本院予以支持。

四、笔者评析

责令停止招生属于责令停产停业的行政处罚种类，本案中，N县特殊教育学校存在多处违反行政法律规范的行为，被教育行政主管部门处以责令停止招生的行政处罚。该学校在被处以行政处罚后，不服行政处罚的结果，向有管辖权的人民法院提起诉讼。因教育行政主管部门对该学校实施行政处罚的依据充分，程序合法，一审和二审法院都没有支持该学校的诉讼请求。一审和二审法院的做法是对的。

第五章

暂扣、吊销许可证、营业执照

第一节　概　述

一、概念

暂扣、吊销许可证、营业执照是指行政处罚的主体暂时或者永久性地撤销行政违法行为人拥有的、国家准许其享有某些权利或从事某些活动资格的文件，使其丧失暂时的权利和活动资格的制裁方法。

二、学校被处以暂扣、吊销许可证、营业执照的常见情形

学校被处以暂扣、吊销许可证、营业执照的行政处罚是基于在办学过程中违反行政法律规范的行为，如：不到登记机关参加年度检查；违规发布虚假招生简章；擅自改变民办学校办学类别、层次等。

第二节　典型案例解析

某幼儿园擅自给在园幼儿喂食吗啉胍等处方药品被教育局吊销办学许可证一案

一、案情简介

2014 年 3 月 15 日，L 市公安局 S 分局接到家长报案，称 W 幼儿园第二分园给幼儿喂食吗啉胍，幼儿表现出不良症状，L 市公安局 S 分局作出立案决定书，决定对 W 幼儿园非法行医案立案侦查。W 幼儿园董事长纪某、总园园长沈某于同日被公安机关抓获，后均被取保候审。2014 年 3 月 17 日，教育部办公厅、国家卫生计生委办公厅对 W 幼儿园第二分园违规给幼儿集体服用处方药品吗啉胍的事件进行了通报。2014 年 3 月 20 日，S 区教育局对 W 幼儿园第二分园立案审查，调查处理。

二、行政处罚

S 区教育局认为，W 幼儿园第二分园自 2012 年 12 月至 2014 年 3 月在幼儿园日常管理中，擅自给在园幼儿喂食处方药品吗啉胍的行为，产生了恶劣社会影响，违反了《民办教育促进法》第六十二条、《幼儿园管理条例》第二十七条的规定，对此，S 区教育局对 W 幼儿园第二分园作出如下行政处罚：1. 停止办园；2. 吊销《民办学校办学许可证》。W 幼儿园第二分园不服行政处罚结果，向有管辖权的人民法院提起行政诉讼。

三、法院观点

W 幼儿园第二分园作为幼儿教育机构，应当按照《托儿所幼儿园卫生保健管理办法》和《托儿所幼儿园卫生保健工作规范》的要求，设立相应的保健设施和卫生设施，做好幼儿的卫生保健和疾病防治工作。W 幼儿园第二分园在开办幼儿园期间，在不具备《医疗机构执业许可证》的情况下，擅自给在园幼儿喂食吗啉胍等处方药品，损害幼儿的身心健康，产生恶劣的社会影响，应予行政处罚。S 区教育局对其作出停止办园、吊销办学许可证的行政处罚，并无不当。

四、笔者评析

《民办教育促进办法》第六十二条规定："民办学校有下列行为之一的，由县级以上人民政府教育行政部门、人力资源社会保障行政部门或者其他有关部门责令限期改正，并予以警告；有违法所得的，退还所收费用后没收违法所得；情节严重的，责令停止招生、吊销办学许可证；构成犯罪的，依法追究刑事责任；……（五）管理混乱严重影响教育教学，产生恶劣社会影响的。"《幼儿园管理条例》第二十七条规定："违反本条例，具有下列情形之一的幼儿园，由教育行政部门视情节轻重，给予限期整顿、停止招生、停止办园的行政处罚：……（二）园舍、设施不符合国家卫生标准、安全标准，妨害幼儿身体健康或者威胁幼儿生命安全的。"据此，民办学校管理混乱严重影响教育教学，产生恶劣社会影响的，教育行政部门有权责令其停止招生，吊销其办学许可证。W幼儿园第二分园没有聘请有资质的医护人员，未设立医护区域，未经家长同意，擅自给幼儿喂药的行为属于设施不齐备、管理混乱的情形，该行为已造成家长群体信访，多家媒体对此进行了报道，教育部办公厅、国家卫生计生办公厅对此发出了通报，已造成了恶劣的社会影响。为此，S区教育局对该幼儿园处以停止办园、吊销办学许可证的行政处罚，教育局的行为合理合法。

第一章

学校非法占用、
转让、出租国有土地

第一节　非法占用国有土地

一、概述

非法占用土地是指单位或者个人未经批准擅自占用土地、采取欺骗手段骗取批准占用土地以及超过批准的数量多占土地的违法行为。

学校非法占用国有土地的，可能面临处以罚款、没收违法所得、没收非法占有物的行政处罚。

二、现状

笔者通过中国裁判文书网、最高人民法院网等网站检索出 2013—

2018年全国涉及学校非法占用国有土地的36篇裁判文书，通过下列年份统计图我们可以看出学校非法占用土地案例数量的变化趋势。经过案例分析，我们发现学校非法占用国有土地的情形主要有：擅自改变土地用途（比如擅自将农用地改为建设用地的）；未经批准擅自使用国有土地；违反土地利用总体规划、不按批准用途使用国有土地；擅自占用国有土地、闲置土地；未经规划批准擅自修建房屋；非法占用土地；临时使用的国有土地到期后未及时续期等。

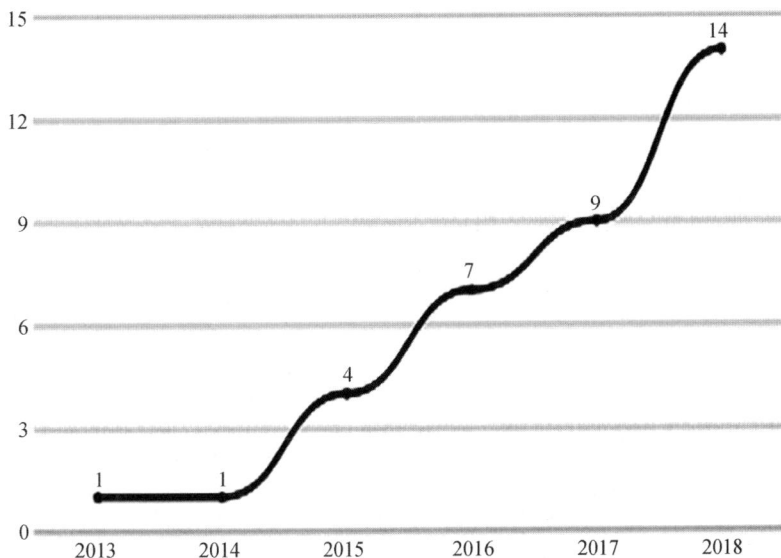

2013—2018年全国涉及学校非法占用国有土地案例数量变化趋势图（单位：件）

三、高频法条

（此处统计了学校非法占用国有土地行政案件中被援引的高频法律法条）

序号	法律法规名称	援引法条	引用频次
1	土地管理法（2004年修订）	第四十三条	12
2	土地管理法（2004年修订）	第七十六条	9

序号	法律法规名称	援引法条	引用频次
3	土地管理法（2004 年修订）	第四十四条	7
4	土地管理法实施条例（2014 年修订）	第四十二条	6
5	关于审理涉及农村集体土地行政案件若干问题的规定	第四条	4
6	土地管理法（2004 年修订）	第七十六条第一款	3
7	土地管理法（2004 年修订）	第二条第三款	3
8	土地管理法（2004 年修订）	第十一条	3
9	土地管理法（2004 年修订）	第四十四条第一款	3
10	行政强制法	第五十三条	3
11	行政强制法	第四十四条	3
12	关于办理申请人民法院强制执行国有土地上房屋征收补偿决定案件若干问题的规定	第九条	3
13	关于审理涉及农村集体土地行政案件若干问题的规定	第一条	3
14	关于审理涉及农村集体土地行政案件若干问题的规定	第四条第四项	3
15	土地管理法实施条例（2014 年修订）	第二十二条	2
16	土地管理法实施条例（2014 年修订）	第四十三条	2
17	土地管理法（2004 年修订）	第五十三条	2
18	土地管理法（2004 年修订）	第五十二条	2
19	土地管理法（2004 年修订）	第五十八条	2
20	土地管理法（2004 年修订）	第八十条	2

四、案例解析

J 区第一中学擅自使用国有土地，被处罚款 68 余万元案

1. 案情简介

J 区第一中学于 2017 年 4 月未经政府批准，擅自占用 J 区国有土地

45503平方米（折合68.25亩，土地类型为建设用地，符合土地利用总体规划）建设学校，之后，学校的该违法行为被某区自然资源局发现，J区自然资源局对此立案查处。

2. 处罚结果

J区自然资源局认为J区第一中学的行为违反了《土地管理法》的规定，遂对J区第一中学作出如下处罚：1. 责令退还非法占用的土地；2. 没收在非法占用的土地上新建的建筑物和其他设施；3. 对非法占用的45503平方米土地处以每平方米15元的罚款，罚款金额为人民币682545元。

3. 法院观点

J区自然资源局对J区第一中学作出行政处罚决定的依据充分，程序合法，且J区自然资源局向J区第一中学送达了J国土资罚决字〔2017〕9号行政处罚决定书后，该中学在规定期限内未提起行政复议，亦未提起行政诉讼，该行政处罚决定书已发生法律效力。

4. 笔者评析

《土地管理法》规定任何单位和个人进行建设，需要使用土地的必须依法申请使用国有土地。学校使用国有土地前应当向土地管理部门提出申请。J区第一中学未经申请，非法占用土地，被处以没收非法占有物、罚款等行政处罚，这一行政处罚有充分的法律依据支撑。

第二节　擅自将学校内国有划拨
土地转让、出租

一、概述

划拨土地是指国家给用地单位无偿提供的土地。

擅自将国有划拨土地使用权转让是指违反法律规定，未经有批准权的人民政府批准，将国有划拨土地使用权转移给他人的行为。

擅自将国有划拨土地使用权出租是用地单位未经有权批准的人民政府土地管理部门批准，将国有划拨土地出租给他人使用的行为。

学校擅自将国有划拨土地使用权转让、出租的，可能面临处以罚款、没收违法所得、没收非法占有物的行政处罚。

二、现状

笔者通过中国裁判文书网、最高人民法院网等网站检索出 2013—2018 年全国涉及擅自将国有划拨土地转让、出租的 98 篇裁判文书，通过下列年份统计图我们可以看出全国擅自将国有划拨土地转让、出租案例数量的变化趋势。经过案例分析，我们发现从地域上来看这类纠纷主要集中在新疆维吾尔自治区、广东省、辽宁省，分别占比 18.37%、11.22%、11.22%。其中新疆维吾尔自治区的案件数量最多，达到 18 件。

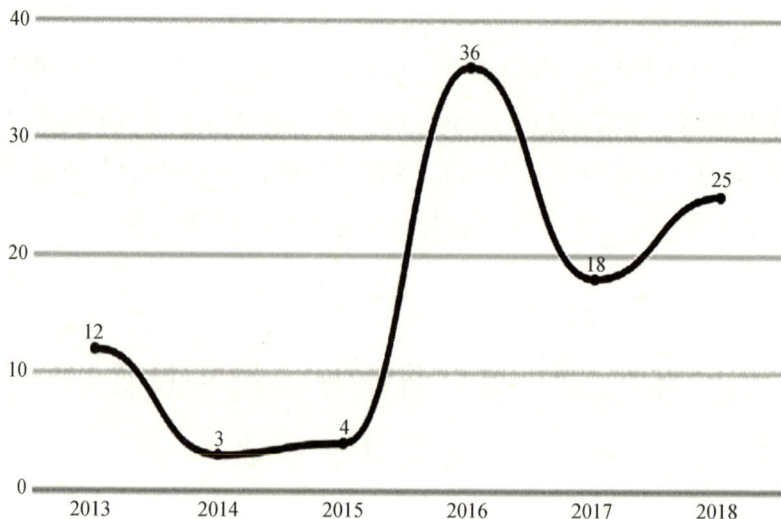

2013—2018 年全国涉及擅自将国有划拨土地转让、出租案例数量变化趋势图（单位：件）

三、高频法条

（此处统计了学校擅自将国有划拨土地转让、出租案件中被援引的高频法律法条）

序号	法律法规名称	援引法条	引用频次
1	土地管理法（2004 年修订）	第二条	24
2	土地管理法（2004 年修订）	第六十三条	23
3	土地管理法（2004 年修订）	第四十三条	23
4	土地管理法（2004 年修订）	第七十三条	19
5	行政处罚法（2009 年修订）	第三条	19
6	土地管理法实施条例（2014 年修订）	第三十九条	18
7	土地管理法（2004 年修订）	第五条	18
8	土地管理法（2004 年修订）	第八十一条	18
9	土地管理法（2004 年修订）	第六十三条第十项	18
10	行政处罚法（2009 年修订）	第三十八条第二款	18
11	新疆维吾尔自治区实施行政处罚程序规定	第二十条	18
12	新疆维吾尔自治区实施行政处罚程序规定	第十九条	18
13	新疆维吾尔自治区实施行政处罚程序规定	第十九条第一款	18
14	新疆维吾尔自治区行政处罚听证程序实施办法	第三条	18
15	城镇国有土地使用权出让和转让暂行条例	第四十四条	13
16	城镇国有土地使用权出让和转让暂行条例	第四十五条	12
17	土地管理法（2004 年修订）	第五十六条	10
18	土地管理法（2004 年修订）	第二条第三款	9
19	村庄和集镇规划建设管理条例	第十八条	7
20	村庄和集镇规划建设管理条例	第十八条第一项	7

四、案例解析

某小学擅自将学校内国有划拨土地使用权转让一案

1. 案情简介

2004年10月，某小学擅自将学校内东侧国有划拨土地以15万元的价格转让给李某、林某，供其个人开发使用，D市国土资源局在2016年发现了某小学的违法行为，遂对某小学立案查处。

2. 行政处罚

D市国土资源局认为，某小学将国有划拨土地转让给李某、林某个人开发使用的行为，违反了《土地管理法》第二条第三款、《城市房地产管理法》第四十条、《城镇国有土地使用权出让和转让暂行条例》第四十四条和第四十五条之规定，据此，国土资源局对某小学作出了没收违法所得15万元、罚款4.5万元的行政处罚决定。

3. 法院观点

本院认为，D市国土资源局作出的〔2016〕8号行政处罚决定事实清楚，程序合法，适用法律法规正确。某学校在法定的期限内未申请行政复议亦未提起行政诉讼，该行政处罚决定书已生效。

4. 笔者评析

《土地管理法》第二条第三款规定：任何单位和个人不得侵占、买卖或者以其他形式非法转让土地。土地使用权可以依法转让。《城镇国有土地使用权出让和转让暂行条例》第四十五条规定：符合下列条件的，经市、县人民政府土地管理部门和房产管理部门批准，其划拨土地使用权和地上建筑物、其他附着物所有权可以转让、出租、抵押：（一）土地使用者为公司、企业、其他经济组织和个人；……，学校转让以划拨方式取得土地使用权的，应当按照国务院规定，报有批准权的县级人民政府土地管理部门和房产管理部门审批。本案中，某小学未经审批，转让了国有划拨土地的使用权，不仅被处以没收违法所得，还被罚款4.5万元，这一案例值得学校的负责人深思。

第三节　学校违规使用、转让、出租国有土地行为的防控指南

1. 学校应按照法律规定以及法定程序申请国有土地的使用权。学校需要使用、占用国有土地的，应当向有权审批的人民政府提出申请，待审批机关批准后方可使用国有土地。

2. 学校应按照法律规定以及法定程序转让、出租国有土地的使用权。学校依法取得国有划拨土地使用权后，可以在该土地上建造建筑物或附着物。因为学校是无偿取得国有划拨土地的使用权的，若学校要将国有划拨土地使用权转让、出租或抵押，务必先报有批准权的县级人民政府土地管理部门和房产管理部门审批。

3. 组织培训。学校或教育行政主管部门应定期组织普法培训，让学校的负责人、管理人员了解《土地管理法》以及相关法律法规的规定，减少或避免违法行为的发生。

第二章

学校消防安全问题

第一节　使用未经消防验收的教学楼、宿舍、图书馆

一、概述

消防验收是建设单位在建设工程竣工后向消防设计审查机关申请消防验收，消防设计审查机关组织消防验收，并出具消防验收意见的全过程的统称。

建筑总面积大于一千平方米的托儿所、幼儿园的儿童用房，儿童游乐厅等室内儿童活动场所，中小学校的教学楼、图书馆、食堂，学校的集体宿舍等的建设单位，在建设工程竣工后应向消防设计审查机关申请消防验收，未经验收即投入使用的，可能面临处以责令停止使用并处以罚款的行政处罚。

二、现状

笔者通过中国裁判文书网、最高人民法院网等网站检索出 2012—2018 年全国涉及学校使用未经消防验收的教学楼、宿舍、图书馆的 64 篇裁判文书，通过下列年份统计图我们可以看出近几年学校使用未经消防

验收的教学楼、宿舍、图书馆案例数量的变化趋势，经过案例分析发现，从地域分布来看，当前行政案例主要集中在广东省、浙江省、江苏省，分别占比 22.22%、19.05%、12.70%。其中广东省的案件数量最多，达到 14 件。

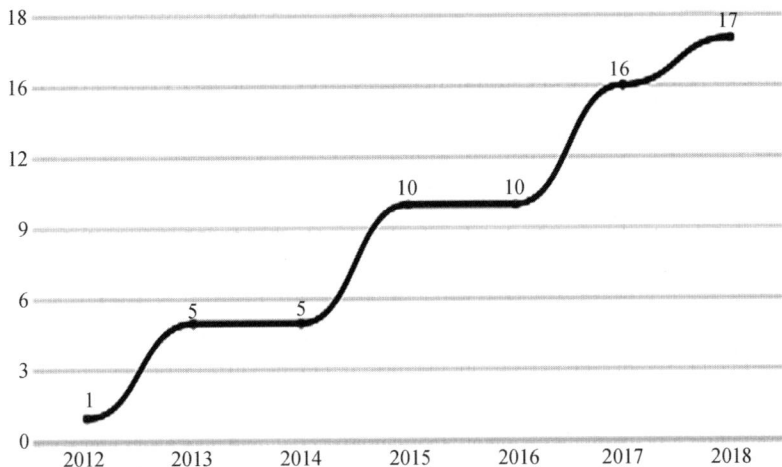

2012—2018 年全国涉及学校使用未经消防验收的教学楼、宿舍、图书馆案例数量变化趋势图（单位：件）

三、高频法条

（此处统计了学校使用未经消防验收的教学楼、宿舍、图书馆行政案件中被援引的高频法律法条）

序号	法律法规名称	援引法条	引用频次
1	消防法（2008 年修订）	第十一条	6
2	消防法（2008 年修订）	第十三条第二款	6
3	消防法（2008 年修订）	第五十八条第一款第三项	4
4	建设工程消防监督管理规定（2012 年修订）	第十三条	4
5	建设工程消防监督管理规定（2012 年修订）	第十四条	4

序号	法律法规名称	援引法条	引用频次
6	消防法（2008 年修订）	第七十三条	3
7	消防法（2008 年修订）	第十三条	3
8	消防法（2008 年修订）	第四条第一款	3
9	建设工程消防监督管理规定（2012 年修订）	第二十一条	3
10	建设工程消防监督管理规定（2012 年修订）	第十三条第一项	3
11	建设工程消防监督管理规定（2012 年修订）	第十三条第二项	3
12	建设工程消防监督管理规定（2012 年修订）	第十五条	3
13	消防法（2008 年修订）	第二十一条	2
14	消防法（2008 年修订）	第十三条第一款第二项	2
15	消防法（2008 年修订）	第十四条	2
16	消防法（2008 年修订）	第四条	2
17	建设工程消防监督管理规定（2012 年修订）	第二十五条	2
18	建设工程消防监督管理规定（2012 年修订）	第二十六条	2
19	建设工程消防监督管理规定（2012 年修订）	第十三条第五项	2
20	建设工程质量管理条例	第四十九条	2

四、案例解析

D 市第五中学使用未经消防验收的教学楼，被处以罚款 4 万元的行政处罚一案

1. 案情简介

2018 年 9 月 4 日，D 市公安消防大队的监督人员对 D 市第五中学进行监督检查，发现 D 市第五中学擅自投入使用未经消防验收的新建教学楼，D 市公安消防大队遂对 D 市第五中学进行全面调查核实。

2. 行政处罚

D 市公安消防大队于 2018 年 9 月 13 日作出 D 公（消）行罚决字〔2018〕第 0052 号《行政处罚决定书》，决定书载明："根据《消防法》第五十八条第一款第三项之规定，现决定责令 D 市第五中学停止使用新建教学楼，并处罚款人民币 4 万元整。"

3. 法院观点

本院认为，D 市公安消防大队针对 D 市第五中学的违法行为作出的《行政处罚决定书》，认定事实清楚，证据确凿，适用法律正确，程序合法。D 市第五中学收到《行政处罚决定书》后，在法定期限内既未申请行政复议，亦未提起行政诉讼，该《行政处罚决定书》已经发生法律效力。

4. 笔者评析

《消防法》第十三条第二款规定：建设单位在验收后应当报住房和城乡建设主管部门备案，住房和城乡建设主管部门应当进行抽查。据此可知，学校新建的教学楼未经消防验收，不能投入使用。本案中，该学校将未经消防验收的新教学楼投入使用，被消防大队处以责令停止使用并罚款的行政处罚。

第二节　消防设施未保持完好有效

一、概述

消防设施完好有效是指消防责任人应按照国家标准、行业标准配置消防设施、器材，设置消防安全标志，并定期组织检验、维修，确保完好有效。

如果学校存在未保持消防设施完好有效的情形，会面临责令停止使用、罚款的行政处罚。

二、现状

笔者通过中国裁判文书网、最高人民法院网等网站检索出 2013——2018 年全国涉及消防设施未保持完好有效的 34 篇裁判文书，通过下列年份统计图我们可以看出消防设施未保持完好有效的案例数量的变化趋势。经过案例分析，我们发现从地域上来看，这类纠纷主要集中在广东省、福建省、上海市，分别占比 23.53%、20.59%、14.71%。其中广东省的案件数量最多，达到 8 件。

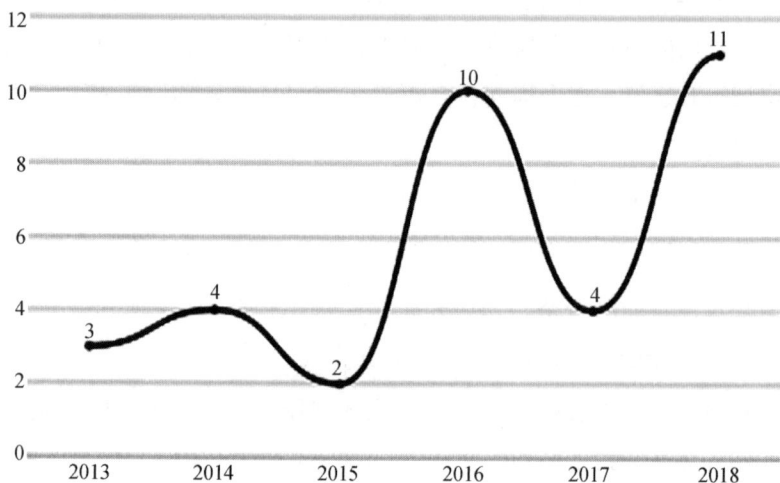

2013—2018 年全国涉及消防设施未保持完好有效案例数量变化趋势图（单位：件）

三、高频法条

（此处统计了学校消防设施未保持完好有效行政案件中被援引的高频法律法条）

序号	法律法规名称	援引法条	引用频次
1	消防法（2008年修订）	第十六条第一款第二项	24
2	消防法（2008年修订）	第六十条第一款第一项	18
3	消防法（2008年修订）	第四条第一款	10
4	行政强制法	第五十三条	8
5	消防法（2008年修订）	第十八条第二款	6
6	消防法（2008年修订）	第十六条	6
7	消防法（2008年修订）	第五十四条	5
8	消防法（2008年修订）	第六十条	5
9	消防法（2008年修订）	第六十条第一款	4
10	消防法（2008年修订）	第六十条第一款第三项	4
11	消防法（2008年修订）	第六十条第一款第二项	4
12	消防法（2008年修订）	第十六条第一款	4
13	行政强制法	第五十四条	4
14	消防法（2008年修订）	第二十八条	3
15	消防法（2008年修订）	第四条	3
16	行政复议法（2017年修正）	第三十一条	3
17	行政复议法（2017年修正）	第二十一条	3
18	行政复议法（2017年修正）	第二十三条	3
19	行政复议法（2017年修正）	第二十八条第一款第一项	3
20	行政复议法（2017年修正）	第十二条	3

四、案例解析

1. 案情简介

2018年9月4日，S市公安消防大队的监督人员对S市第一中学进行消防监督检查，发现S市第一中学的消防设施未保持完好有效，遂对该学校负责消防安全的工作人员进行调查、核实相关情况。

2. 行政处罚

S市公安消防大队认为S市第一中学的行为违反了消防法的规定，于2018年9月12日作出S公（消）行罚决字〔2018〕第0051号《行政处罚决定书》，该决定书载明："根据《消防法》第六十条第一款之规定，现决定给予S市第一中学罚款人民币21000元的处罚。"S市第一中学对此处罚决定不服，遂将S市公安消防大队诉至法院。

3. 法院观点

法院认为，S市公安消防大队作出的《行政处罚决定书》认定事实清楚，证据确凿，适用法律正确，程序合法。S市第一中学收到《行政处罚决定书》后，在法定期限内既未申请行政复议，亦未提起行政诉讼，该《行政处罚决定书》已经发生法律效力。

4. 笔者评析

《消防法》第十六条第一款规定："机关、团体、企业、事业等单位应当履行下列消防安全职责：按照国家标准、行业标准配置消防设施、器材，设置消防安全标志，并定期组织检验、维修，确保完好有效。"据此学校应确保消防设施完好有效。本案中，S市第一中学的消防设施未保持完好有效，被处以罚款的行政处罚，这一处罚符合法律规定。

第三节　学校消防安全问题的防控指南

一、学校应当依法申请消防验收

根据法律规定需要申请消防验收的工程，学校应当在建设工程竣工后向消防设计审查机关申请消防验收，如：建筑总面积大于一千平方米的托儿所、幼儿园的儿童用房，儿童游乐厅等室内儿童活动场所，中小学校的教学楼、图书馆、食堂，学校的集体宿舍等。学校切忌因办学的迫切需要，使用未通过消防验收的上述教学和生活场所。

二、学校应保持消防设施完好有效

学校应按照国家标准、行业标准配置学校的消防设施、器材，设置消防安全标志，并定期组织检验、维修，确保完好有效。学校如发现本校的消防设施、器材不符合消防法的规定或存在安全隐患，应立即整改或更换。

三、定期组织培训

学校应定期开展消防法律知识培训，让学校负责人、消防安全负责人了解消防安全知识，知道学校的哪些工程竣工后需要申请消防验收；同时，让消防安全负责人意识到保持消防设施完好有效的重要性，从而保证学校的消防设施完好有效。

第三章

学校食品安全问题

第一节　学校未取得《食品经营许可证》或《食品经营许可证》过期

一、概述

食品经营许可证是国家卫生主管部门对食品生产与经营者颁发的允许进行食品生产经营的法定证件。

《食品安全法》第三十五条规定："国家对食品生产经营实行许可制度。从事食品生产、食品销售、餐饮服务，应当依法取得许可。"

学校作为食品的经营者以及餐饮服务的提供者，应当依法取得《食品经营许可证》，未依法取得《食品经营许可证》或《食品经营许可证》过期，进行食品经营或餐饮服务的，将面临行政处罚的风险。

二、现状

笔者通过中国裁判文书网、最高人民法院网等网站检索出 2013—2018 年涉及学校未取得《食品经营许可证》或《食品经营许可证》过期的 9 篇裁判文书，通过下列年份统计图我们可以看出学校未取得《食品经营许可证》或《食品经营许可证》过期的案例数量的变化趋势。经过案例分析，我们发现从地域上来看，这类纠纷主要集中在吉林省、广东省、云南省，分别占比 41.67%、16.67%、8.33%。其中吉林省的案件数量最多，达到 5 件。

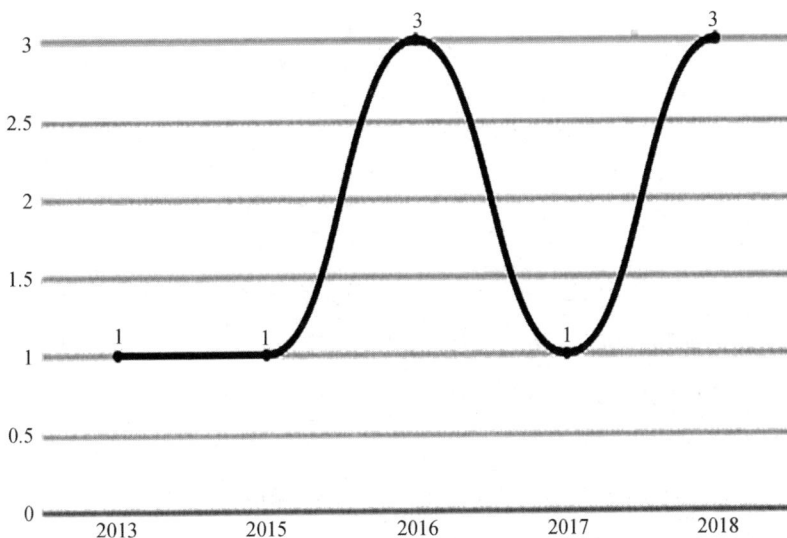

2013—2018 年学校未取得《食品经营许可证》或《食品经营许可证》过期案例数量变化趋势图（单位：件）

三、高频法条

（此处统计了学校未取得《食品经营可证》或《食品经营许可证》过期行政案件中被援引的高频法律法条）

序号	法律法规名称	援引法条	引用频次
1	食品安全法（2015 年修订）	第三十五条第一款	3
2	食品安全法（2015 年修订）	第一百二十二条第一款	2
3	食品安全法（2015 年修订）	第八十四条	2
4	餐饮服务食品安全监督管理办法	第三条	2
5	餐饮服务食品安全监督管理办法	第八条	2
6	反不正当竞争法（2017 年修订）	第八条	1

序号	法律法规名称	援引法条	引用频次
7	民办教育促进法实施条例	第五十一条第一款第三项	1
8	民办教育促进法实施条例	第五十一条第一款第二项	1
9	民办教育促进法实施条例	第五十一条第一款第五项	1
10	民办教育促进法实施条例	第五十一条第一款第六项	1
11	民办教育促进法实施条例	第五十一条第二项	1
12	民办教育促进法（2013 年修订）	第五十三条	1
13	民办教育促进法（2013 年修订）	第五十五条	1
14	民办教育促进法（2013 年修订）	第五十四条	1
15	民办教育促进法（2013 年修订）	第八条第一款	1
16	民办教育促进法（2013 年修订）	第六十二条	1
17	民办教育促进法（2013 年修订）	第六十二条第一款第三项	1
18	民办教育促进法（2013 年修订）	第六十二条第一款第二项	1
19	民办教育促进法（2013 年修订）	第六十二条第一款第五项	1
20	民办教育促进法（2013 年修订）	第六十二条第三项	1

学校和学生的法律风险防控

四、案例解析

某小学未取得《食品经营许可证》而从事餐饮服务活动，被处以罚款二十余万元的行政处罚案

1. 案情简介

B 县某小学系一所公办小学，该小学自 2017 年 9 月 4 日起至 2018 年 2 月 2 日止 5 个月时间内，在未取得《食品经营许可证》的情况下，允许其食堂面向 147 位小学生从事餐饮服务活动。2017 年 11 月 10 日，B 县市场监督管理局执法人员向 B 县某小学下发《责令整改通知书》，同时对学校食堂的经营场所进行了查封。但 2018 年 1 月 2 日 B 县市场监督管理局执法人员再次对学校食堂进行检查时，发现该学校未按要求整改食堂且继续供餐。

2. 行政处罚

B 县市场监督管理局于 2018 年 8 月 31 日作出（B）食药监罚字〔2018〕第 128 号行政处罚决定书，认定被申请执行人 B 县某小学食堂未取得《食品经营许可证》从事餐饮服务活动，其行为违反了《食品安全法》第三十五条第一款的规定，决定对其作出如下处罚：1. 没收"金橄榄"大米 5 公斤、"福临门"非转基因大豆油 2 公斤、"海天"陈醋一桶（净含量：1.9L）；2. 罚款人民币 205065 元。B 县某小学不服行政处罚结果，向有管辖权的人民法院提起诉讼。

3. 法院观点

B 县某小学未取得《食品经营许可证》从事餐饮服务活动，其行为违反了食品安全法相关规定。B 县市场监督管理局对 B 县某小学作出的（B）食药监罚字〔2018〕第 128 号行政处罚决定书，认定事实清楚，证据充分，程序合法，适用法律正确。上述处罚决定已发生法律效力。

4. 笔者解析

《食品安全法》第三十五条第一款规定："国家对食品生产经营实行许可制度。从事食品生产、食品销售、餐饮服务，应当依法取得许可。"第一百二十二条第一款规定："违反本法规定，未取得食品生产经营许可从事食品生产经营活动，或者未取得食品添加剂生产许可从事食品添加剂生产活动的，由县级以上人民政府食品药品监督管理部门没收违法所得和违法生产经营的食品、食品添加剂以及用于违法生产经营的工具、设备、原料等物品；违法生产经营的食品、食品添加剂货值金额不足一万元的，并处五万元以上十万元以下罚款；货值金额一万元以上的，并处货值金额十倍以上二十倍以下罚款。"据此，B

县某小学未取得《食品经营许可证》从事餐饮服务活动且违法生产经营的食品、食品添加剂货值金额在一万元以上，市场监督管理部门作出没收其违法经营的食品、原材料等物品并处以罚款二十余万元的行政处罚是合法合理的。

第二节　学校提供不符合食品安全标准的食品

一、概述

食品安全标准是指国家对各种食品，食品添加剂，食品相关产品，食品的营养成分，食品的标签、标志、说明书，食品贮存、运输和装卸规定的必须达到的安全质量、客观指标和要求。

学校提供的食品如不符合食品安全标准的规定，食品药品监督管理部门可以依法给予责任人警告或罚款甚至吊销办学许可证的行政处罚。

二、现状

笔者通过中国裁判文书网、最高人民法院网等网站检索出 2013—2018 年全国涉及提供不符合食品安全标准的食品的 156 篇裁判文书，通过下列年份统计图我们可以看出提供不符合食品安全标准的食品案例数量的变化趋势。经过案例分析，我们发现从地域上来看，这类纠纷主要集中在广东省、北京市、湖南省，分别占比 21.79%、20.51%、8.33%。其中广东省的案件数量最多，达到 34 件。

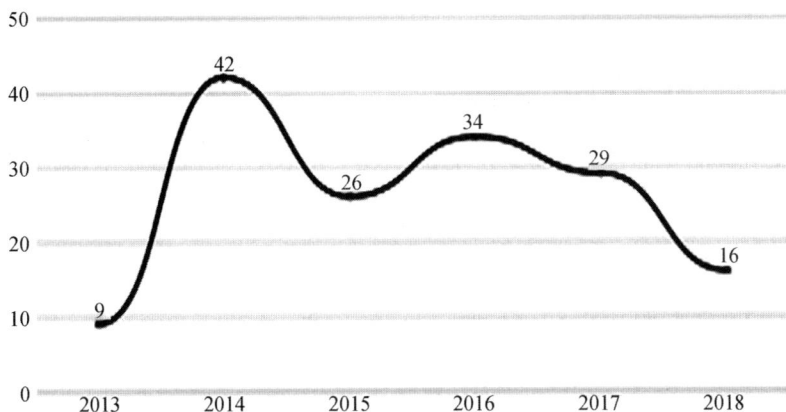

2013—2018 年全国涉及提供不符合食品安全标准的食品案例数量变化趋势图（单位：件）

三、高频法条

（此处统计了学校提供不符合食品安全标准的食品行政案件中所有被援引的高频法律法条）

序号	法律法规名称	援引法条	引用频次
1	食品安全法	第四条第三款	16
2	食品安全法	第五条第二款	15
3	食品安全法（2015 年修订）	第六十二条	14
4	食品安全法（2015 年修订）	第六条	14
5	进出口食品安全管理办法	第十八条	13
6	食品安全法（2015 年修订）	第一百二十五条	12
7	食品安全法（2015 年修订）	第四十二条	12
8	食品安全法（2015 年修订）	第四条	12
9	行政复议法（2009 年修订）	第二十八条第一款第一项	11
10	行政复议法（2009 年修订）	第三十一条	10
11	食品安全法	第二十八条	10
12	食品安全法	第八十五条	10
13	食品安全法（2015 年修订）	第五条	10

序号	法律法规名称	援引法条	引用频次
14	食品安全法（2015 年修订）	第六十七条	10
15	标准化法	第十四条	9
16	食品安全法（2015 年修订）	第一百三十六条	9
17	食品安全法（2015 年修订）	第七十一条第一款	9
18	食品安全法（2015 年修订）	第五条第二款	9
19	国家食品药品监督管理局关于印发食品药品投诉举报管理办法（试行）的通知	第二十二条	9
20	民办教育促进法（2013 年修订）	第六十二条	8

四、案例解析

幼儿园给学生提供不符合食品安全标准的食品被处罚款案

1. 案情简介

某幼儿园后勤负责人与大米出售人刘某是亲戚关系，该幼儿园后勤负责人从刘某手中购买大米，用于食堂餐饮服务，并将购买的大米存放于食堂库房内。

2016 年 3 月 16 日，食品药品监督管理局到幼儿园检查、监督食品卫生安全工作时，在幼儿园食堂库房中发现存放标有"精制大米 AAA，请君品偿"字样的大米 20 袋，包装上无其他说明文字，且食堂负责人未能提供大米合格的证明文件。

2. 行政处罚

2016 年 3 月 16 日，食品药品监督管理局依法对该幼儿园食堂仓库中存放的 20 袋大米进行了查封，并向幼儿园送达了责令改正通知书。

之后，食品药品监督管理局依法进行了立案调查，将拟处罚的违法事实、理由，违反法律规定，拟处罚的措施及法律适用，当事人的陈述权、申辩权、听证权等事项均告知了幼儿园，并依幼儿园的申请，于 2016 年 4 月 26 日组织举行了听证。

食品药品监督管理局于 2016 年 5 月 25 日作出了行政处罚决定书，没收幼儿园违法经营的大米 20 袋（25 公斤/袋），并处罚款人民币 4 万元。

幼儿园对此处罚决定不服，遂将食品药品监督管理局诉至法院。

3. 法院观点

食品药品监督管理局作为全市食品药品监督管理的行政主管部门，享有对本行政区域内食品药品监督管理职能。其工作人员到幼儿园处进行安全检查监督时，发现幼儿园食堂库房内存放有不符合食品卫生安全标准的大米 20 袋（25 公斤/袋），严格依法进行查封的行为符合法律的规定。

针对幼儿园的违法行为，食品药品监督管理局的行政处罚行为程序合法，认定事实清楚，证据充分，处罚得当。据此，法院判决驳回幼儿园的诉讼请求。

4. 笔者评析

根据食品安全法规定，在食品销售和餐饮服务，应当遵守法律的规定。因此，学校经营食堂的行为受食品安全法的约束。

本案中，幼儿园的行为违反了食品安全法中"餐饮服务提供者应当制定并实施原料控制要求，不得采购不符合食品安全标准的食品原料"的规定，属违法行为。

同时，幼儿园的经营行为也违反了食品安全法中"预包装食品的包装上应有标签"的规定。

幼儿园未按规定履行食品卫生安全职责，食品药品监督管理局有权责令其改正，给予警告；拒不改正的，处五千元以上五万以下的罚款；情节严重的，责令停产停业，直至吊销许可证。本案中的幼儿园未按规定履行食品卫生安全职责，在被责令改正后仍未改正，食品药品监督管理局对其作出罚款 4 万元的行政处罚，符合《食品安全法》第一百二十六条的规定。

第三节　学校食品安全问题的防控指南

一、学校应取得《食品经营许可证》

1. 学校应申请取得《食品经营许可证》。

学校从事食品、食品添加剂等经营和餐饮服务前，应当向县级以上地方人民政府食品药品监督管理部门提交资料，申请办理《食品经营许可证》。未取得《食品经营许可证》的，不得从事食品、食品添加剂等经营和餐饮服务。

2. 《食品经营许可证》的延续。

《食品经营许可证》的有效期为 5 年，自食品经营许可证发证日期开始计算。学校需要延续依法取得的食品经营许可的有效期的，应当在该食品经营许可有效期届满 30 个工作日前，向原发证的食品药品监督管理部门提出延续申请。

二、学校提供的食品应符合安全标准

1. 学校提供的食品、食品添加剂应符合国家标准。

2. 学校提供的地方特色食品没有食品安全国家标准的，应当符合食品安全地方标准。

三、学校应定期组织培训

1. 食品安全管理人员的培训。

学校应当配备食品安全管理人员，并加强对其培训和考核。经考核不具备食品安全管理能力的，不得上岗。

2. 食品安全法规培训。

学校应定期对食品安全管理负责人、食品采购人员、食堂工作人员开展食品安全法规知识培训，使其了解食品安全法律规范的要求，明确自身的责任。

四、学校采购食品、食品添加剂过程中应注意的问题

1. 学校食堂采购人员在采购食品、食品添加剂前，应当查验食品、食品添加剂的合格证明文件，包括：供货者的许可证、食品出厂检验合格证等。

2. 学校食堂采购人员购买食品、食品添加剂后，应向销售者索要食品、食品添加剂的合格证明文件，并整理归档，妥善保存。

第四章

学校征订教辅资料、收取学生费用
过程中的违法、违规行为

第一节　学校征订教辅资料过程中的违法违规行为

一、概述

教辅资料是教学辅导资料的简称，是教学辅导类图书资料的总称。

学校应根据学生自愿的原则征订教辅资料，在征订教辅资料过程中不能收受"贿赂"或"管理费"。否则，学校将面临行政处罚的风险，相关负责人可能面临刑事责任的风险。

二、现状

笔者通过中国裁判文书网、最高人民法院网等网站检索出 2013—2018 年全国涉及征订教辅资料纠纷的 4 篇裁判文书，通过下列年份统计图我们可以看出征订教辅资料案例数量的变化趋势。经过案例分析，我们发现从地域上来看，这类纠纷集中在山东省、湖南省，分别占比50%、50%。其中山东省的案件数量最多，达到 2 件。

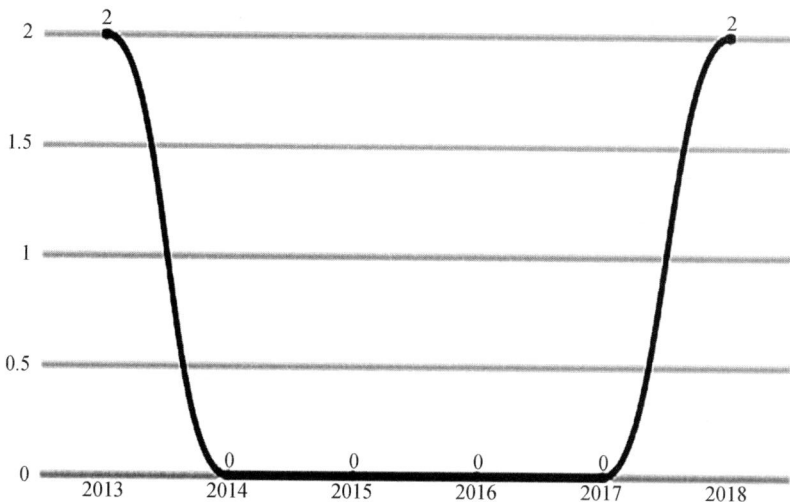

2013—2018 年全国涉及违规征订教辅资料纠纷案例数量变化趋势图（单位：件）

三、高频法条

（此处统计了学校违规征订教辅资料行政案件中被援引的高频法律法条）

序号	法律法规名称	援引法条	引用频次
1	价格法	第四十四条	2
2	反不正当竞争法（2017 年修订）	第八条	2
3	价格违法行为行政处罚规定（2010 年修订）	第十四条	2
4	反不正当竞争法（2017 年修订）	第二十二条	1
5	国家工商行政管理局关于禁止商业贿赂行为的暂行规定	第五条	1

四、案例解析

学校在征订教辅资料过程中收取管理费被处以罚款案

1. 案情简介

2017 年 2 月 28 日，C 市食品药品工商质量监督管理局接到学生家长举报，称 C 市某实验学校存在收取不合理费用和强制收费现象，C

市食品药品工商质量监督管理局经初步调查，发现该校在征订教辅资料中存在收受回扣问题，遂于 2017 年 3 月 1 日立案调查。经查明，C市某实验学校于 2015 年 8 月份开始向 D 文化发展有限公司征订教辅资料，双方达成口头协议：由 C 市某实验学校统一给学生订购和发放教辅资料，并按照 D 文化发展有限公司制作的征订目录里面的价格向学生收取教辅资料费。D 文化发展有限公司以"管理费"的名义给予 C市某实验学校教辅资料费总额 5% 的回扣。2016 年秋季，C 市某实验学校根据事先达成的口头协议统一按 2016 年教辅资料征订目录明细上的价格向学生收取了 1836953.60 元，然后以"管理费"的名义直接提取了总额的 5%，共计金额为 91848.60 元。

2. 行政处罚

C 市食品药品工商质量监督管理局在履行调查取证、听证告知等程序后，根据 C 市某实验学校的违法事实和情节于 2017 年 8 月 16 日作出 C 食药工质行处字〔2017〕第 67 号《行政处罚决定书》。C 市食品药品工商质量监督管理局决定责令 C 市某实验学校改正违法行为，并处罚如下：1. 没收违法所得 91848.60 元；2. 罚款人民币 10 万元。

C 市某实验学校不服该行政处罚决定，向人民法院提起行政诉讼。

3. 法院观点

本案中，C 市某实验学校在统一给学生订购和发放教辅资料过程中，以"管理费"的名义收取 D 文化发展有限公司的回扣，其行为违反了反不正当竞争法的规定，属商业贿赂。对该行为的认定，有原告学校后勤中心主任和财务总监的调查笔录、C 市 D 文化发展有限公司法定代表人的调查询问笔录、转账记录、承包经营合同以及 C 市某实验学校的陈述答复意见等证据佐证，足以认定。C 市食品药品工商质量监督管理局作出的 C 食药工质行处字〔2017〕第 67 号《行政处罚决定书》认定的事实清楚，证据确凿，适用法律法规正确，符合法定程序。

4. 笔者评析

《反不正当竞争法》第七条："经营者不得采用财物或者其他手段贿赂下列单位或者个人，以谋取交易机会或者竞争优势：（一）交易相对方的工作人员；（二）受交易相对方委托办理相关事务的单位或者个人；（三）利用职权或者影响力影响交易的单位或者个人。经营者在交易活动中，可以以明示方式向交易相对方支付折扣，或者向中间人支付佣金。经营者向交易相对方支付折扣、向中间人支付佣金的，应当如实入账。接受折扣、佣金的经营者也应当如实入账。"据此，学校在采购教辅资料过程中不能接受贿赂，学校如接受经营者回扣，应如实入账。本案中，学校接受"管理费"的行为视为接受"回扣"的行为，其收取"管理费"后未如实入账的行为违法了法律规定，致使学校被处以没收违法所得并被处以罚款的行政处罚。学校的做法触犯了相关法律，理应承担法律后果。

第二节　未按规定退还学生资料费

一、概述

学生资料费是学生购买学习使用的书本、讲义、试卷等资料的费用。

学校针对学生预收取的资料费用中有节余的，应当及时退还给学生。学校逾期不退还学生资料费用的，将面临行政处罚的风险。

二、现状

笔者通过中国裁判文书网、最高人民法院网等网站检索出 2013—2018 年全国涉及未按规定退还学生资料费的 4 篇裁判文书，通过下列年份统计图我们可以看出未按规定退还学生资料费案例数量的变化趋势。经过案例分析，我们发现从地域上来看，这类纠纷主要集中在广东省、河北省、湖北省，分别占比 50%、25%、25%。其中广东省的案件数量最多，达到 2 件。

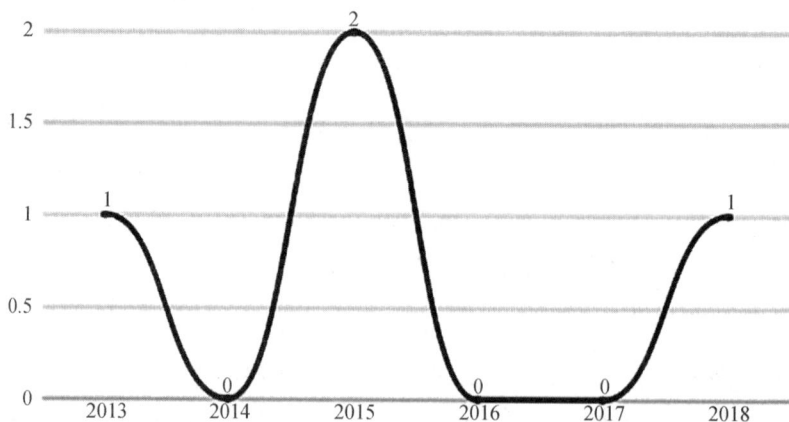

2013—2018 年全国涉及未按规定退还学生资料费案例数量变化趋势图（单位：件）

三、高频法条

（此处统计了学校未按规定退还学生资料费行政案件中所有被援引的高频法律法条）

序号	法律法规名称	援引法条	引用频次
1	价格法	第三十九条	2
2	价格法	第十二条	2
3	行政复议法（2009 年修订）	第九条 第一款	2
4	行政强制法	第三十五条	2
5	行政强制法	第三十六条	2
6	价格违法行为行政处罚规定（2010 年修订）	第二十条	2
7	价格法	第三十三条	1
8	价格法	第三十五条	1
9	价格法	第三十四条	1
10	价格法	第五条第二款	1

序号	法律法规名称	援引法条	引用频次
11	价格法	第四十四条	1
12	行政处罚法（2009 年修订）	第三十一条	1
13	行政处罚法（2009 年修订）	第二十条	1
14	行政处罚法（2009 年修订）	第五十一条	1
15	行政处罚法（2017 年修订）	第五十二条	1
16	行政强制法	第五十三条	1
17	行政强制法	第五十四条	1
18	价格违法行为行政处罚规定（2010 年修订）	第九条	1
19	价格违法行为行政处罚规定（2010 年修订）	第十四条	1
20	大连市价格违法行为处罚规定大连市价格违法案件审理程序有关规定	第三条	1

四、案例解析

某高中未按规定退还学生资料费被处没收违法所得案

1. 案情简介

某市 B 区第二高级中学在 2014 年高三春秋季两个学期共收取学生书本资料费 2989200 元，实际支出书本资料费为 1789072.7 元，结余 1200127.3 元，该中学未按规定将节余书本资料费退还给学生，被知情人士向某市 B 区物价局举报，对此，B 区物价局对该事件进行调查。

2. 行政处罚

2015 年 8 月 19 日，B 区物价局根据 B 区第二高级中学的违法行为作出 B 区价处字〔2015〕第 38 号行政处罚决定书，决定对 B 区第二高级中学处以没收违法所得 120 余万元的行政处罚。

3. 法院观点

B 区物价局依据《价格法》第三十九条、《A 省物价局、教育厅关于进一步规范中小学服务性收费和代收管理有关问题的通知》第四条、

《价格违法行为行政处罚规定》第九条的规定，对 B 区第二高级中学作出 B 区价处字〔2015〕第 38 号行政处罚决定书，认定事实清楚，适用法律正确，程序合法，且 B 区第二高级中学在法律规定的期限内未提出行政复议申请。该行政处罚具有法律效力。

4. 笔者评析

《A 省物价局、教育厅关于进一步规范中小学服务性收费和代收管理有关问题的通知》（A 价费规〔2011〕第 114 号）第四条规定："中小学服务性（除伙食费外）收费和代收费采取集中预收、期末结算的方法收取。学校在规定的服务性收费和代收费项目内，按照学生自愿选定的项目和物价部门核定的收费标准集中预收费用，在每学期末，按多退少补的原则及时结算预收的费用，并向学生家长公布收费支出清单。"据此，学校应在期末将多收的书本资料费用退还给学生。B 区第二高级中学未及时退还学生书本资料费用，被处以没收违法所得的行政处罚，这是行政监管部门依法行政的案例。

第三节　学校征订教辅资料、收取学生资料费用过程中的违法违规行为的防控指南

一、学校征订教辅资料的行为应符合法律法规的规定

1. 向学生预收资料费的行为应合法合规。学校应当按照本省、自治区、直辖市的规定，在学生自愿的情况下并按照物价管理部门核准的价格征订教辅资料，并向学生预收教辅资料费用。

2. 学校不能获利。学校在征订教辅资料过程中，不能收受贿赂，如对方给予折扣，务必如实入账。如在征订教辅资料过程中出现违法违规行为，学校会被处以行政处罚；相关负责人则面临行政处分的风险，情节严重构成受贿罪的，相关负责人还将面临刑事处罚的风险。

二、学校应按照法律规定管理学生的资料费

学校在法律法规的规定范围内向学生预收资料费用后，应在每期末前进行结算，及时将节余的资料费用退还给学生。

三、组织和参加培训

学校应参加教育行政主管部门、物价管理等部门组织的普法培训，学校还应该定期组织普法培训，让学校负责人、财务管理人员了解《价格法》、中小学服务性收费和代收管理费用有关问题的规定，避免在征订教辅资料、收取学生资料费用过程中出现违法违规行为。

第五章

学校办学过程中的违法违规行为

第一节　发布虚假招生简章

一、概述

虚假招生简章是指招生的信息是虚假的或者易引人误解的。

学校发布虚假招生简章的，将面临行政处罚的风险；情节严重构成犯罪的，相关负责人还应承担相应的刑事责任。

二、现状

笔者通过中国裁判文书网、最高人民法院网等网站检索出 2013—2017 年全国涉及发布虚假招生简章的 13 篇裁判文书，通过下列年份统计图我们可以看出全国违规发布虚假招生简章案例数量的变化趋势。经过案例分析，我们发现从地域上来看，这类纠纷主要集中在吉林省、山东省、浙江省，分别占比 38.46%、23.08%、15.38%。其中吉林省的案件数量最多，达到 5 件。

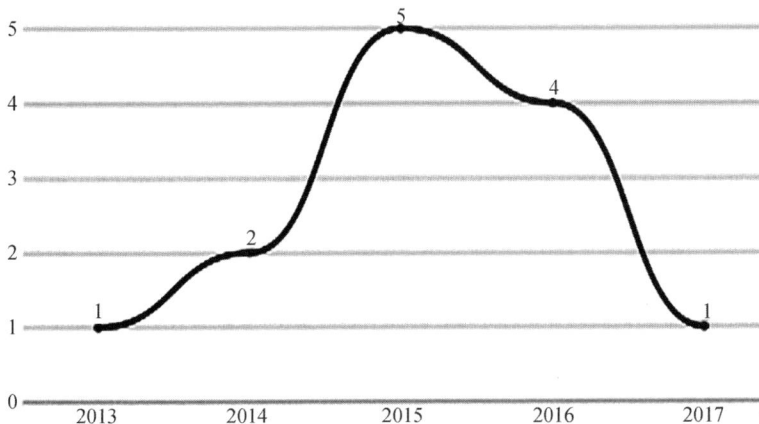

2013—2017 年全国发布虚假招生简章案例数量变化趋势图（单位：件）

三、高频法条

（此处统计了学校发布虚假招生简章行政案件中所有被援引的高频法律法条）

序号	法律法规名称	援引法条	引用频次
1	民办教育促进法（2013 年修订）	第六十二条	6
2	行政处罚法（2009 年修订）	第三十二条	6
3	行政处罚法（2009 年修订）	第四十二条	6
4	民办教育促进法（2013 年修订）	第六十二条第五款	5
5	民办教育促进法（2013 年修订）	第六十二条第一款第三项	4
6	民办教育促进法（2013 年修订）	第六十二条第一款第五项	4
7	民办教育促进法实施条例	第三十五条	2
8	民办教育促进法实施条例	第三十五条第一项	2
9	民办教育促进法实施条例	第三十五条第二项	2
10	民办教育促进法实施条例	第五十一条	2
11	民办教育促进法实施条例	第五十一条第一款第三项	2
12	民办教育促进法实施条例	第五十一条第一款第二项	2

序号	法律法规名称	援引法条	引用频次
13	民办教育促进法实施条例	第五十一条第一款第五项	2
14	民办教育促进法实施条例	第五十一条第一款第六项	2
15	民办教育促进法实施条例	第五十一条第二项	2
16	民办教育促进法（2013 年修订）	第三十七条	2
17	民办教育促进法（2013 年修订）	第三十七条第一款	2
18	民办教育促进法（2013 年修订）	第二十八条	2
19	民办教育促进法（2013 年修订）	第八条第一款	2
20	民办教育促进法（2013 年修订）	第六十二条第一款第二项	2

四、案例解析

某中等职业学校违规发布虚假招生简章被责令停止招生案

1. 案情简介

G 市理工职业技术学校（以下简称学校）是一所全日制民办中等职业技术学校，以举办中等职业学历教育为主，同时承办各类短期培训以及成人函授教育工作。自 2016 年秋季开始，学校在教学中加入普高教育，使用语文、英语、数学、物理、化学、政治等普高教材。2017 年下学期课程表中显示学校每班每周开设 30 课时，其中：专业课共 4 课时；其余为语文、数学、英语各 8 课时；体育 2 课时。2017 年 9 月 26 日 G 市教育体育局通报关于全市中等职业学校 2017 年下学期工作计划和课程表审查情况，其中关于 G 市理工职业技术学校的通报内容为：文化基础课课时比例过重，专业课课时严重不足；专业老师配备严重不足；无专业实训课程体现；无实习安排。G 市教育体育局于 2018 年 4 月 25 日对 G 市理工职业技术学校违法的行为予以立案调查。经调查，2018 年 5 月 2 日 G 市教育体育局向学校下达 G 教体函〔2018〕第 9 号《行政处罚事先告知书》，告知：学校违规发布虚假招生简章，擅自改变民办学校办学类别。为了规范社会力量办学行为，依据《民办教育促进法》第六十二条规定，拟责令学校停止招生，并告知了行政处罚相对人陈述和申辩及举行听证的权利。

2. 行政处罚

2018年5月4日学校向G市教育体育局提出了申辩意见。

G市教育体育局认为，学校的行为违反了《民办教育促进法》的规定，根据《民办教育促进法》第六十二条第二款、第三款之规定：决定给予学校责令停止招生的处罚。学校不服处罚决定，向人民法院提起行政诉讼。

3. 法院观点

本案中，学校作为民办中等职业技术学校，应依据《民办教育促进法》的有关规定，依法开展其教学、招生活动。学校2017年招生简章中发布有关虚假内容，不按中职专业教学标准开设课程，擅自改变民办学校类别，属于违法行为。G市教育体育局依据《民办教育促进法》的规定，给予责令停止招生的处罚符合法律规定。G市人民政府作出的G政复决字〔2018〕第89号《行政复议决定书》事实清楚，适用法律正确，程序合法，本院予以维持。

4. 笔者评析

《民办教育促进法》第六十二条规定："民办学校有下列行为之一的，由县级以上人民政府教育行政部门、人力资源社会保障行政部门或者其他有关部门责令限期改正，并予以警告；有违法所得的，退还所收费用后没收违法所得；情节严重的，责令停止招生、吊销办学许可证；构成犯罪的，依法追究刑事责任：（二）擅自改变民办学校名称、层次、类别和举办者的；（三）发布虚假招生简章或者广告，骗取钱财的。"据此，G市教育体育局有权对其许可的民办学校发布虚假招生简章、违反办学类别的行为进行管理和监督。

本案中，学校发布虚假招生简章，擅自改变民办学校类别，被主管机关处以责令停止招生的行政处罚。这一案例警示学校应规范办学行为，否则，将被处以行政处罚。

第二节　学校因教师的犯罪行为而被吊销办学许可证

一、概述

教师犯罪行为是教师所实施的违反刑法规定构成犯罪的行为。

教师实施犯罪行为，如导致学生损害的结果，学校可能面临行政处罚的风险；教师自身可能面临刑事处罚的风险。

二、现状

笔者通过中国裁判文书网、最高人民法院网等网站检索出 2014—2018 年全国涉及学校因教师犯罪行为而被吊销办学许可证的 12 篇裁判文书，通过下列年份统计图我们可以看出学校因教师犯罪行为而被吊销办学许可证的案例数量变化趋势。经过案例分析，我们发现从地域上来看，这类纠纷主要集中在吉林省、广东省、云南省，分别占比 41.67%、16.67%、8.33%。其中吉林省的案件数量最多，达到 5 件。

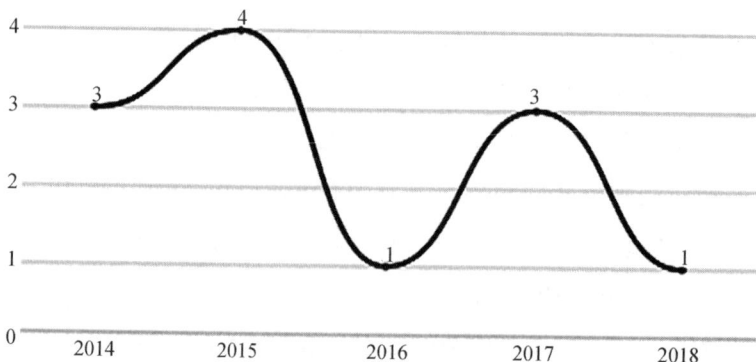

2014—2018 年学校因教师犯罪行为而被吊销办学许可证案例数量变化趋势图（单位：件）

三、高频法条

（此处统计了学校因教师犯罪行为而被吊销办学许可证的行政案件中所有被援引的高频法律法条）

序号	法律法规名称	援引法条	引用频次
1	民办教育促进法（2013 年修订）	第六十二条	7
2	民办教育促进法（2013 年修订）	第六十二条第五款	5
3	行政处罚法（2009 年修订）	第三十二条	5
4	行政处罚法（2009 年修订）	第四十二条	5
5	民办教育促进法（2016 年修订）	第六十二条	4
6	民办教育促进法（2013 年修订）	第六十二条第一款第五项	3
7	民办教育促进法（2013 年修订）	第十一条	3
8	民办教育促进法实施条例	第五十一条	2
9	民办教育促进法实施条例	第五十一条第一款第五项	2
10	民办教育促进法（2013 年修订）	第六十二条第一款第三项	2
11	民办教育促进法（2016 年修订）	第五十四条	2
12	行政复议法（2017 年修订）	第二十八条第一款第一项	2
13	合同法	第五十八条	1
14	教师法（2009 年修订）	第十四条	1
15	民办教育促进法实施条例	第五十一条第一款第三项	1
16	民办教育促进法实施条例	第五十一条第一款第二项	1
17	民办教育促进法实施条例	第五十一条第一款第六项	1
18	民办教育促进法实施条例	第五十一条第二项	1
19	民办教育促进法（2013 年修订）	第七条第二款第四项	1
20	民办教育促进法（2013 年修订）	第三十二条	1

四、案例解析

1. 案情简介

A幼儿园属于民办幼儿园。在办学过程中，该园保安黄某因猥亵该园幼儿，被F县人民法院以犯猥亵儿童罪于2014年9月12日判处有期徒刑五年，黄某不服，向E市中级人民法院提起上诉，E市中级人民法院于2015年1月8日裁定驳回上诉，维持原判。

2. 行政处罚

F县教育局于2015年4月16日以A幼儿园保安黄某猥亵该园幼儿，犯猥亵儿童罪被人民法院判处有期徒刑五年为由，根据《民办教育促进法》第六十二条的规定，作出F教行处字〔2015〕第01号教育行政处罚决定，给予F县A幼儿园责令停止招生、吊销办学许可证的行政处罚。F县A幼儿园不服该处罚决定，向法院提起行政诉讼，请求撤销县教育局的行政处罚决定。

3 法院观点

F县A幼儿园称黄某的刑事案件已处于申诉复查阶段，不能因此认定黄某存在猥亵幼儿的行为。但F县A幼儿园的保安黄某猥亵该园幼儿的犯罪事实已被生效裁判所确认，根据《刑事诉讼法》第二百五十二条的规定，当事人及其法定代理人、近亲属，对已经发生法律效力的判决、裁定，可以向人民法院或者人民检察院提出申诉，但是不能停止判决、裁定的执行，故F县A幼儿园要求撤销F县教育局的行政处罚决定的诉讼请求，依法不予支持。

4. 笔者评析

本案中，F县A幼儿园保安猥亵该园幼儿的行为，严重侵犯了受教育者的合法权益，产生了恶劣的社会影响，充分反映出F县A幼儿园管理的缺失与混乱，F县教育局据此对F县A幼儿园作出责令停止招生、吊销办学许可证的行政处罚，合法有效。

第三节　校舍和教育教学设施投入不足

一、概述

校舍也称"学舍"，是指学校的房子。

教育教学设施投入不足是指因教育的资金投入不足，导致办学标准低、教学设施简陋、教学手段落后的情形。

学校在校舍和教育教学设施上投入的资金不充足，可能导致学校教育质量低下的不良后果，从而引起纠纷。此外，由于校舍不能满足教育教学的需要，学校会存在被教育主管部门处以行政处罚的风险。

二、现状

笔者通过中国裁判文书网、最高人民法院网等网站检索出 2014—2018 年全国涉及校舍和教育教学设施投入不足的 19 篇裁判文书，通过

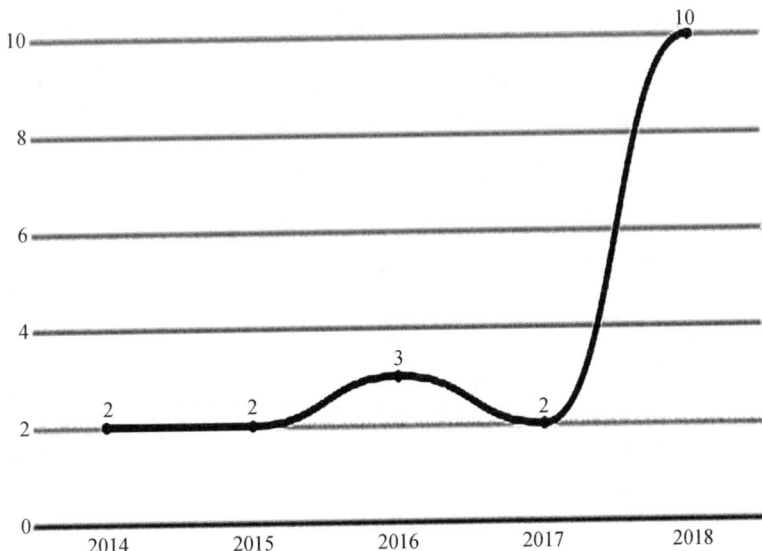

2014—2018 年全国涉及校舍和教育教学设施投入不足案例数量变化趋势图（单位：件）

下列年份统计图我们可以看出校舍和教育教学设施投入不足案例数量的变化趋势。经过案例分析，我们发现，从地域上来看，这类纠纷主要集中在广东省、湖北省、山东省，分别占比 31.58%、15.79%、10.53%。其中广东省的案件数量最多，达到 6 件。

三、高频法条

（此处统计了学校在校舍和教育教学设施上投入不足行政案件中所有被援引的高频法律法条）

序号	法律法规名称	援引法条	引用频次
1	民办教育促进法实施条例	第五十一条	3
2	民办教育促进法实施条例	第五十一条第二项	3
3	民办教育促进法（2013 年修订）	第六十二条	3
4	民办教育促进法（2013 年修订）	第六十二条第五项	3
5	民办教育促进法（2016 年修订）	第五十六条	3
6	民办教育促进法（2016 年修订）	第六十二条	3
7	行政许可法	第五十条	3
8	教育行政处罚暂行实施办法	第十六条	3
9	教育法（2015 年修正）	第二十七条	2
10	民办教育促进法	第八条第一款	2
11	民办教育促进法	第六十二条	2
12	民办教育促进法（2013 年修订）	第八条第一款	2
13	民办教育促进法（2013 年修订）	第十一条	2
14	民办教育促进法（2016 年修订）	第五十四条	2
15	民办教育促进法（2016 年修订）	第八条	2
16	民办教育促进法（2016 年修订）	第六十二条第二项	2
17	民办教育促进法（2016 年修订）	第六十二条第五项	2
18	民办教育促进法（2016 年修订）	第十四条	2
19	治安管理处罚法（2012 年修订）	第十一条第一款	2
20	行政复议法（2009 年修订）	第二十八条第二款	2

四、案例解析

1. 案情简介

A 精英文武学校原是经某市教育局许可开办的一所义务教育阶段的民办学校。2011 年至 2013 年期间，Z 区教育局接到上级机关转来的学生及家长的多起投诉，在此期间 A 精英文武学校租赁合同到期又不申报年检而被评为不合格民办学校。2014 年 7 月 21 日，Z 区教育局决定对 A 精英文武学校违规办学行为正式立案调查。经调查核实后，Z 区教育局依法组织了听证，充分听取了 A 精英文武学校的陈述和申辩。

2. 行政处罚

Z 区教育局认为 A 精英文武学校的行为违反了行政法律规范的规定，依据《民办教育促进法》和《民办教育促进法实施条例》的规定，Z 区教育局于 2015 年 1 月 26 日作出 Z 教行罚字〔2015〕第 001 号教育行政处罚决定，决定吊销 A 精英文武学校的办学许可证。A 精英文武学校不服行政处罚，向人民法院提起行政诉讼。

3. 法院观点

A 精英文武学校没有自己的校舍，租赁的房屋明显不能满足教学的要求，且近几年多次搬迁，造成教学质量低下，经教育主管部门多次责令整改，仍无明显改善。Z 区教育局适用《民办教育促进法》第六十二条和《民办教育促进法实施条例》第五十一条的规定实施行政处罚是正确的。

4. 笔者评析

《民办教育促进法实施条例》第五十一条规定："民办学校管理混乱严重影响教育教学，有下列情形之一的，依照民办教育促进法第六十二条的规定予以处罚：……（二）教学条件明显不能满足教学要求、教育教学质量低下，未及时采取措施的；（三）校舍或者其他教育教学设施、设备存在重大安全隐患，未及时采取措施的。"据此，民办学校存在上述违法违规行为的，由教育主管或行政部门对其责令限期改正，并予以警告；有违法所得的，退还所收费用后没收违法所得；情节严重的，责令停止招生、吊销办学许可证；构成犯罪的，依法追究刑事责任。本案中，A精英文武学校经教育主管部门多次责令整改，仍无明显改善，这属于违法情节严重的情形，教育主管部门可以对其处以吊销办学许可证的行政处罚。

第四节　学校办学过程中的违法违规行为的防控指南

一、学校应规范办学行为

1. 规范招生。（1）学校发布招生简章时务必遵守《广告法》的规定，做到依法、据实发布招生简章。学校切忌为吸引学生，发布与本学校实际情况不一致的招生简章。发布虚假招生简章，将侵害学生的合法权益，学校也因此会受到相应的处罚，如本章第一节案例解析中的学校，因发布虚假招生简章，被吊销办学许可证，得不偿失。

（2）义务教育阶段学校应坚持免试就近入学原则，不得违规提前招生和举行任何形式的选拔性考试。义务教育阶段学校不应将各种学科竞赛、特长评级与录取学生相挂钩。

2. 服从监管机关的管理。学校应服从价格检查部门、市场监督管理部门、教育主管部门等部门的监管，相关部门对其进行检查、监督时予以配合，按照检查、监督部门的要求提供资料、信息。

学校对检查、监督部门提出的责令限期整改、改正的方案应予以重视，严格按照检查、监督部门的要求在规定期间内整改、改正。

二、学校应加强对教师的管理，防范因教师犯罪而被吊销办学许可证

1. 制定教师管理制度并严格执行。学校应根据自身的情况制定恰当的教师管理制度，将禁止猥亵学生、对学生使用侮辱性语言、体罚学生等纳入制度，同时，将教师实施上述行为的处罚纳入管理制度中，并严格执行。

2. 定期对教师进行考核。学校可定期对教师进行师德行为考核，考核形式可以多样化，如限制民事行为能力的学生有一定的判断能力，也可以作为考核主体之一。学校通过考核的方式，对教师的师德情况进行摸底，对师德评分较低的教师加强防范，这样可以减少或降低教师犯罪的发生概率。

三、提升教职工的法律素养

1. 应健全教职工学法制度。学校应健全教职工学法制度，在每个年度初期制定学法计划；学校采取集体学习和个人自学等多种形式，认真组织学习各项法律法规。

2. 健全普法考试制度。学校应健全普法考试制度，为考试过程中教职工出现的违纪行为制定对应的处罚措施。教职工应重视每个年度的普法考试，切忌抱有应付考试的想法，应学好、用好法律法规知识，切实提升自身的法律素养，这有利于预防犯罪和保护自身的合法权益。

四、加大教育投入，合理利用教育经费

1. 学校应投入充足的教育经费优化教育、教学环境。充足的教育经费是保障学校正常办学的前提，良好的教育、教学环境是学校的竞争力之一。特别是部分民办学校，其师资力量比公办学校薄弱，教育、教学环境的指标则成为学校的核心竞争力。因此，这类学校要加大教育经费的投入，打造有特色的核心竞争力。

2. 学校应合理利用教育经费。学校应遵循以"学生"为本的理念，合理地将教育经费往改善学生学习条件上倾斜，这样可以留住更多优秀的学生，从而提升教育质量，进而吸引更多优秀的教师，让教师、学生、教学媒介形成良性互动。

第四篇

学生权益纠纷中学生的权益保护和学校的法律风险防控

在我国，全社会往往都强调学生应尽的义务，而忽略了学生的权利。其实，法律明确规定学生拥有非常广泛的权利，主要包括：人身权（包括身份权和人格权）、受教育权、财产权等。如果学生的权利受到不法侵害，不仅会影响学生的身心健康状态，还会因此让学校涉及民事或行政纠纷。本篇主要阐述学生人格权、受教育权、财产权利受到侵害的救济方式和学校的法律风险防控。

第一章

学生人格权纠纷的法律风险防控

　　学生的人格权包括生命权、健康权、身体权、姓名权、肖像权、名誉权、荣誉权、隐私权、人格尊严权、人身自由权等。法律明确规定，如果学生的人格权利遭受非法侵害，受害人可请求赔偿损失和精神损害赔偿。

　　本章主要阐述学生荣誉权、名誉权、隐私权、姓名权、肖像权的保护及学校的法律风险防控。

　　由于学生的荣誉权、名誉权、隐私权、姓名权、肖像权纠纷都属于人格权纠纷范围，其防控要点有共性，笔者将该五种权利纠纷的防控指南单独列为一个章节集中阐述。

第一节　学生荣誉权纠纷

一、学生荣誉权纠纷的概念、现状

（一）概念

　　荣誉权是指公民、法人或其他组织所享有的，因自己的突出贡献或特殊劳动成果而获得光荣称号或其他荣誉的权利。

　　学生荣誉权主要是指学生依法享有获得诸如三好学生、优秀学生干部或其他奖项等荣誉称号的权利。学生依法享有荣誉权，法律禁止任何组织或者个人非法剥夺学生所享有的荣誉称号。学生的荣誉权受到侵害，要求赔偿损失的，人民法院可以根据侵权人的过错程度、侵权行为的具体情节、后果和影响确定其赔偿责任。

学生荣誉权纠纷是因学生的荣誉权受到侵犯而引起的纠纷。

（二）现状

笔者通过中国裁判文书网、最高人民法院网等网站检索出 2010—2019 年涉及荣誉权纠纷的 115 篇裁判文书，从下方的年份分布图我们可以看到荣誉权纠纷案例数量呈现递增的趋势。近年来，学生荣誉权被侵害的事件越来越多，荣誉权纠纷案例数量也呈现逐年递增的趋势。侵害学生荣誉权的表现形式主要有：非法剥夺他人荣誉；非法侵占他人荣誉；严重诋毁他人所获得的荣誉；侵害荣誉权人应得的物质利益等。

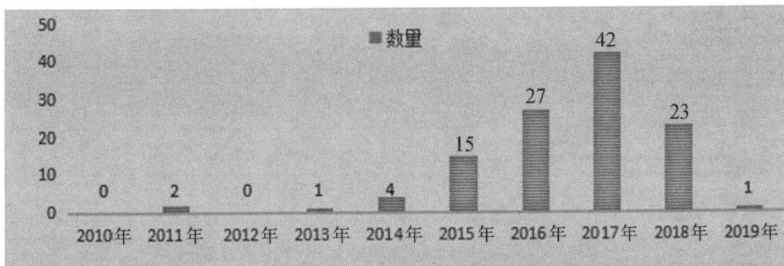

2010—2019 年全国荣誉权纠纷案例数量变化趋势图（单位：件）

二、高频法条

（此处统计了荣誉权纠纷案件中被援引的高频法律法条）

序号	法律法规名称	援引法条	引用频次
1	民法通则（2009 年修订）	第一百零二条	9
2	侵权责任法	第二条	8
3	村民委员会组织法（2010 年修订）	第二十七条	8
4	民法通则（2009 年修订）	第一百二十条	7
5	民法通则（2009 年修订）	第一百零一条	7

序号	法律法规名称	援引法条	引用频次
6	侵权责任法	第十五条	6
7	民法通则（2009 年修订）	第一百零六条第二款	5
8	关于确定民事侵权精神损害赔偿责任若干问题的解释	第三条	5
9	侵权责任法	第十五条第一项	4
10	宪法（2004 年修订）	第三十八条	4
11	宪法（2004 年修订）	第三十八条第一项	4
12	宪法（2004 年修订）	第三十八条第二项	4
13	关于贯彻执行《民法通则》若干问题的意见（试行）	第一百四十条	4
14	体育法（2009 年修订）	第三十三条	3
15	关于确定民事侵权精神损害赔偿责任若干问题的解释	第十一条	3
16	关于确定民事侵权精神损害赔偿责任若干问题的解释	第十条	3
17	侵权责任法	第六条	2
18	合同法	第一百二十二条	2
19	合同法	第三百二十八条	2
20	民法通则（2009 年修订）	第一百三十四条	2

三、学生荣誉权纠纷案例解析

贾某"优秀学生干部"称号荣誉权纠纷案

1. 案情简介

某年 7 月，应届毕业生贾某参加了高考，高中毕业前她曾获某市教育局授予的市级"优秀学生干部"称号，按规定，她可享受加分提档奖励。

市教育局有关人员在办理档案材料过程中，把贾某"学生登记表"中"优秀学生干部"改成了"三好学生"，并加盖了市教育局印章。而"三好学生"是不加分提档的，结果贾某以两分之差与她所期望的一所重点大学失之交臂。

进入普通高校的贾某及其家人的身心都因此受到严重影响。贾某母亲曾多次找到市教育局及有关部门希望寻求解决方法，均未得到满意答复。随后，贾某一纸诉状将市教育局告上法庭。

2. 法院观点

法院认为，市教育局的工作人员因过错行为，致使贾某在报考某理工大学时未能享受到市级"优秀学生干部"降10分投档的待遇，丧失了可能被录取的期待权，市教育局的过错行为构成对贾某荣誉权的侵害。

因此，法院责令市教育局以书面形式向贾某赔礼道歉，并在贾某高考档案中作出书面更正；同时，判决市教育局赔偿贾某经济损失1万余元人民币，精神损害抚慰金3万元人民币。

3. 笔者评析

根据《民法典》第一千零三十一条、第一千一百六十七条的规定，公民的荣誉权受到侵害的，有权要求停止侵害、恢复名誉、消除影响、赔礼道歉，并可以要求赔偿损失。本案中，市教育局的行为侵害了贾某的荣誉权，导致贾某无法享受市级"优秀学生干部"待遇，与心目中的大学失之交臂，在此情况下，贾某要求市教育局赔偿损失并支付精神损害抚慰金于法有据。

第二节　学生名誉权纠纷

一、学生名誉权纠纷的概念、现状

（一）概念

名誉权是指公民对自己的社会评价依法享有不受侵害的权利。学生名誉权是指学生对自己品德、能力、信誉等社会评价依法享有不受侵害的权利。学生享有名誉权，学生的名誉权受法律保护，法律禁止任何组织和个人用侮辱、诽谤等方式损害学生的名誉。学生名誉权纠纷是因学生的名誉权受到侵犯而引起的纠纷。

（二）现状

笔者通过中国裁判文书网、最高人民法院网等网站检索出 2010—2019 年涉及名誉权纠纷的 38839 篇裁判文书，其中涉及学生名誉权纠纷的案件近 1000 件。从下方的年份分布图我们可以看到名誉权纠纷案例数量呈现递增的趋势。随着人权观念的普及，社会法治的进步，学生权利越来越受到重视，而学生名誉权格外受到重视。因此，学生名誉权纠纷案例数量也呈现递增的趋势。侵害名誉权的主要表现形式有：侵害名誉利益支配权；侵害名誉维护权。

2010—2019 年全国名誉权纠纷案例数量变化趋势图（单位：件）

二、高频法条

（此处统计了名誉权纠纷案件中被援引的高频法律法条）

序号	法律法规名称	援引法条	引用频次
1	民法通则（2009 年修订）	第一百零一条	366
2	侵权责任法	第十五条	178
3	侵权责任法	第二条	171
4	民法通则（2009 年修订）	第一百二十条	170
5	侵权责任法	第六条	104
6	侵权责任法	第二十二条	91
7	民法通则（2009 年修订）	第一百二十条第一款	76
8	关于确定民事侵权精神损害赔偿责任若干问题的解释	第八条	69

续表

序号	法律法规名称	援引法条	引用频次
9	侵权责任法	第六条第一款	65
10	民法通则（2009年修订）	第一百三十四条	52
11	关于确定民事侵权精神损害赔偿责任若干问题的解释	第十条	50
12	民法总则	第一百一十条	48
13	侵权责任法	第三十六条	45
14	关于贯彻执行《民法通则》若干问题的意见（试行）	第一百四十条	44
15	侵权责任法	第三十六条第一款	39
16	侵权责任法	第三条	39
17	关于确定民事侵权精神损害赔偿责任若干问题的解释	第一条	35
18	关于确定民事侵权精神损害赔偿责任若干问题的解释	第八条第二款	32
19	侵权责任法	第二十条	30
20	民法通则（2009年修订）	第一百条	30

三、学生名誉权纠纷案例解析

学生魏某名誉权纠纷案

1. 案情简介

魏某系张某女儿，因学习成绩好、品德好，多次受到学校和有关部门的表扬。某日，张某与杨某因某事发生纠纷，杨某遂在某职业技术学院对张某及其未成年女儿魏某进行辱骂，导致社会对张某及其未成年女儿魏某的评价降低。张某及其未成年女儿魏某遂将杨某起诉至法院。

2. 法院观点

杨某在公共场合对张某和魏某进行辱骂，侵害了二人的名誉权，亦对二人造成了一定的精神损害，故判决杨某赔偿二人精神损害抚慰金 2000 元。

3. 笔者评析

本案中，行为人杨某对张某和魏某实施了侮辱、诽谤行为且被第三人所知悉，给张某和魏某造成较严重的损害后果，依照最高人民法院《关于审理名誉权案件若干问题的解答》的规定，行为人杨某的行为侵害了张某和魏某的名誉权。

又根据《民法典》的相关规定，公民的名誉权受到侵害的，有权要求停止侵害，恢复名誉，消除影响，赔礼道歉，并可以要求赔偿损失。因此，法院判决侵权人赔偿二受害人损失 2000 元，这一判决合理合法，罚当其过。

第三节　学生隐私权纠纷

一、学生隐私权纠纷的概念、现状

（一）概念

学生隐私权是指学生对其私人领域的信息、活动、空间等享有支配并排除他人侵害的权利。任何组织或者个人不得披露学生的个人隐私。

侵害学生隐私权依法应当承担的责任形式有民事责任和刑事责任。隐私权被侵害的学生，有权请求侵权人承担侵权责任。隐私侵权人承担侵权责任的方式主要有停止侵害、赔偿损失、赔礼道歉、消除影响和恢复名誉等。

学生隐私权纠纷是因学生的隐私权被侵犯，由此产生的纠纷。

（二）现状

笔者通过中国裁判文书网、最高人民法院网等网站检索出 2010—2019 年涉及隐私权纠纷的 996 篇裁判文书，从下方的年份分布图我们可以看到隐私权纠纷案例数量呈现递增的趋势。侵害学生隐私权的主要形式有：学校管理人员对于学生宿舍进行安全检查时侵害了学生的隐私权；学校利用学生身份信息检索学籍信息；学校录制学生活动的视频并传播于网络；等等。

2010—2019 年全国隐私权纠纷案例数量变化趋势图（单位：件）

二、高频法条

（此处统计了隐私权纠纷案件中被援引的高频法律法条）

序号	法律法规名称	援引法条	引用频次
1	关于确定民事侵权精神损害赔偿责任若干问题的解释	第八条	14
2	物权法	第八十九条	11
3	环境噪声污染防治法	第二条	11
4	环境噪声污染防治法	第六十三条	11
5	环境噪声污染防治法	第四十五条	11
6	关于确定民事侵权精神损害赔偿责任若干问题的解释	第一条	11
7	城乡规划条例	第四十七条	11
8	侵权责任法	第二条	3
9	侵权责任法	第六条	3
10	侵权责任法	第十五条	3
11	民法通则（2009 年修订）	第一百零一条	3
12	民法通则（2009 年修订）	第五条	3
13	侵权责任法	第三十六条第一款	2

序号	法律法规名称	援引法条	引用频次
14	侵权责任法	第十二条	2
15	侵权责任法	第十六条	2
16	刑法（2017年修订）	第二百三十六条	2
17	民法通则（2009年修订）	第一百三十三条 第一款	2
18	民法通则（2009年修订）	第一百二十条	2
19	民法通则（2009年修订）	第一百二十条第一款	2
20	关于审理利用信息网络侵害 人身权益民事纠纷案件适用 法律若干问题的规定	第十八条第一款	2

三、学生隐私权纠纷案例解析

刘某与某美术培训机构隐私权纠纷一案

1. 案情简介

刘某曾于2014年至2015年期间在某美术培训机构进行美术学习。2015年8月，该美术培训机构将刘某及其他部分学员的姓名、高中学校、专业成绩合格大学院校名称张贴在画室外面的玻璃墙上。事实上，刘某由于美术专业成绩相对不理想，选择复读。

刘某认为自己考取美术类院校的专业成绩靠后，实际为无效成绩，该美术培训机构借此宣传，使刘某遭到其他学员的嘲笑，给刘某造成了极大的心理伤害。刘某以培训机构侵害其隐私权为由将其诉至法院。

2. 法院观点

隐私权是指自然人享有的相对其他个人的，与公共利益、群体利益无关的个人信息、私人活动和私有领域进行支配的人格权。关于隐私的范围，应该以社会普通大众对隐私的认识为评判标准，而并非刘某主观的个人标准。刘某的姓名、高中学校及专业成绩合格大学院校等三项信息，在社会普遍评判中，不应属于隐私权范畴。据此，美术培训机构对外公布刘某的上述三项信息的行为不构成侵害刘某的隐私权。

3. 笔者评析

我国法律对隐私权的保护有明确的规定，但隐私的范畴仍是一个有争议的话题，法院审理案件时，一般会以社会普通大众对隐私的认识为评判标准。本案中，法院认为刘某的姓名、高中学校及专业成绩合格大学院校等三项信息，在社会普遍评判中，不应属于隐私权范畴，故培训机构的行为不构成对刘某隐私权的侵害，无需承担侵权责任。

第四节　学生姓名权纠纷

一、学生姓名权纠纷的概念、现状

（一）概念

学生姓名权，是指学生命名权、用名权、更名权或护名权等依法受到保护的权利。学生享有姓名权，有权决定、使用和依照规定改变自己的姓名，禁止他人干涉、盗用、假冒。

学生姓名权纠纷是因学生的姓名权被侵犯或学生的姓名被他人盗用、冒用而产生的纠纷。

（二）现状

笔者通过中国裁判文书网、最高人民法院网等网站检索出涉及姓名权纠纷的5139篇裁判文书，其中涉及学生姓名权纠纷的案件有47起。从下方的年份分布图我们可以看到全国姓名权纠纷案例数量的变化趋势。侵害姓名权的表现形式有：干涉他人决定、使用、改变姓名；盗用他人姓名；冒用他人姓名等。

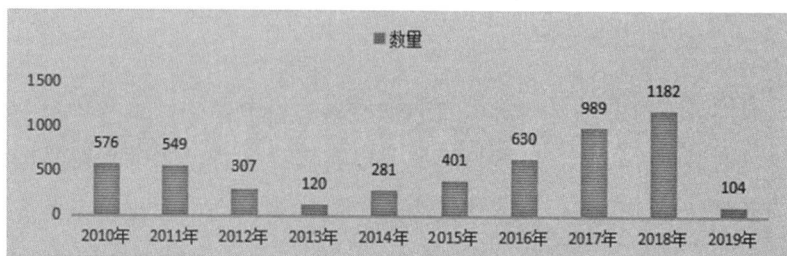

2010—2019年全国姓名权纠纷案例数量变化趋势图（单位：件）

二、高频法条

（此处统计了民事案件中涉及学生姓名权的被援引的高频法律法条）

序号	法律法规名称	援引法条	引用频次
1	侵权责任法	第十五条	20
2	侵权责任法	第二条	19
3	侵权责任法	第二十二条	17
4	侵权责任法	第六条	16
5	民法通则（2009 年修订）	第一百二十条	16
6	侵权责任法	第十六条	15
7	民法通则（2009 年修订）	第一百零一条	15
8	民法通则（2009 年修订）	第一百二十条第一款	12
9	侵权责任法	第三十九条	11
10	民法通则（2009 年修订）	第九十九条	10
11	侵权责任法	第三条	8
12	侵权责任法	第三十八条	6
13	劳动合同法（2012 年修订）	第八十五条第一款	6
14	劳动合同法（2012 年修订）	第八十条	6
15	劳动合同法（2012 年修订）	第四条	6
16	民法通则（2009 年修订）	第一百三十四条	6
17	事业单位人事管理条例	第三十七条	6

序号	法律法规名称	援引法条	引用频次
18	关于确定民事侵权精神损害赔偿责任若干问题的解释	第一条	6
19	侵权责任法	第二十条	5
20	侵权责任法	第八条	5

三、学生姓名权纠纷案例解析

某教育培训机构侵害学生李某姓名权纠纷案

1. 案情简介

李某系南京某大学大一学生。2013 年 3 月，李某参加了 2013 年综合性大学自主选拔录取联合考试，因笔试成绩优秀，李某直接获得了山东大学 A 级资格和武汉大学的复试资格，并参加了武汉大学的复试。

某教育中心在获知李某通过了山东大学、武汉大学的自主招生考试后，迫不及待地在该中心 6 楼大厅、5 楼过道张贴了喜报，载明：特大喜讯，自"985"工程自主招生加分名单进行数据分析后，我们再次收获优异成绩，无可争议地成为本市第一自主招生培训机构。该喜报中包含李某通过了武汉大学、山东大学自主招生的信息。

李某得知该教育中心张贴了含有其姓名的喜报后，以其从未在该教育中心进行培训为由向该教育中心提出异议，并以姓名权受侵害为由将某教育中心诉至法院。

2. 法院观点

公民享有姓名权，有权决定、使用和依照规定改变自己的姓名，禁止他人干涉、盗用、假冒。盗用、假冒他人姓名、名称造成损害的，应当认定为侵害姓名权、名称权的行为。如行为人构成侵害姓名权的行为，受害人有权要求停止侵害、消除影响、赔礼道歉、赔偿损失等。

教育中心在未经李某同意的情况下，盗用李某的姓名进行商业宣传，侵害了李某的姓名权，应当向李某赔礼道歉、赔偿损失，酌定赔偿数额为 500 元。

3. 笔者评析

本案中，教育中心是营利性培训机构，其未经李某的同意，盗用李某的姓名进行商业宣传，侵害了李某的姓名权，被法院判决承担赔礼道歉、赔偿损失的民事侵权责任。这一案例值得同类型的教育培训机构深思。

第五节　学生肖像权纠纷

一、学生肖像权纠纷的概念、现状

（一）概念

学生肖像权是指学生对自己的肖像享有制作、使用并排斥他人侵害的权利。学生享有肖像权，未经本人同意，不得以营利为目的使用个人的肖像，比如做广告、商标、装饰橱窗等。

学生肖像权纠纷是因学生的肖像被他人违法使用而产生的纠纷。

（二）现状

笔者通过中国裁判文书网、最高人民法院网等网站检索出 2010—2019 年涉及肖像权纠纷的 9723 篇裁判文书，其中涉及学生肖像权纠纷的案件近 100 件。从下方的年份分布图可以看到全国肖像权纠纷案例数量的变化趋势，从 2017 年开始，肖像权纠纷案件数量呈现直线上升的趋势，其原因一方面是因为我国对人格权的保障力度不断加大；另

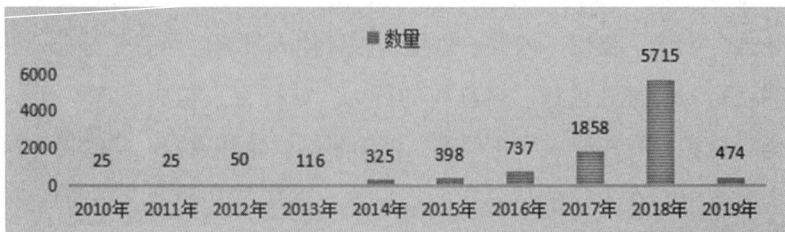

2010—2019 年全国肖像权纠纷案例数量变化趋势图（单位：件）

一方面是因为法院对于肖像权案件判处的赔偿金额较高。

二、高频法条

（此处统计了肖像权纠纷案件中涉及学生肖像权的被援引的高频法律法条）

序号	法律法规名称	援引法条	引用频次
1	侵权责任法	第十五条	45
2	侵权责任法	第二条	42
3	民法通则（2009年修订）	第一百条	35
4	侵权责任法	第六条	30
5	侵权责任法	第二十条	28
6	民法通则（2009年修订）	第一百二十条第一款	14
7	侵权责任法	第二十二条	11
8	民法通则（2009年修订）	第一百二十条	10
9	侵权责任法	第六条第一款	9
10	侵权责任法	第三十六条第一款	7
11	关于确定民事侵权精神损害赔偿责任若干问题的解释	第一条	7
12	关于贯彻执行《民法通则》若干问题的意见（试行）	第一百三十九条	7
13	关于贯彻执行《民法通则》若干问题的意见（试行）	第一百五十条	7
14	侵权责任法	第三条	5
15	民法总则	第一百一十条	5
16	民法总则	第一百二十条	5
17	关于确定民事侵权精神损害赔偿责任若干问题的解释	第十条	5
18	关于确定民事侵权精神损害赔偿责任若干问题的解释	第十条第一款	5
19	关于确定民事侵权精神损害赔偿责任若干问题的解释	第八条第一款	4
20	民法总则	第一百七十九条	3

三、学生肖像权纠纷案例解析

学生王某肖像权被侵害案

1. 案情简介

王某为中央某学院表演系的学生。2013 年 8 月，王某得知某整容医院在其公司网站的显著位置使用了其本人的照片，照片上方网页文字部分标题为"无创美容"，且涉案照片所在网页上标注有"湛江华美注射胶原蛋白除皱好在哪呢""专家咨询""美丽热线"等字样。2013 年 9 月 23 日，王某在北京市中信公证处对上述网页进行了保全证据公证，并将该整容医院诉至法院。

2. 法院观点

公民享有肖像权，未经本人同意，任何人不得以营利为目的使用公民的肖像。

整容医院作为营利性机构，未经王某同意擅自使用王某的照片，故认定整容医院侵害了王某的肖像权。法院遂判决整容医院在全国发行的报纸上对使用王某肖像一事赔礼道歉，并赔偿王某经济损失 2 万元，精神损害抚慰金 5000 元，公证费 2000 元。

3. 笔者评析

根据法律规定，自然人因肖像权遭受非法侵害，有权要求侵权人承担停止侵害、赔偿损失、赔礼道歉、消除影响、恢复名誉等法律责任，如因侵权行为遭受严重精神损害的，还可主张相应的精神损害抚慰金赔偿。本案中，整容医院侵害了王某的肖像权，故法院依法支持王某的诉求，包括消除影响、赔礼道歉、赔偿精神损害抚慰金及其他损失等。

第六节　学生人格权纠纷的防控指南

为了减少或避免学生的人格权受到侵害，笔者列出以下防控指南：

一、将荣誉权、名誉权、隐私权、姓名权、肖像权的保护意识融入课堂

学生对荣誉权、名誉权、隐私权、姓名权、肖像权等人格权的保护意识普遍不强，学校应强化学生人格权的保护意识；因学生接受教育的主要方式是通过学校课堂教学，学校应将人格权保护意识融入课堂，让学生了解什么是人格权以及怎么保护自身的人格权。

二、防范学校和教师侵害学生的人格权

1. 防范学校、教师侵害学生荣誉权的行为。学校或教育行政主管部门应对学校负责人、管理人员、教师进行与荣誉权相关的法律知识培训，使其对荣誉权的了解更深入，知道哪些行为会侵害学生的荣誉权。要防范学校在管理学生、教师在教书育人的过程中，基于管理、教育学生的想法，侵害学生荣誉权的行为，如授予学生"三好学生"称号后，因学生打架斗殴，未经法定程序即剥夺学生的"三好学生"称号。

2. 防范教师侵害学生名誉权的行为。教师应当提升对名誉权的认识，知道哪些行为会侵害学生的名誉权，避免出现侮辱、谩骂学生的侵权行为。学校还应加强对教师法律意识和师德教育的培训，帮助教师增强法律意识。

3. 防范学校及教师侵害学生隐私权的行为。学校应当加强对学生信息的管理，避免泄露学生信息，如对学生的个人信息进行专门的管理，他人未经法定程序不得查询学生信息。

学校还要加强对教师行为的管理，不得准许男性班主任晚上随意进出女生宿舍，防范教师侵害学生隐私权的行为。

4. 防范学校、教师侵害学生姓名权的行为。学校侵害学生姓名权的情形，常见于在学生录取通知书、荣誉证书、奖状上出现错误姓名。学校应当避免出现上述侵害学生姓名权的行为。

教师侵害学生姓名权的情形，常见于冒用学生的姓名、笔名在网

络上发表文章或观点。因此，教师应当加强对姓名权的认识，提升教师法律意识，规范自己的言行，以防发生侵害学生姓名权的行为。

5. 防范学校和教师侵害学生肖像权的行为。学校侵害学生肖像权的情形，常见于培训机构以营利为目的，擅自使用学生的肖像。教师侵害学生肖像权的情形，常见的情形有画室老师以营利为目的擅自出售学生的肖像画。因此，学校和教师应当加强对肖像权的认识，以防发生上述侵害学生肖像权或者其他侵害学生肖像权的行为。

三、防范学生之间侵害名誉权、姓名权、隐私权、肖像权的行为

1. 防范学生之间侵害名誉权、隐私权的行为。学校可以设立学生言行规范，让学生认识到哪些言行可能会侵害他人的名誉权、隐私权并避免实施侵权行为。

2. 学生之间侵害姓名权的侵权行为，常见的情形有冒名顶替上学、升学、出国交流等。学校应对学生加强管理，防范学生之间发生侵害姓名权的行为。

3. 学生之间侵害肖像权的行为，常见的情形有学生擅自将同学的照片刊登于营利性网站或者出售。学校应加强对学生进行肖像权有关知识的教育，并加强管理，防范学生之间发生侵害肖像权的行为。

四、规范荣誉的授予与剥夺

1. 规范荣誉权的授予。授予学生荣誉权应当符合法定的条件和流程。学校不得对不符合授予条件的学生授予荣誉权；同时，授予的流程应当符合法律法规等规定，不得随意授予。避免学校出现授予荣誉权导致的受贿、徇私问题。

2. 规范荣誉权的剥夺。学校没有法定理由，不能任意剥夺学生的荣誉权，也不能任意损毁学生的荣誉证书、奖杯、奖品，更不能诋毁获得荣誉权的学生，只有具备法定理由并经法定程序才能剥夺学生荣誉权。

第二章

受教育权纠纷的法律风险防控

第一节　学生入学纠纷

一、入学纠纷的概念及现状

（一）概念

学生入学纠纷是指学生因是否具有进入学校就读的资格而产生的纠纷。

引发入学纠纷常见的原因有：

1. 入学年龄问题导致入学纠纷。部分小学要求入学儿童必须年满6周岁，我国义务教育法实际上并没有对未满6周岁的儿童是否能入学做出具体规定，根据义务教育管理体制，学生入学年龄的具体日期由各省份根据实际情形自行设定。

2. 学籍问题导致入学纠纷。学籍是指某个儿童、少年作为某所学校学生的身份。学籍档案是记录学生就学和成长过程的重要载体。部分学校存在以学生之前有无学籍或学籍是否已转至接收地作为确定入学资格的必要条件等情况，这往往容易产生入学纠纷问题。

（二）现状

笔者通过中国裁判文书网、最高人民法院网等网站检索出2010——

2019 年涉及入学纠纷的 415 篇裁判文书，我们发现入学纠纷中比较常见的情形是入学资格的纠纷，主要表现形式有：就近入学资格纠纷；房屋买卖中涉及入学资格的纠纷；中介以保障学生入学资格而收取中介费纠纷；等等。

2010—2019 年全国关于入学纠纷案例数量变化趋势图（单位：件）

二、高频法条

（此处统计了民事案件中涉及入学纠纷的被援引的高频法律法条）

序号	法律法规名称	援引法条	引用频次
1	关于审理商品房买卖合同纠纷案件适用法律若干问题的解释	第三条	124
2	合同法	第一百零七条	93
3	合同法	第八条	57
4	合同法	第五十八条	56
5	合同法	第五十二条	54
6	合同法	第十五条	43
7	合同法	第五十四条	41
8	合同法	第一百一十四条	39
9	合同法	第六十条	39
10	合同法	第十四条	35
11	合同法	第一百一十四条第一款	27
12	合同法	第五十五条	27

序号	法律法规名称	援引法条	引用频次
13	合同法	第一百一十四条第二款	26
14	合同法	第九十七条	24
15	合同法	第九十四条	20
16	合同法	第二十五条	20
17	合同法	第二十一条	19
18	反不正当竞争法	第九条第一款	18
19	反不正当竞争法	第二十四条第一款	18
20	合同法	第一百一十三条第一款	18

三、案例解析

常某妍入学纠纷

1. 案情简介

常某妍（六周岁），系一名入学适龄儿童。其监护人于 2013 年 5 月 10 日携其至某小学报名处入学报名，并提交了入学所需的资料。通过学校的两轮审核后，常某妍接受了面试。同月 23 日 10 点 8 分，常某妍监护人接到学校老师的电话，被告知常某妍不能参加该校组织的一年级招生，理由是常某妍缺出生证明的复印件。常某妍的监护人当即要求补交，老师回答说可以补交，但常某妍的监护人于当天下午 3 点左右才将出生证明的复印件送到该校，然后被告知摇号结束。于是，常某妍将其诉至法院，要求学校赔偿损失并赔礼道歉。

2. 法院观点

某小学作为区公办学校，根据区教育局的《2013 年区小学招生指南》，制定了《学校 2013 年一年级适龄儿童招生简章》，该招生简章中列明了报名方法、时间、所需提交的资料等，其中要求无区户籍的学龄儿童必须提供出生证明的复印件。该招生简章所规定的内容未违反义务教育法及相关法律的规定，因此，被认定有效。常某妍作为无区户籍的学龄儿童，其法定监护人为其报名入读某小学，应当根据该学校招生简章的要求提供相关的材料。

常某妍的法定监护人在知悉学校招生简章的情况下，在给常某妍报名时，明知缺少常某妍的出生证明，却没有及时补交。因此，常某妍不能入学的责任在其自身。故常某妍请求学校赔偿损失并要求学校赔礼道歉，于法无据，不予支持。

3. 笔者评析

区教育局的招生指南、学校的招生简章及抽签入学工作方案中均规定了新生报名需要提交出生证明，出生证明是每一个正常出生的儿童都必然具有的，即使学校的工作人员没有提醒常某妍的监护人，常某妍的监护人也应当根据招生简章的要求提供出生证明。常某妍的监护人没有提供出生证明导致其报名审核没有通过，由此导致入读学校机会丧失的后果是自身的疏忽所造成的，应由其自身承担。

第二节　学生退学纠纷

一、学生退学纠纷的概念、现状

（一）学生退学的概念

退学是指学校对于已经取得入学资格，并正常注册的学生，因发生某些特定的情形而取消或终止其学籍的一种处理方式，它可以分为自愿退学和非自愿退学两种情况。

小学和初中阶段是义务教育阶段，学校对小学和初中的学生不实行勒令退学处分，不得开除学生。对犯错误的学生可以批评教育，对极少数犯严重错误的学生可分别给予警告、严重警告和记过处分。

退学纠纷是学生对退学的条件或流程等产生争议而引发的纠纷。

(二) 现状

笔者通过中国裁判文书网、最高人民法院网等网站检索出 2010—2019 年涉及学生退学纠纷的 175 篇裁判文书，从下方的年份分布图我们可以看到全国涉及退学纠纷案例数量的变化趋势，通过统计分析发现产生退学纠纷的主要原因有：一是生病或自身原因；二是学校教育环境、质量问题；三是学生违反法律法规被勒令退学；等等。

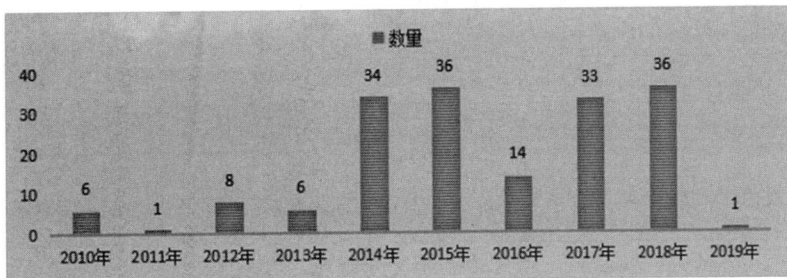

2010—2019 年全国涉及学生退学纠纷案例数量变化趋势图（单位：件）

二、高频法条

（此处统计了民事案件中涉及学生退学纠纷的被援引的高频法律法条）

序号	法律法规名称	援引法条	引用频次
1	合同法	第一百零七条	50
2	合同法	第六十条	39
3	合同法	第八条	26
4	合同法	第九十七条	24
5	合同法	第九十四条	17
6	合同法	第一百零九条	14
7	合同法	第九十三条	13
8	合同法	第四十四条	13
9	合同法	第一百一十四条	12
10	合同法	第六十条第一款	10

序号	法律法规名称	援引法条	引用频次
11	劳动合同法（2012年修订）	第九十条	9
12	合同法	第九十六条	9
13	侵权责任法	第六条	8
14	劳动合同法（2012年修订）	第三十七条	7
15	合同法	第一百一十四条第二款	7
16	合同法	第九十三条第二款	7
17	合同法	第五十二条第五项	7
18	合同法	第五十八条	7
19	民法通则（2009年修订）	第一百一十一条	7
20	民法通则（2009年修订）	第一百零一条	7

三、学生退学纠纷案例解析

（一）案例一：大学生郑某退学纠纷案

1. 案情简介

郑某于2012年9月入读某大学。2014年9月，因"性格与情绪问题"，郑某向学校递交休学申请表，申请于2014年9月至2015年9月期间休学。学校在郑某填写的学生休学申请表上告知："休学的学生，必须在休学期满前一个月向所在院系书面申请复学，并附县级（含县级）以上医院病情诊断证明，经学校医院复查合格，教务处同意后可办理复学手续。复查仍不合格或休学期满不办理复学、退学手续者，学校将对其作退学处理。"

2015年8月，郑某向学校递交学生复学申请表，并提交上海市精神卫生中心的诊断证明书，诊断结论为：焦虑状态（目前情绪稳定），学校附属医院分院在复学申请表上签署同意。

后学校要求郑某配合复检事宜及提交复检体检材料，郑某拒绝配合复检事宜，于是经校领导签字，学校作出《关于对郑某同学作退学处理的决定》，并送达郑某。郑某不服该退学处理决定，向法院提起行政诉讼，请求法院撤销学校作出的上述退学决定，并赔偿郑某 18 万元。

2. 法院观点

郑某在休学期满前向某大学提交了复学申请以及上海市精神卫生中心的诊断证明书，学校附属医院分院亦在复学申请表上签署意见表示同意，郑某有理由认为其已符合休学申请表中规定的提交诊断证明和经过复查的要求。此外，《普通高等学校学生管理规定》规定，对学生的退学处理，应由校长会议研究决定。该大学对郑某作出退学处理的程序不符合规定，故判决撤销学校作出的《关于对郑某同学作退学处理的决定》。

3. 笔者评析

大学依法具有作出退学处理决定的职权，但本案中，学校在给郑某的有关通知以及不予复学决定中未对附属医院分院为何盖章及相关政策产生冲突原因作出说明，在双方对是否符合复学条件发生分歧的情况下，学校即以郑某休学期满未按要求办理必要的复学手续为由作出退学决定，确属不当。同时，学校亦未按照《普通高等学校学生管理规定》的规定，未由校长会议研究决定对郑某作出是否退学的处理决定。因此，法院认为退学处理决定依据不足且程序违法并无不当，法院的判决结果是符合法律预期的。

（二）案例二：周某要求退学案

1. 案情简介

2013 年 6 月 23 日，周某的姐姐周某艳为了周某学习烹饪之事，以周某的名义与长沙某烹饪学院签订了《新生入学协议》。烹饪学院给予优惠后，周某艳替周某缴纳了 15507 元学费。周某办理了入学手续并领取了 475 元的工具物品、252 元的公寓物品。

第二天，周某一早到长沙某烹饪学院后，见学校门口正在修路，认为烹饪学院并不像广告一样美好，当即表示不愿意在此读书。于是，周某与姐姐周某艳一同找烹饪学院要求退学，并退还学费及押金，遭到学校拒绝。同日，周某写了请假条离开学校，未到长沙某烹饪学院接受教育服务。

周某后来起诉至法院要求退学及退还学费、押金。

2. 法院观点

长沙某烹饪学院与周某之间存在教育培训关系。周某单方面要求解除合同，要求退学，自动放弃接受培训的权利，导致培训合同无法履行，此属于法律规定的可以解除合同的其他情形，故《新生入学协议》予以解除。

周某未接受长沙某烹饪学院提供的教育服务，故长沙某烹饪学院宜退还所收学费 15507 元中除 475 元的工具物品费、252 元的公寓物品费之外的学费、材料费、住宿费，即向周某退还 14780 元为宜。

综上，法院判决周某与长沙某烹饪学院签订的《新生入学协议》依法予以解除，长沙某烹饪学院向周某退还学费 14780 元。

3. 笔者评析

根据《民法典》的相关规定，周某单方面要求解除《新生入学协议》，系违约，因此，长沙某烹饪学院可以就周某的违约行为向周某主张损害赔偿责任，但该损失在实际操作中很难鉴定，因此法院很难支持长沙某烹饪学院的主张。

第三节　学生转学纠纷

一、学生转学纠纷的概念、现状

（一）概念

转学是指学生转往另一所学校学习。学生需要转学的，经转入和转出学校同意，由转出学校报所在地省级教育行政部门确认转学理由正当的，可以办理转学手续。

学生转学纠纷是指学生转往另一个学校学习过程中产生的纠纷。

（二）现状

笔者通过中国裁判文书网、最高人民法院网等网站检索出 2010—2019 年涉及学生转学纠纷的 119 篇裁判文书，从下方的年份分布图我们可以看到涉及学生转学纠纷案例数量的变化趋势，在转学纠纷中，教师的中途离职、转学中收取请托关系费用、学校办学资质问题产生的纠纷较多。

2010—2019 年全国涉及学生转学纠纷案例数量变化趋势图（单位：件）

二、高频法条

（此处统计了民事案件中涉及学生转学纠纷的被援引的高频法律法条）

序号	法律法规名称	援引法条	引用频次
1	合同法	第九十七条	33
2	合同法	第九十四条	25
3	劳动合同法（2012 年修订）	第四十四条	13
4	劳动合同法（2012 年修订）	第四十四条第五项	13
5	劳动合同法（2012 年修订）	第四十条	13
6	劳动合同法（2012 年修订）	第四十条第三项	13
7	关于审理劳动争议案件适用法律若干问题的解释（2008 年整理版）	第六条	13
8	合同法	第六十条	12

序号	法律法规名称	援引法条	引用频次
9	合同法	第一百零七条	10
10	合同法	第五十二条	9
11	民法通则（2009 年修订）	第五条	7
12	关于审理人身损害赔偿案件适用法律若干问题的解释	第二十一条	7
13	关于审理人身损害赔偿案件适用法律若干问题的解释	第二十三条	7
14	关于审理人身损害赔偿案件适用法律若干问题的解释	第二十二条	7
15	关于审理人身损害赔偿案件适用法律若干问题的解释	第二十五条	7
16	侵权责任法	第十六条	6
17	劳动合同法（2012 年修订）	第三十八条第一款第二项	6
18	合同法	第五十八条	6
19	合同法	第五条	6
20	合同法	第八条	6

学校和学生的法律风险防控

三、学生转学纠纷案例解析

刘某孩子转学纠纷一案

1. 案情简介

刘某认为他的儿子在南某中学就读初中期间"热爱学习，做到上课发言第一名"，在同某实验学校就读高一期间，"全年级考试排名前十名，德智体美全面发展"，且孩子"立志考北大，有为中华民族伟大复兴而读书的宏伟志向"，故而向长沙某区教育局提交书面报告，表示"我儿子想到长某中学奥赛班学习，力争考上北大，希望领导予以帮助支持"。

长沙市某区教育局于 2017 年 7 月 7 日答复称同某实验学校系非省级示范性高中，长某中学为省级示范性高中，根据非省级示范性高中不能转入省级示范性高中的原则，刘某儿子不能转学到长某中学。

刘某不服，诉至法院。

2. 法院观点

本案中刘某儿子已在其他学校正常入读，在其提交的报告中只是单纯表达想让孩子去长某中学读书的意愿，既未说明孩子具备符合何种规定和确需转学的事由，也未按照规定的程序填写提交申请表并提供相关证明材料，故刘某的报告属于信访事项。

长沙市某区教育局作出的回复是根据《信访条例》的规定，对刘某提出的信访事项作出的处理意见，刘某对其不服提起的诉讼，不属于人民法院受案范围。遂裁定驳回刘某的起诉。

3. 笔者评析

湖南省教育厅制定的《湖南省中小学生学籍管理办法》（湘教发〔2015〕8号）第九条中规定，学生申请转学，需要具有确需转学特定事由，转学申请的提出应由"学生父母或其他法定监护人向转入学校或转入地教育行政部门提出申请，填写《湖南省中小学生转学申请表》，并提供转学相关证明材料"，同时明确规定普通高中阶段转学要遵循"非省级示范性高中不能转入省级示范性高中"的原则。因此，刘某应当在其提交的报告中说明孩子具备符合上述何种规定和确需转学的事由，并按照规定的程序填写提交申请表并提供相关证明材料。

第四节　受教育权纠纷的防控指南

一、防范受教育权纠纷，各学校应注意：

1. 学校应尊重学生的入学、退学和转学权。

（1）学校需尊重学生的入学平等权，不得将学生划分为三六九等，不得歧视部分学生。对具有接受普通教育能力的残疾学生，学校不得因其是残疾人而拒绝招收。对违法犯罪学生，如其未达到退学的必要条件时，学校也不得予以辞退。学校辞退学生的理由应当符合政策法规的规定。

（2）学校需尊重学生的主动退学权。有些培训机构希望通过阻挠学生退学，来达到不予返还学生学费的目的，但这是得不到支持的。非接受义务教育的学生，如其根据法律规定或者合同约定要求退学，学校不能任意阻挠其退学。

（3）学校需尊重学生的转学权。部分学校存在阻挠优秀学生转学的情况，如根据法律规定或者合同约定，学生符合转学条件，学校不能任意阻挠其转学，否则会侵害学生的转学权。

2. 学校设置的入学、退学、转学流程和要求需符合法律及政策规定。学校应当将入学、退学、转学流程和要求及时进行公示，并确保其设置的入学、退学、转学流程和要求符合法律、法规及政策规定，不得胡乱设置入学、退学、转学流程，不得非法或者违规增设入学、转学条件。

3. 学校辞退学生必须有充分的理由。对具有接受普通教育能力的残疾学生，学校不得因其是残疾人而要求其退学。对违法犯罪学生，如其未达到退学的必要条件时，学校也不得予以辞退。学校辞退学生的理由应当符合政策法规的规定。

4. 学校应配合退学、转学学生后续手续办理。学生退学或转学后，可能有后续事项需要原先学校予以必要配合，原学校应当履行配合学生办妥退学或转学手续的职责。

5. 学校应注意在办理转学手续的过程中不出纰漏。学校在配合学生办理转学手续的过程中，可能出现手续未办理完全或者资料丢失、转错学籍号等情况而产生纠纷。因此，学校在办理转学手续的过程中要认真、仔细，确保不出纰漏。

二、为保证学生的受教育权不受侵害，学生以及学生的监护人应注意：

1. 拟入学的学生应当按照要求提交入学资料。学生（监护人）应当按照教育主管部门和学校的要求提交入学所需资料，若不按要求提交资料，自行承担不利后果。

2. 按照规定提交转学资料。学生拟转学前，应按照教育行政主管部门和拟转入学校规定的程序填写提交申请表并提供相关证明材料。

第三章

学历、学位纠纷的法律风险防控

第一节　全日制学历纠纷

一、全日制学历纠纷的概念、现状

（一）概念

非全日制与全日制的界定一直是我国高等教育界中悬而未决、模糊不清的问题。目前，一般认为，普通高校全日制是指学生按固定时间在学校上课的教育形式；非全日制是业余制的，是指学生按自己的专业决定课程安排的教育形式。

全日制学历纠纷是因学生是否具有取得全日制学历证书的资格以及取得学历证书的时间问题而产生的纠纷。

（二）现状

笔者通过中国裁判文书网、最高人民法院网等网站检索出 2010—2019 年涉及全日制学历纠纷的 76 篇裁判文书，从下方的年份分布图我们可以看到涉及全日制学历纠纷案例数量的变化趋势。

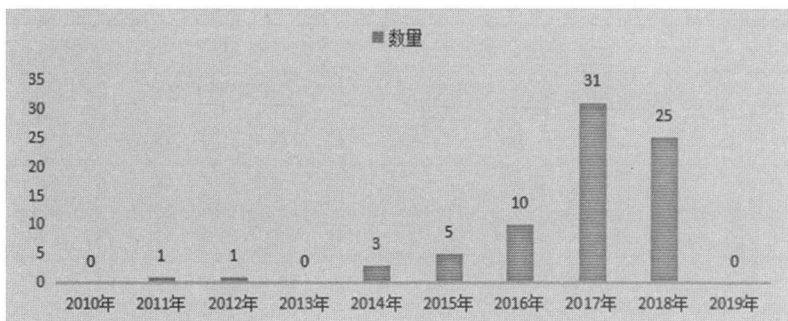

2010—2019年全国涉及全日制学历纠纷案例数量变化趋势图（单位：件）

二、高频法条

（此处统计了民事案件中涉及全日制学历纠纷的被援引的高频法律法条）

序号	法律法规名称	援引法条	引用频次
1	合同法	第五十二条	12
2	劳动合同法（2012年修订）	第四十七条	8
3	合同法	第五十二条第三百一十九项	8
4	民办教育促进法（2016年修订）	第六十六条	8
5	民办教育促进法（2016年修订）	第六十四条	8
6	民办教育促进法（2016年修订）	第十一条	8
7	行政许可法	第十五条第二款	8
8	关于适用《合同法》若干问题的解释（一）	第十条	8
9	深圳市教育培训机构管理若干规定	第二条	8
10	深圳市民办教育管理若干规定	第五十六条	8
11	深圳经济特区成人教育管理条例（2002年修订）	第二十五条	8
12	深圳经济特区成人教育管理条例（2002年修订）	第二十五条第一项	8

序号	法律法规名称	援引法条	引用频次
13	劳动合同法（2012 年修订）	第八十七条	6
14	合同法	第二百零七条	6
15	合同法	第二百零五条	5
16	合同法	第二百零六条	5
17	担保法	第二十一条	5
18	担保法	第十八条	5
19	侵权责任法	第二十二条	4
20	侵权责任法	第十六条	4

三、全日制学历案例解析

阮某学历纠纷案

1. 案情简介

阮某于 1996 年 9 月 1 日就读于某科技大学。2011 年 3 月 2 日，阮某在学信网查询到了自己的学籍学历电子注册信息，并打印了《教育部学历证书电子注册备案表》和《教育部学籍在线验证报告》。

之后，某科技大学在复查学生学籍学历信息时，发现阮某的成绩未达到毕业要求，于 2011 年 4 月 21 日以"阮某成绩不合格，需撤销其学历信息"为由，登录学信网申请注销阮某的学历电子注册信息，某教育厅于 2011 年 5 月 3 日审核通过了某科技大学提交的申请注销阮某学历信息的意见。

2012 年 6 月，阮某发现在学信网查询不到自己的学历信息。阮某认为，其在学信网上的学历电子注册信息是被某科技大学、某教育厅删除的。为此，阮某将某科技大学、某教育厅诉至法院。

2. 法院观点

法院认为，某科技大学、某教育厅对阮某学籍和学历电子注册信息进行管理的行为应属根据法律、规章授权作出的行政行为，二者之间因学籍和学历电子注册信息删除、恢复产生纠纷，不属于平等主体之间产生的民事纠纷，不属于民事案件受理范围，故对阮某的起诉依法应予驳回。阮某如认为某科技大学、某教育厅对其学信网上学籍和学历电子注册信息进行管理的相关行政行为侵害其权利的，可依法提起行政诉讼。

3. 笔者解析

根据《行政诉讼法》的规定，公民、法人或者其他组织认为行政机关和行政机关工作人员的行政行为侵害其合法权益，有权依照本法向人民法院提起诉讼。本案中，某科技大学、某教育厅对阮某学籍和学历电子注册信息进行管理的行为应属根据法律、规章授权作出的行政行为，阮某应当依法提起行政诉讼，而非民事诉讼。

第二节　成人高等教育学历纠纷

一、成人高等教育学历纠纷的概念、现状

（一）概念

成人高等教育学历是学生经教育部审定核准举办成人高等学历教育的成人高校统一招生入学，在成人高校进行学习，满足相应的条件后，取得的学历。

成人高等教育是高等教育的重要组成部分。成人高校实行全国统一招生，招生类型包括高中升成教专科、高中升成教本科和高等专科升成教本科三种。学习形式分为脱产、业余（包括半脱产、夜大学）和函授三种。

成人高等教育学历纠纷是因学生是否具有取得高等教育学历证书的资格以及学生取得证书的时间问题而产生的纠纷。

（二）现状

笔者通过中国裁判文书网、最高人民法院网等网站检索出 2010—2019 年涉及成人高等教育学历纠纷的 20 篇裁判文书，从下方的年份分

布图我们可以看到涉及成人高等教育学历纠纷案例数量的变化趋势。

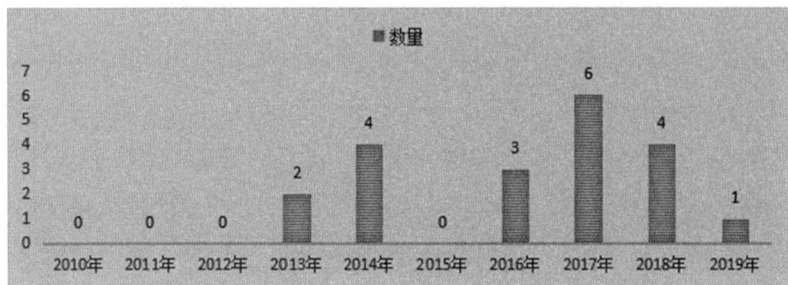

2010—2019 年全国涉及成人高等教育学历纠纷案例数量变化趋势图（单位：件）

二、高频法条

（此处统计了民事案件中涉及成人高等教育学历纠纷的被援引的高频法律法条）

序号	法律法规名称	援引法条	引用频次
1	合同法	第一百零七条	32
2	合同法	第六十条	32
3	劳动合同法（2012 年修订）	第三条	4
4	劳动合同法（2012 年修订）	第八条	4
5	关于审理劳动争议案件适用法律若干问题的解释（二）	第四条	4
6	劳动合同法（2012 年修订）	第三十九条	2
7	治安管理处罚法（2012 年修订）	第五十二条第二款	2
8	合同法	第一百零九条	1
9	合同法	第一百零九条第一项	1
10	合同法	第五十八条	1
11	合同法	第五十四条第一款第一项	1
12	合同法	第六十一条	1
13	合同法	第六条	1
14	民法通则（2009 年修订）	第三十一条	1

续表

序号	法律法规名称	援引法条	引用频次
15	民法通则（2009 年修订）	第三十二条	1
16	民法通则（2009 年修订）	第三十五条	1
17	民法通则（2009 年修订）	第三十条	1
18	关于审理民间借贷案件适用法律 若干问题的规定	第二十九条第二款	1
19	关于贯彻执行《民法通则》 若干问题的意见（试行）	第五十二条	1
20	关于贯彻执行《民法通则》 若干问题的意见（试行）	第五十四条	1

三、成人高等教育学历纠纷案例解析

刘某成人高等教育学历纠纷案

1. 案情简介

刘某在自己没有专科毕业证的情况下于 2007 年报考专升本考试，之后，通过了省教育厅招生办的资格审核并被某科技大学录取。

刘某被录取后，于 2008 年 2 月 1 日入学，在某科技大学设立的医学专修学院的教学点学习，其间某科技大学为刘某建立了学籍档案，医学专修学院代收刘某的学费 7500 元、书费 1200 元。2010 年底刘某学习期满，完成学业，经某科技大学进行毕业资格审查，2011 年 1 月 1 日刘某取得本科毕业证，并同时取得了某市大学颁发的专科毕业证。

2013 年 5 月 13 日，刘某登录某科技大学教育部学历信息查询网，在线查询到刘某的学历信息为：查无专科，予以清退。

刘某以在教育部学历信息查询网上无法查询到某科技大学颁发的毕业证信息为由，将某科技大学与医学专修学院起诉至法院，要求二者退还学费、书费并赔偿损失。

2. 法院观点

刘某在某科技大学完成规定的学习任务后，某科技大学按照规定

向其发放了本科毕业证。但因为刘某不能提供有效的专科毕业证而无法在教育部学信网予以电子注册，不能注册的原因在于刘某自身不能提供有效的专科毕业证书，而某科技大学与医学专修学院均不存在过错。据此，刘某要求二者退还学费、书费并赔偿损失的诉讼请求，没有法律依据，法院不予支持。

3. 笔者评析

取得合法本科毕业证并不意味着一定能获得"学信网"电子注册。

本案中，刘某在某科技大学医学专修学院的教学点按计划完成了学习任务，符合取得本科毕业证的条件，因此，某科技大学向刘某发放本科毕业证符合相关规定。但刘某提供的专科毕业证是 2011 年 1 月 1 日由某市大学颁发的，与某科技大学颁发的本科毕业证系同一天，不符合教育部学信网进行电子注册的要求。因此，学信网不对其进行电子注册是合理的。

第三节　自学考试学历纠纷

一、自学考试学历纠纷的概念、现状

（一）概念

高等教育自学考试是对自学者进行以学历为主的高等教育自学考试，是个人自学、社会助学和国家考试相结合的高等教育形式。通过自学教育合格者获得的学历就是自学考试学历。

自学考试学历纠纷是因学生是否具有取得自学考试学历证书资格以及学生取得证书的时间问题而产生的纠纷。

（二）现状

近些年来国家对于学历方面越来越重视，有部分人士选择参加自学考试来提升自己的学历，但近几年自学考试难度加大，自学考试通过率越来越低，从而导致自学考试纠纷越来越多。

笔者通过中国裁判文书网、最高人民法院网等网站检索出 2010—2019 年涉及自学考试纠纷的 840 篇裁判文书，从下方的年份分布图我们可以看到涉及自学考试纠纷案例数量的变化趋势。

2010—2019 年全国涉及自学考试纠纷案例数量变化趋势图（单位：件）

二、高频法条

（此处统计了民事案件中涉及自学考试纠纷的被援引的高频法律法条）

序号	法律法规名称	援引法条	引用频次
1	合同法	第五十八条	170
2	合同法	第一百零七条	158
3	合同法	第八条	144
4	合同法	第五十二条	134
5	合同法	第六十条	98
6	民办教育促进法（2016 年修订）	第十一条	79
7	合同法	第五十二条第五项	77
8	民办教育促进法（2013 年修订）	第十一条	77
9	关于适用《合同法》若干问题的解释（一）	第十条	56
10	合同法	第九十四条	46
11	合同法	第九十七条	45
12	合同法	第四十四条	32
13	民办教育促进法（2016 年修订）	第十二条	31

续表

序号	法律法规名称	援引法条	引用频次
14	著作权法（2001 年修订）	第四十七条第一项	29
15	侵权责任法	第十六条	27
16	著作权法（2001 年修订）	第四十八条	27
17	民办教育促进法（2013 年修订）	第六十四条	26
18	民办教育促进法（2016 年修订）	第十七条第一款	25
19	民办教育促进法（2016 年修订）	第十七条	24
20	著作权法（2001 年修订）	第十条第一款第五项	23

三、自学考试学历纠纷案例解析

丁某自学考试学历纠纷案

1. 案情简介

2009 年 8 月 14 日，某培训学校（甲方）与丁某（乙方）签订协议，甲方保证乙方两年内顺利通过全部自学考试课程，如未实现协议约定的目的，则甲方退还乙方所交的费用 19800 元。然而，丁某未在协议约定的期限内取得某农业大学经济管理专业的本科学历。2012 年 12 月 4 日，培训学校出具保证书，承诺在 2013 年 1 月 15 日前向丁某颁发某农业大学经济管理专业的正规本科学历证书，并保证上述学历证明下发一年之内向丁某颁发某农业大学经济管理专业的本科学位证书，如到期没有实现以上承诺，则按照原协议来解决，双方原签订的协议截止日期延长至 2013 年 12 月 31 日。但双方约定的截止时间已过，丁某仍然未取得某农业大学经济管理专业学历证书和学位证书。故丁某诉至法院要求退还学费。

2. 法院观点

根据协议及保证书的内容，培训学校有保证丁某在 2013 年 1 月 15 日前取得某农业大学经济管理专业学历证书，并在学历证书下发一年内取得学位证书的义务，但至今丁某未取得上述证书，因此，培训学校的行为构成违约，应当按照合同约定退还丁某学费。

3. 笔者评析

本案中，双方签订协议的目的在于丁某经培训学校的辅导，在两年内通过全部考试，培训学校出具的保证书明确了其应当在约定期限内，为丁某取得并颁发某农业大学经济管理专业的学历和学位证书。现由于培训学校的违约行为使丁某无法在规定时间内取得相关的学历和学位证书，导致协议和保证书所约定的目标无法实现，故培训学校应当全额退还丁某所交费用。

第四节　学位纠纷

一、学位纠纷的概述、现状

（一）概述

国家实行学位制度，学位授予单位依法对达到一定学术水平或者专业技术水平的人员授予相应的学位，颁发学位证书。

高等学校本科学生完成教学计划的各项要求，经审核准予毕业，其课程学习和毕业论文的成绩合格，并且有从事科学研究工作或担负专门技术工作的初步能力的，授予学士学位。

高等学校和科学研究机构的本科生或具有本科生毕业同等学力的人员，通过硕士学位的课程考试和论文答辩，成绩合格，达到相应学术水平者，授予硕士学位。

高等学校和科学研究机构的研究生或具有研究生毕业同等学力的人员，通过博士学位的课程考试和论文答辩，成绩合格，达到相应学术水平者，授予博士学位。

在特殊情形下，学生已经获得的学位证书可能被撤销或被宣布无效。学位授予单位对于已经授予的学位，如发现舞弊等严重违反规定的情况，经学位评定委员会复议，可以撤销。对违反国家招生规定的入学者，学校不得发给学位证书；已发放的学位证书，学校应当予以追回并报教育行政部门宣布证书无效。

因学校不颁发或延迟颁发学位证书，撤销学位证书的行为产生的纠纷称为学位纠纷。

（二）现状

笔者通过中国裁判文书网、最高人民法院网等网站检索出 2010—20919 年涉及学位纠纷的 449 篇裁判文书，从下方的年份分布图我们可以看到涉及学位纠纷案例数量的变化趋势。产生学位纠纷的主要原因有：学校拒发或延迟发放学位证书；学校撤销学位证书；学位证书名称不清楚；授予学位证书的单位无资质。

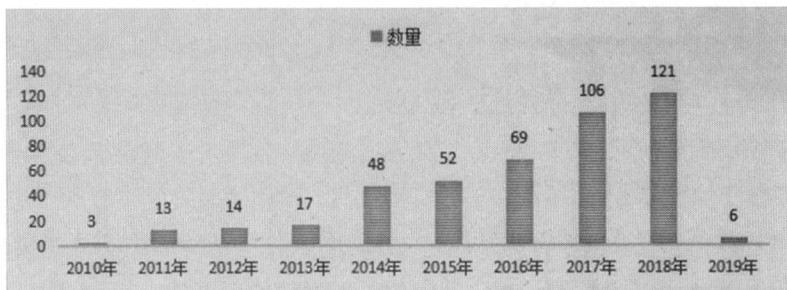

2010—2019 年全国学位纠纷案例数量变化趋势图（单位：件）

二、高频法条

（此处统计了民事案件中涉及学位证书纠纷的被援引的高频法律法条）

序号	法律法规名称	援引法条	引用频次
1	著作权法（2001 年修订）	第四十七条第一项	1270
2	著作权法（2001 年修订）	第四十八条	660
3	著作权法（2001 年修订）	第四十六条第一项	610
4	学位条例暂行实施办法	第二十三条	598
5	著作权法（2001 年修订）	第四十八条第一项	278
6	著作权法（2001 年修订）	第四十八条第三项	278

续表

序号	法律法规名称	援引法条	引用频次
7	合同法	第一百零七条	125
8	合同法	第六十条	92
9	合同法	第八条	81
10	合同法	第九十七条	57
11	合同法	第九十四条	42
12	合同法	第五十八条	37
13	合同法	第一百一十四条	30
14	合同法	第五十二条	27
15	合同法	第六十条第一款	27
16	合同法	第五条	23
17	合同法	第四十四条	23
18	合同法	第五十四条	17
19	合同法	第九十三条	16
20	合同法	第九十六条	15

三、案例解析

(一)刘某学位纠纷一案

1. 案情简介

刘某于 1994 年参加全国高等学校招生统考后,被某大学录取为该校医学系临床医学专业学生,并取得本科学生学籍。

刘某在 1994 年至 1999 年的学习中,除大学英语四级考试成绩不合格外,其他课程均达到合格分数。1999 年 6 月刘某毕业,学校给其颁发了毕业证书。

该学校制定的《学士学位评定实施细则》规定,本科学生大学英语四级考试成绩未合格者,不授予学士学位。由于刘某在校期间大学英语四级成绩未合格,学校未给其颁发学士学位证书。

1999 年 9 月,刘某通过大学英语四级考试。

2008 年 6 月 28 日，刘某取得学校医学院外科学专业硕士学位。2012 年 12 月 26 日，刘某取得外科学专业博士学位。2013 年 6 月，刘某工作的医学院人事处审核档案时，发现刘某的学籍档案中记载的学士授予情况为不授予学位，刘某为此多次找某学校要求更正学籍档案，但某学校不予更正，刘某遂诉至法院。

2. 法院观点

依据《教育法》《学位条例》和《学位条例暂行实施办法》规定和授权，学校具有对学生进行学籍管理、颁发毕业证及授予学士学位的法定职权。

《普通高等学校学生管理规定》（教育部令第 41 号）规定："学生应当参加学校教育教学计划规定的课程和各种教育教学环节的考核，考核成绩记入成绩册，并归入本人档案。"据此，刘某 1994 年至 1999 年在学校学习期间，取得的各类考核成绩及学士学位的授予等情况均应计入成绩册并归入本人档案。但学校在刘某的学籍档案中已如实记录其各科成绩以及大学英语四级考试成绩，刘某在校期间大学英语四级成绩未合格，不符合授予学士学位的条件，学校对刘某所持"学士学位证书"不予补充登记，没有违反法定职责。

3. 笔者评析

《学位条例》规定："高等学校本科毕业生，成绩优良，达到下述学术水平者，授予学士学位：（一）较好地掌握本门学科的基础理论、专门知识和基本技能；（二）具有从事科学研究工作或担负专门技术工作的初步能力。"《学位条例暂行实施办法》规定："学位授予单位可根据本暂行实施办法，制定本单位授予学位的工作细则。"根据上述规定，各学校有权依法制定本学校授予学位的工作细则。

本案中，学校制定的《学士学位评定实施细则》是针对本校不予授予学士学位情形的具体细化，与《教育法》《学位条例》的相关规定并不抵触，应属合法有效的文件。该《学士学位评定实施细则》规定，本科学生大学英语四级考试成绩不合格者，不授予学士学位。刘某在校期间参加了大学英语四级考试，但考试成绩均不合格，在此情况下，学校可以根据《学士学位评定实施细则》不予颁发学位证书给刘某。

（二）翟某博士学位被撤销案

1. 案情简介

翟某系某大学历史学院 2002 级博士研究生，于 2005 年 6 月毕业并取得博士学位。2013 年 9 月某大学接到关于翟某入学考试报名所用硕士学位证书系造假的举报。经核实后，某大学于 2014 年 1 月 6 日作出《关于撤销翟某博士学位的决定》（以下简称"该《决定》"），该《决定》撤销翟某博士学位并注销其学位证书。

翟某不服该《决定》，将某大学诉至法院，请求撤销某大学作出的该《决定》。

2. 法院观点

某大学是经国务院批准的博士学位授予单位，对舞弊作伪等严重违反《学位条例》规定的情况，具有撤销学位的职权。某大学作出的该《决定》事实清楚、证据充分，符合法定程序。翟某虽不认可学校留存的硕士学位证书，也不认可教育部学位与研究生教育发展中心据此作出的"翟某工业经济学专业硕士学位不真实"的认证报告，但翟某并未提供自己保存的硕士学位证书原件，也未提供其他足以推翻、反驳教育部学位与研究生教育发展中心认证报告的证据，故法院对翟某的诉讼请求不予支持。

3. 笔者评析

《学位条例》规定："高等学校和科学研究机构的研究生，或具有研究生毕业同等学力的人员，通过博士学位的课程考试和论文答辩，成绩合格，达到相应学术水平者，授予博士学位。学位授予单位对于已经授予的学位，如发现有舞弊作伪等严重违反本条例规定的情况，经学位评定委员会复议，可以撤销。"学校提交的证据可以证明翟某是以获得硕士学位的身份报考博士生，并且涉案硕士学位证书是不真实的事实，因此学校根据《学位条例》撤销翟某的博士学位适用法律正确，程序正当。

第五节 学历、学位纠纷的防控指南

为了防范学历、学位纠纷，学校需要注意几点：

1. 学校提供优质、合理的教学服务，让学生准时取得学历、学位证书。学生取得学历、学位与学生在校期间的表现、学习成绩密切相关，因此，学校应提供优质、合理的教学服务，这有利于学生准时取得学历、学位证书，避免学历、学位纠纷的发生。

2. 学校发放学历、学位证书应当符合法定程序。颁发学历、学位证书是行政许可行为，行政许可行为的做出须符合法定程序，因此，学校发放学历、学位证书的程序也应当合法。

3. 学校无正当理由不得拒发或扣压学历、学位证书。高等学校可以制定不与法律法规相抵触的授予学历、学位的相关制度，但学生符合颁发学历、学位证书的条件时，学校无正当理由不得拒发或扣压学历、学位证书，如学校不得以学生欠交学费为由拒发放学历、学位证书。

4. 学校撤销学生学历、学位证书应当具有法定事由。学校虽不得任意撤销学生的学历、学位证书，但有证据证明学生弄虚作假，不符合颁发学历、学位证书的法定条件时，学校可以依职权撤销学生的学历、学位证书。

为保证及时取得学历、学位证书，学生应注意以下几个方面的事项：

1. 严格遵守法律的规定。当下，学生犯罪的案件数量虽呈下降的趋势，但每年因学生犯罪而被判处刑罚的学生仍不在少数。因此，学生要遵守法律规定，防止因犯罪被判处刑罚而荒废学业。

2. 遵守学校的规章制度。学生的主要任务是学习，学生应当遵守学校的规章制度，按时上、下课，切忌出现翘课的行为，确保通过学校所设置的所有科目的考试或考核，及时取得学历、学位证书。

3. 保持良好的身心状态。学生应保持身体和心理健康，防止因身心健康问题而耽误学业。

第四章

教育质量纠纷的法律风险防控

第一节　义务教育质量纠纷

一、义务教育质量纠纷的概念、现状

（一）概念

教育质量是衡量一所学校实力的重要指标，也是学生选择一所学校最主要的参考标准之一，如教育质量存在瑕疵常会引发纠纷。按教育是否具有强制性、义务性，可将教育教学质量纠纷分为义务教育质量纠纷和非义务教育质量纠纷。

义务教育是由国家统一实施，具有强制性、免费性、普及性的教育形式。所有适龄儿童和青少年都必须接受义务教育。

义务教育质量纠纷是义务教育阶段因教育质量问题而产生的纠纷。

（二）现状

目前，全国义务教育质量参差不齐，特别是在很多偏远地区和贫困地区，存在义务教育质量普遍不高的问题。为了进一步了解义务教育质量纠纷的现状，笔者通过中国裁判文书网、最高人民法院网等网站检索出 2012—2019 年涉及义务教育质量纠纷的 184 篇裁判文书，从下方的年份分布图我们可以看到涉及义务教育质量纠纷案例数量的变

化趋势。

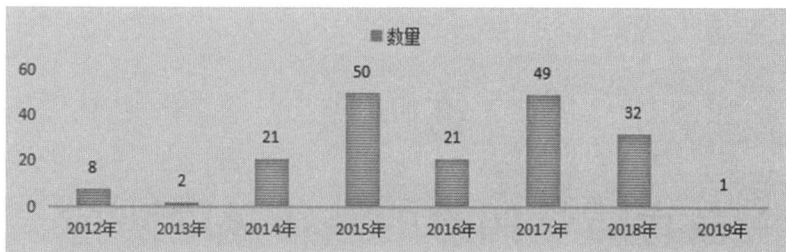

2012—2019年全国义务教育质量纠纷案例数量变化趋势图（单位：件）

二、高频法条

（此处统计了民事案件中涉及义务教育质量纠纷的被援引的高频法律法条）

序号	法律法规名称	援引法条	引用频次
1	合同法	第五十八条	25
2	合同法	第五十二条第五项	19
3	合同法	第八条	19
4	合同法	第五十四条	18
5	合同法	第六十条	15
6	民办教育促进法（2013年修订）	第二条	15
7	民办教育促进法（2013年修订）	第六十四条	15
8	民办教育促进法（2013年修订）	第十一条	15
9	消费者权益保护法（2013年修订）	第四十九条	15
10	关于审理劳动争议案件适用法律若干问题的解释（2008年整理版）	第七条	15
11	关于适用《合同法》若干问题的解释（一）	第十条	15
12	合同法	第一百零七条	14
13	合同法	第五十二条	13
14	合同法	第九十七条	10

序号	法律法规名称	援引法条	引用频次
15	民办教育促进法（2013 年修订）	第六十六条	10
16	合同法	第九十四条	9
17	劳动合同法（2012 年修订）	第九十六条	8
18	劳动合同法（2012 年修订）	第二条	8
19	合同法	第十条	8
20	民办教育促进法实施条例	第四十五条	8

三、义务教育质量纠纷案例解析

小学生陶某与某民办学校教育质量纠纷一案

1. 案情简介

2011 年 6 月 30 日，陶某到某民办学校入读小学，双方达成口头协议，协议当天陶某第一次交纳教育金 5000 元，同年 8 月 30 日第二次交纳教育金 13000 元。2012 年 2 月 2 日双方正式签订《合同书》，《合同书》约定："陶某入读小学四年级，合同年限九年。"陶某于签合同当天第三次交纳教育金 45000 元，2012 年 4 月 15 日第四次交纳教育金 10000 元，陶某交纳教育金合计 73000 元。

由于该学校教育质量太差，陶某入读两年结束后，2013 年 8 月双方解除合同，陶某转到另一小学上学。

双方就退费数额产生争议，陶某遂诉至法院。

2. 法院观点

双方于 2012 年 2 月 2 日签订的《合同书》系双方当事人之间的真实意思表示，且不违反法律规定，合法有效。但根据《民办教育收费管理暂行办法》规定，民办学校对接受学历教育的受教育者按学期或学年收取学费、住宿费。《合同书》约定跨年度收费，违反了《民办教育收费管理暂行办法》的规定，该条款应归于无效，某民办学校多收取陶某的费用应当予以退还。

因本案中双方在合同中已明确具体的收费标准，故某民办学校应根据该标准退还学生未入读年份的学费。

综上，法院判决某民办学校退还陶某学费 33100 元。

3. 笔者评析

根据《义务教育法》的规定，义务教育是国家统一实施的所有适龄儿童、少年必须接受的教育，依法实施义务教育的学校应当按照规定标准完成教育教学任务，保证教育教学质量。本案中，因学校教育质量问题，导致陶某解除双方签订的教育合同，法院判决学校退还多收取的费用，并无不当。

第二节　非义务教育质量纠纷

一、非义务教育质量纠纷的概念、现状

（一）概念

非义务教育质量纠纷包括中高等教育质量纠纷和培训教育质量纠纷。

在非义务教育阶段，学校与学生的法律关系属于教育服务合同关系，学校负有按照国家的规定和双方的约定给学生提供教育服务的义务，教育质量不符合约定的，学校应当按照当事人的约定承担违约责任。

学校具有贯彻执行国家的教育方针、国家教育教学标准，保证教育教学质量的义务。学校侵害受教育者的合法权益，造成受教育者损失、损害的，应当依法承担民事责任。

（二）现状

随着我国经济水平的提高，教育越来越受到重视，近些年来，普通高等教育和各种培训教育规模逐年扩大，由此引发了越来越多的纠纷；笔者通过中国裁判文书网、最高人民法院网等网站检索出 2012—2019 年涉及非义务教育质量纠纷案例共计 128 篇裁判文书，从下方的

年份分布图可以看到涉及非义务教育质量纠纷案例数量的变化趋势。

2012—2019 年全国非义务教育质量纠纷案例数量变化趋势图（单位：件）

二、高频法条

（此处统计了民事案件中涉及非义务教育质量纠纷的被援引的高频法律法条）

序号	法律法规名称	援引法条	引用频次
1	合同法	第九十七条	184
2	合同法	第九十四条	152
3	公司法（2005 年修订）	第三条	100
4	公司法（2005 年修订）	第二十条第三款	98
5	合同法	第一百零七条	93
6	合同法	第六十条	85
7	合同法	第六十条第一款	85
8	合同法	第六十一条	77
9	合同法	第九十四条第四项	76
10	公司法（2005 年修订）	第二十条	75
11	合同法	第六十二条第二项	73
12	合同法	第八条	70
13	公司法（2005 年修订）	第二十条第一款	45
14	公司法（2005 年修订）	第二十条第三款第二项	41

続表

序号	法律法规名称	援引法条	引用频次
15	公司法（2005 年修订）	第二十条第三项	28
16	合同法	第五十二条	27
17	民法通则（2009 年修订）	第三十六条第一款	25
18	民法通则（2009 年修订）	第八十七条	23
19	合同法	第九十七条第一款	22
20	合同法	第九十七条第三款	22

三、非义务教育质量纠纷案例解析

小宋与某教育培训学校教育质量纠纷一案

1. 案情简介

小宋是某市某初中学生，因其学习基础较差，其父宋某决定在某市某教育培训学校（以下简称学校）让小宋上"一对一"培训班进行补习。宋某与学校约定：由该学校对小宋的数学、物理、化学、英语进行"一对一"培训，每课时 40 分钟，每课时 90 元。

签订协议后，小宋在 2015 年 7 月 15 日至 11 月 7 日期间接受了该学校的培训。宋某为儿子小宋交培训费四次，共计 28000 元。但从当年 10 月 15 日起，宋某欠付培训费，至当年 11 月 7 日，共拖欠培训费 7875 元。

学校多次催宋某缴纳培训费，宋某都未支付拖欠的培训费，学校被迫与小宋对簿公堂。

宋某在知道自己的儿子成了被告后，恼羞成怒，立即向法院提起反诉，请求不仅不交剩余的学费，还要求学校退还已交的 28000 元学费。理由是：学校仅仅是一家提供短期培训的教育机构，不具有全日制办学资质，校长没有教师资格证，学校没有收费许可证。培训学校夸大自家办学资质及师资力量，承诺培训教育效果，保证小宋考上某市内高中，但实际上该校没有完全履行培训管理义务，导致小宋的学业被耽误，学习成绩不进反退，退至班级倒数第一，这根本未能达到培训教育目的。

为此，宋某请求法院判令培训学校返还培训费28000元。

2. 法院观点

宋某将儿子送入学校接受培训并按双方约定缴纳培训费，说明双方达成了教育培训的契约，并自愿履行。双方的教育培训合同关系不违反法律规定，学校的权益应予支持和保护。

但学校发现学生在本校学习效果达不到预期的情况下，应果断中止学生在此的学习，而不应以家长只要交费，学生学不学自便的态度去对待学生的成长和教育，这是极不负责任的教育态度。事实上，原、被告双方纠纷的实质是教育质量的纠纷。

最后，法院认定对于小宋的损失，由自己承担80%责任，学校承担20%责任。

按照此归责原则，小宋共接受424.5个课时的培训，减去有异议的10个课时，共414.5个课时，减去已交的28000元培训费，小宋应补交培训费1844元。

3. 笔者评析

缔约合同应当遵循自愿原则。在本案中，家长与培训机构双方自愿签订培训合同的行为，并不违反《民法典》的规定，即当事人依法享有自愿订立合同的权利，任何单位和个人不得非法干预但并非只要符合自愿原则，当事人就不需要承担任何法律责任。正如该案法院的判决书中所述，培训学校发现学生在本校学习效果达不到预期的情况下，应果断中断学生在此的学习，而不应以家长只要交费、学生学不学自便的态度去对待学生的成长和教育。该案中的培训机构以消极的态度对待学生的培训，为此承担了相应的责任。

家长也应当密切关注孩子的培训效果，如果发现培训机构不能实现签订合同时所预设的目的，应当及时向培训机构提出建议或变更合同，若在培训结束后，以未达到约定的目的为由，要求全部返还培训费的请求不能得到支持或全部支持。

第三节　教育质量纠纷的防控指南

防范教育质量纠纷的重点是提升教育质量，为提升教育质量，避免或减少教育质量纠纷，学校和教师应注意：

1. 提升课堂教学高效性。学校应当重点抓住课堂教学的时间，提升课堂教学高效性；教师应意识到课堂教学的重要性，尽量将知识在课堂上传授给学生。

2. 提升教师队伍专业素养。教师的专业素养对于教育质量的作用毋庸置疑。学校应聘任具有教师资格的人员教学，抓好教师队伍建设，以教师的发展为本，进行民主管理，强化教师尊严感和职业荣誉感，提升教师队伍整体专业素养，打造一支高素质的师资队伍。

3. 强化学生素质教育，实现课程设置科学化。我国近年来一直在提倡素质教育，提升教育质量，这就要求学校除了给学生开展语数外等课程的学习外，体育艺术实验等课程也不能形同虚设。

4. 谨防有偿补课。教育部明确规定，严禁中小学校和在职中小学教师有偿补课。因此，中小学校应当坚决杜绝组织或参与有偿补课行为，并加强对教师从教行为的管理，对于在课堂上故意不完成教育教学任务，课上不讲课、下课后办补习班并收取补课费的以及打击报复不参与有偿补课学生等严重违纪、败坏师德的行为，实行"零容忍"。在职中小学教师切忌组织或参与有偿补课行为。

5. 非义务教育学校需重视。一是学校应按照承诺或约定提供教育产品，有些学校特别是培训机构，为了吸引学生，在招生简章或招生广告中可能会作出很多承诺，对此，学校应当按照承诺提供教育产品。同时，学校也应当按照与学生或监护人的约定开设相应课程，提供教育产品，保证教育教学质量。

二是学校应按照合同约定提供教育成果，实践中部分学校和学生约定，学生交付费用后，学校保证学生拿到高等教育毕业证书或者获得某种荣誉、奖项、执业证书，在此情形下，学校应按照合同约定提供承诺的教育成果。否则，容易引起纠纷。

为提升教育质量，学生以及学生家长应注意：

1. 学生家长应重视学生的学习。在现实生活中，有一部分家长存在"家长只需要把孩子的生活照顾好就可以了，教育质量问题应该由学校全权负责"的片面观念，认为教育质量水平的高低只与学校有关，与家长无关。事实上，提升教育质量，需要学校、学生以及学生家长三方形成合力。为此，这部分学生家长要转变观念，配合学校的学习安排，并督促学生按照学习计划完成学习，这样才能实现提升教育质量的目的。

2. 学生应将时间和精力集中在学习上。当下，很多学生都使用手机、电脑等电子产品，有的学生甚至对电子产品上瘾，学生因对电子产品上瘾而荒废学业的新闻屡见报端。因此，学生应端正学习态度，将时间和精力集中在学习上，合理控制使用电子产品的时间，防范对电子产品上瘾的行为。

第五章

学习费用纠纷的法律风险防控

第一节 学习费用纠纷的概念、现状

一、概念

学习费用纠纷是指因学杂费、借读费、择校费及赞助费等学习费用交纳或者返还引发的纠纷。此类纠纷的具体情形是学生在入学、转学、退学或被开除学籍时，要求学校少收、延收而学校不予同意，或者学生要求退还学习费用而学校未予退还，学生因此与学校产生的纠纷。

二、现状

我国人口流动性越来越大，近年来转学的人越来越多，所以因学习费用产生的纠纷也越来越多。笔者通过中国裁判文书网、最高人民法院网等网站检索出 2012—2019 年涉及学习费用纠纷的 2656 篇裁判文书，从下方的年份分布图我们可以看到涉及学习费用案例数量的变化趋势。

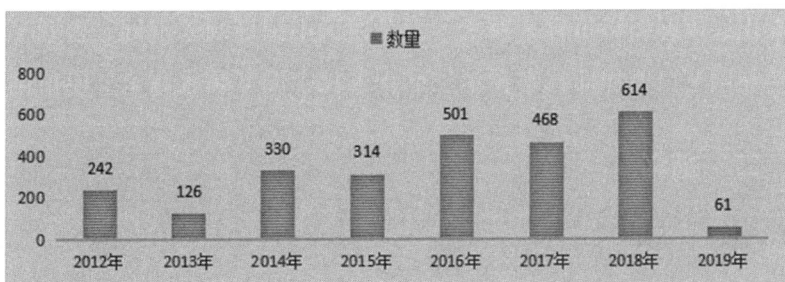

2012—2019 年全国涉及学习费用纠纷案例数量变化趋势图（单位：件）

第二节　高频法条

（此处统计了民事案件中涉及学习费用纠纷被援引的高频法律法条）

序号	法律法规名称	援引法条	引用频次
1	合同法	第一百零七条	1563
2	合同法	第六十条	1192
3	合同法	第八条	703
4	侵权责任法	第十六条	528
5	合同法	第六十条第一款	444
6	合同法	第二百零六条	436
7	合同法	第一百零九条	378
8	关于审理人身损害赔偿案件适用法律若干问题的解释	第二十二条	369
9	合同法	第九十七条	366
10	合同法	第二百零七条	361
11	关于审理人身损害赔偿案件适用法律若干问题的解释	第十九条	357
12	关于审理人身损害赔偿案件适用法律若干问题的解释	第二十一条	350

序号	法律法规名称	援引法条	引用频次
13	关于审理人身损害赔偿案件适用法律若干问题的解释	第十七条	349
14	合同法	第一百一十四条	340
15	道路交通安全法（2011 年修订）	第七十六条	322
16	关于审理人身损害赔偿案件适用法律若干问题的解释	第二十三条	310
17	合同法	第四十四条	297
18	合同法	第九十四条	295
19	关于审理人身损害赔偿案件适用法律若干问题的解释	第二十四条	295
20	合同法	第六十一条	272

第三节　学习费用纠纷案例解析

一、欧某诉某武术学校要求返还学费一案

1. 案情简介

欧某欲在某武术学校就读，欧某的父亲于 2016 年 2 月 29 日给其缴纳学杂费用 6000 元，欧某就读 5 天后，因该校一直未开课，欧某遂于 2016 年 3 月 4 日回到原就读的中心小学读书。之后，欧某的父亲多次找武术学校返还学费，均未果，欧某遂将其起诉至法院要求该学校返还学费。

2. 法院观点

欧某在武术学校缴纳学杂费用并在学校开始学习，双方之间的教育培训合同成立，欧某按照合约缴纳学杂费用后，学校应为欧某提供相应的教育培训。但是由于欧某未在学校享受到课程服务，双方合同随即解除。合同解除后学校拒不退还欧某的学杂费用款项于理无据，

应当返还给欧某。

因欧某自 2016 年 2 月 29 日至 3 月 4 日在某武术学校学习了 5 天时间。在此期间产生的学习费用欧某应当予以支付。其上半年学费为 6000 元，其中扣除法定假期 9 天，5 天的学杂费用为 244 元。

据此，武术学校在返还欧某学杂费用 6000 元中应当扣除其中 5 天的学习费用 244 元，即为 5756 元。

3. 笔者评析

根据《民法典》规定，当事人应当按照约定全面履行自己的义务，应当遵循诚实信用原则，根据合同的性质、目的和交易习惯履行通知、协助、保密等义务。有下列情形之一的，当事人可以解除合同：当事人一方迟延履行主要债务，经催告后在合理期限内仍未履行；当事人一方迟延履行债务或者有其他违约行为致使不能实现合同目的。本案中，武术学校未及时履行开课义务，致使欧某学习的目的无法实现，欧某可以单方解除合同。武术学校已经履行了部分义务，即欧某在其学校学习了 5 天，该部分费用，欧某仍需向学校支付。

二、胡某某诉某外国语学校返还学费一案

1. 案情简介

胡某某与某外国语学校签订《标准约定书》一份，约定胡某某从 2012 年 9 月 21 日起享受某外国语学校提供的英语教育服务，合同期限至 2013 年 9 月 21 日止，学费共计 29000 元。因外国语学校奖励 4000 元奖学金，胡某某于合同签订时实际缴纳学费 25000 元，外国语学校给胡某某出具了收据。外国语学校在实际经营中，有一部分学费由某金融公司收取。随后，外国语学校停业。

胡某某支付了巨额学费，却无法享受到教学培训的权利，遂将一纸诉状递至法院，要求解除与外国语学校签订的《标准约定书》，并要求外国语学校与某金融公司返还学费 25000 元。

2. 法院观点

本案中，胡某某与外国语学校签订的《标准约定书》属教育培训合同，即受教育者交纳学习培训费用到教育培训机构接受教育，双方之间成立教育培训服务合同法律关系。受教育者享有接受教育培训服务的权利，同时负有交纳教育培训费用、遵守规章制度等义务；在符合法律法规的前提下，教育培训机构享有一定的教学自主权与学生的管理权、收取学杂费的权利，同时负有按照相关教育法规以及与学生之间的约定为受教育培训者提供教学的义务。

胡某某与外国语学校签订合同后，其已履行了交纳全额学费的义务，外国语学校应按照合同约定为胡某某提供教学，但目前外国语学校已经停业，无法继续履行合同，现胡某某要求解除合同符合法律规定，应予以支持。同时，外国语学校还应依法承担赔偿损失的违约责任，即退还未对胡某某履行教学义务部分相应的学费。关于胡某某要求某金融公司承担连带责任的诉求，因外国语学校收取的部分学费实际上由某金融公司收取，某金融公司亦是该教育培训服务合同的相对方，故对此诉求法院予以支持。

最终，法院判决解除胡某某与外国语学校签订的《标准约定书》，外国语学校与某金融公司返还胡某某教育费 25000 元。

3. 笔者评析

《民法典》规定，当事人一方不履行合同义务或者履行合同义务不符合约定的，应当承担继续履行、采取补救措施或者赔偿损失等违约责任。合同成立以后客观情况发生了当事人在订立合同时无法预见的、非不可抗力造成的不属于商业风险的重大变化，继续履行合同对于一方当事人明显不公平或者不能实现合同目的，当事人请求人民法院变更或者解除合同的，人民法院应当根据公平原则，并结合案件的实际情况确定是否变更或者解除。本案中，学校未履行合同义务，且学校已停业，不具备继续履行合同的条件，学生胡某某可以解除教育培训合同，并可以要求学校返还教育费用。

第四节 学习费用纠纷的防控指南

1. 严格依法管理学生缴纳的各项费用。学校应当依法管理学生缴纳的各项费用，建立严格的财务会计制度，依法收取学生费用并及时入账，对于非法定义务收取的费用，如额外的培训费、资料费、旅游参观费用、娱乐费用等，应当列清来源及开支明细，要符合财务管理和审计要求。

2. 严格按规定收取各项费用，禁止巧立名目。国家对学校收取学生的学习费用的标准有严格要求，学校和教职工应当在允许范围内收取费用，禁止巧立名目，违规收取费用，如：禁止收取学生的择校费，禁止由教职工收取并管理班费等。

3. 严格遵照相关退费制度。对于退学、转学、入学不成功的学生，学校应当按照相关规定给予退费，不得因学生的违纪退学而克扣学生相关费用，也不能因学生主动退学影响了学校入学率而克扣学生的相关费用，若引发纠纷不仅会造成恶劣的社会影响，还有损学校形象。

4. 防范学校或老师的有偿补课行为。中小学校应当坚决杜绝组织或参与有偿补课行为，并禁止在职教师实施有偿补课行为。教育部门倡导学生及家长对有偿补课行为进行举报，由教育主管部门或纪委、监委公布举报电话，防范有偿补课行为的发生。

第六章

封闭式教育纠纷的法律风险防控

第一节　封闭式教育纠纷的概念、现状

一、概念

封闭式教育是指学校与社会联系较少，使学生处于相对封闭的环境中接受学习的一种教育模式。封闭式教育管理是根据中小学生群体自控能力较差的性格特点，为避免学生受到外界不良风气、思想的侵蚀而针对中小学生实施的一种管理模式。

实施封闭式教育管理是为了让学生受到更好的保护，但同时，因为学生处于学校的封闭管理下，学校因此也承担了更多的管理和保护职责，相应地，学校也因此面临更大的法律风险。

因封闭式教育管理而产生的纠纷即封闭式教育纠纷。

二、现状

笔者通过中国裁判文书网、最高人民法院网等网站检索出 2012—2019 年涉及封闭式教育纠纷的 71 篇裁判文书，从下方的年份分布图我们可以看到涉及封闭式教育案例数量的变化趋势。

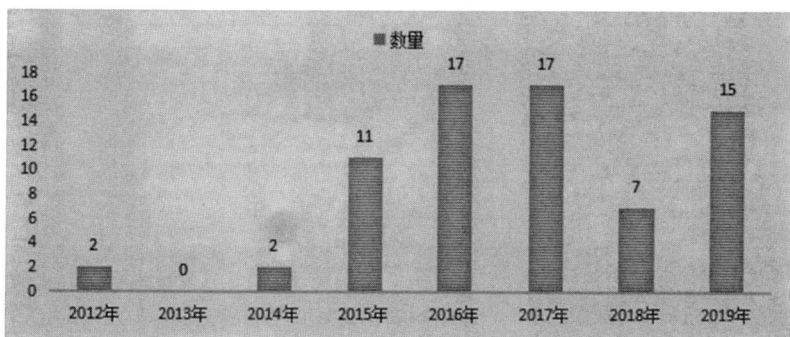

2012—2019 年全国涉及封闭式教育纠纷案例数量变化趋势图（单位：件）

第二节　高频法条

（此处统计了民事案件中涉及封闭式教育纠纷的被援引的高频法律法条）

序号	法律法规名称	援引法条	引用频次
1	侵权责任法	第十六条	41
2	侵权责任法	第三十九条	34
3	关于审理人身损害赔偿案件适用法律若干问题的解释	第二十二条	25
4	侵权责任法	第二十六条	24
5	关于审理人身损害赔偿案件适用法律若干问题的解释	第二十一条	24
6	关于审理人身损害赔偿案件适用法律若干问题的解释	第十九条	23
7	关于审理人身损害赔偿案件适用法律若干问题的解释	第二十三条	22
8	关于审理人身损害赔偿案件适用法律若干问题的解释	第二十四条	22
9	关于审理人身损害赔偿案件适用法律若干问题的解释	第十七条	21

序号	法律法规名称	援引法条	引用频次
10	侵权责任法	第六条	19
11	侵权责任法	第二十二条	17
12	关于审理人身损害赔偿案件适用法律若干问题的解释	第十七条第一款	16
13	侵权责任法	第三十二条	15
14	关于审理人身损害赔偿案件适用法律若干问题的解释	第二十五条	11
15	关于审理人身损害赔偿案件适用法律若干问题的解释	第十八条	11
16	关于审理人身损害赔偿案件适用法律若干问题的解释	第七条	10
17	侵权责任法	第三十二条第一款	9
18	侵权责任法	第六条第一款	9
19	侵权责任法	第三十八条	8
20	关于确定民事侵权精神损害赔偿责任若干问题的解释	第十条	8

第三节　封闭式教育纠纷案例解析

小徐诉明珠学校案

1. 案情简介

小徐系封闭式寄宿初中明珠学校的学生，2013 年 9 月 29 日至 30 日，明珠学校组织召开运动会，9 月 30 日上午，小徐参加 1500 米跑步比赛结束后，在看台上休息期间摔倒受伤，诊断为"左尺桡骨下段骨折、左肱骨髁上骨折伴神经损伤"，经鉴定，小徐的损害结果构成九级伤残。

2. 法院观点

公民的健康权应受到法律保护。明珠学校为封闭式寄宿学校，小徐家长将小徐送到学校后，应视为监护权转移给学校，学校应当对小徐承担监护责任。小徐的父母将其送到学校进行封闭式教育管理，学校应当创造良好的教学环境并尽到管理职责。

本案中小徐参加了学校组织的 1500 米跑步比赛，完成后在看台上休息时突然昏倒，导致其从看台上摔下受伤，而学校称小徐踩到矿泉水瓶后摔倒受伤，在双方均不能提供充分证据予以证实的情况下，根据相关法律，小徐在学校组织召开运动会时在学校内受伤，学校应承担相应的赔偿责任。小徐系限制民事行为能力人，在看台上休息时未尽合理安全注意义务，对自身受到伤害亦应承担一定的责任。

最终，法院酌定对小徐因本次事件所遭受的合理经济损失，小徐自行承担 60%，明珠学校承担 40%。

3. 笔者评析

根据侵权责任法之规定，限制民事行为能力人在学校或者其他教育机构学习、生活期间受到人身损害，学校或者其他教育机构未尽到教育、管理职责的，应当承担责任。本案中，小徐的父母将其送到学校进行封闭式教育管理，学校有义务和责任保护学生在学校期间的人身安全。该学校未尽到保护职责，应承担相应的民事责任。

第四节　封闭式教育纠纷的防控指南

1. 封闭式教育机构应当承担监护职责。家长将学生送到学校后，应视为将学生的监护权临时转移给学校，学校应当对在校学生承担监护责任。同时，监护人将学生送到学校进行封闭式教育管理，学校应当为学生创造良好的教育、生活环境，防止学生受到伤害。

2. 封闭式教育机构应建立安全保障体系。因为封闭式教育机构的管理模式是封闭式管理，对学生安全问题需承担较大的管理责任，因此，应当建立安全保障体系：一是建立安全预防机制，如充分发挥保卫处功能；二是建立安全应对机制，如成立安全管理领导小组；三是完善救助机制，如建立卫生室。

3. 封闭式教育机构应注意学生健康人格的培养。封闭式教育管理人为地阻隔了学生与社会接触的机会，不利于学生视野的扩大，束缚了学生思维的发展，影响了学生的社会化进程，不利于健康人格的形成，甚至会造成学生人格扭曲，走上违法或犯罪道路。封闭式管理学校要经常开展交流活动，适时安排社会实践活动，让学生亲自走向社会进行实践。同时，学校还要对学生加强心理教育，经常疏导学生的压力，做到"三随时"，即随时发现问题、随时研究问题、随时解决问题。这能够让学生形成健康的人格，预防学生违法和犯罪事件的发生。

4. 封闭式教育机构应增强法律风险防控的意识和能力。封闭式教育机构因其封闭式的特点，需要承担一些特定的法律责任，如在封闭式学校内发生学生打架斗殴事件，由此导致的学生损害后果，这种类型的学校可能会比开放式学校要承担更重的法律责任。因此，封闭式教育机构应增强法律风险防控的意识和能力。

第七章

军训纠纷的法律风险防控

第一节　军训纠纷的概念、现状

一、概念

军训是学生接受国防教育的基本形式。

我们国家根据《国防法》《教育法》《兵役法》《国防教育法》和《中共中央关于教育体制改革的决定》要求对学生进行军训。

军训纠纷是指学生在军训过程中产生或者因军训行为而产生的纠纷。

二、现状

笔者通过中国裁判文书网、最高人民法院网等网站检索出 2012—2019 年涉及军训纠纷的 72 篇裁判文书，从下方的年份分布图我们可以看到涉及军训纠纷案例数量的变化趋势。

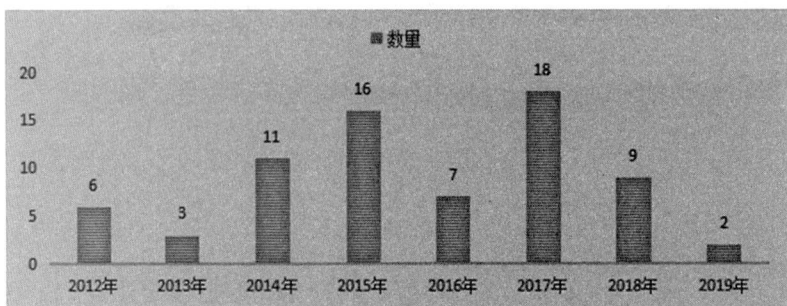

2012—2019 年全国涉及军训纠纷案例数量变化趋势图（单位：件）

第二节　高频法条

（此处统计了民事案件中涉及军训纠纷的被援引的高频法律法条）

序号	法律法规名称	援引法条	引用频次
1	侵权责任法	第十六条	23
2	侵权责任法	第三十九条	16
3	合同法	第一百零七条	16
4	关于审理人身损害赔偿案件适用法律若干问题的解释	第二十二条	14
5	侵权责任法	第二十二条	13
6	侵权责任法	第二十六条	13
7	关于审理人身损害赔偿案件适用法律若干问题的解释	第二十一条	11
8	合同法	第六十条	10
9	关于审理人身损害赔偿案件适用法律若干问题的解释	第十九条	10
10	侵权责任法	第六条	9
11	关于审理人身损害赔偿案件适用法律若干问题的解释	第二十四条	9
12	关于审理人身损害赔偿案件适用法律若干问题的解释	第十七条	9

序号	法律法规名称	援引法条	引用频次
13	关于审理人身损害赔偿案件适用法律若干问题的解释	第二十三条	8
14	关于审理人身损害赔偿案件适用法律若干问题的解释	第二十五条	8
15	侵权责任法	第十五条	6
16	合同法	第一百零九条	6
17	关于审理人身损害赔偿案件适用法律若干问题的解释	第十八条	6
18	侵权责任法	第三条	5
19	侵权责任法	第二条	5
20	民法通则（2009 年修订）	第一百零八条	5

第三节 军训纠纷案例解析

李某甲军训纠纷案

1. 案情简介

李某甲系某艺术中学的高中新生。

2014 年 7 月 10 日某艺术中学向李某甲发出 2014 年新生军训通知书，要求李某甲于 2014 年 8 月 1 日至 7 日前往培训中心参加军训。李某甲按照某艺术中学的安排与同学一起到培训中心参加军训。艺术中学安排了老师及校医随同学生参加军训，由随同的老师及校医协助培训中心的工作，对军训的学生进行管理。

8 月 2 日下午，李某甲在训练中膝盖扭伤，由艺术中学的校医为其擦药，当日李某甲未再参加训练。

8 月 3—4 日，李某甲继续参加训练。8 月 5 日上午，李某甲在参加训练下蹲时膝盖脱臼摔倒在地，培训中心教官及艺术中学老师将李某甲扶至旁边休息，艺术中学校医为李某甲擦药，李某甲未再参加当天的训练。当日下午 5 时，李某甲随艺术中学的校车回校，在校车上，李某甲用班主任老师的手机与父亲李某某联系。回到艺术中学后，李某甲由李某某接回家。

当日晚上，李某甲的父母带其到小诊所诊治，次日到广州市正骨医院治疗。在治疗终结后，李某甲的伤情经鉴定为十级伤残。

李某甲遂起诉至法院要求艺术中学、培训中心赔偿损失。

2. 法院观点

首先，艺术中学、培训中心疏于履行对未成年学生的保护和管理义务，在李某甲 8 月 2 日受伤后未能作出正确的判断，仅为李某甲擦药，未采取正确的救治措施，未通知李某甲的家长；之后，未予以必要的关注，导致李某甲受伤后仍继续参加军训并再次受伤。艺术中学、培训中心在李某甲再次受伤后仍未能采取正确的救治措施，未及时将学生送医及通知李某甲家长，没有尽到管理义务。

其次，李某甲及其家长存在以下过错：李某甲受伤时已年满 15 周岁，是高中学生，已具备起码的安全常识和相应的认知能力，其在参加训练时受伤，按照军训通知，如身体不适可申请离队休息。对于自己的损伤部位是否疼痛，能否继续参加军训，李某甲本人最清楚，而李某甲在受伤后仍继续参加训练，致 8 月 5 日再次受伤。李某甲受伤后于当天下午回家，其家长亦未及时送李某甲到正规医院就医。故李某甲应对其自身受伤承担相应的责任。

综合艺术中学、培训中心的过错责任，法院认为艺术中学、培训中心应承担 50% 的过错责任，李某甲也应承担 50% 的过错责任。

3. 笔者评析

艺术中学、培训中心组织学生参加军训是按照教育局的要求开展的，目的是为了加强学生的爱国主义、集体主义、国防教育、纪律教育，培养学生吃苦耐劳的品质，增强他们的体质，活动本身没有过错。

但是，艺术中学、培训中心在军训过程中，当学生受到伤害时，未采取有效救助措施，艺术中学、培训中心对学生出现人身伤害的后果存在过错。因此，艺术中学、培训中心需承担与过错相应的法律责任。

第四节　军训纠纷的防控指南

1. 落实安全教育。学校务必安排专门的时间对参训人员进行安全教育，结合实际，以思想、法规、常识、事故案例为教育内容，并以心理疏导教育为主，使学生增强安全意识，熟悉安全规定，掌握预防事故的基本知识。

2. 排除安全隐患，进行安全分析。学校应当履行安全工作职责，对安全管理情况进行检查，重点查找可能存在的安全隐患的地点。学校在安全工作检查中，发现违反安全规定的问题，应当及时整改，排除事故隐患，并对不安全因素和预防事故的重点等进行分析研究，制定应对策略。

3. 动态调整军训的时间和内容。学校应合理安排军训时间，注意劳逸结合。遇有炎热和下雨天气，要适当调整军训的时间、科目和训练强度，并采取必要的防暑降温措施，避免学生中暑。且要及时掌握学生的健康动态，对身体不适的学生可适当调整训练科目和内容。

4. 完善突发事故救助机制。学校应当完善突发事故救助机制，一旦发生突发事故，学校能提供有效、及时的救助：一方面，充分发挥保卫处职能；另一方面，充分发挥学校卫生室职能，军训期间，卫生室要设值班医生，并为中暑、晕倒的学生提供及时诊疗服务。

第八章

学生发饰着装纠纷的法律风险防控

第一节　学生发饰着装纠纷的概念、现状

一、概念

学生发饰着装纠纷是指学校为了校风校纪的建设，对发饰着装不合要求的学生进行一定的处罚而产生的纠纷。学校对学生发饰着装常见的要求有：学生必须穿校服；禁止学生烫发染发、着奇装异服；禁止男生留长发等。对发饰着装不合要求的学生，学校常用的处罚方式有：拒绝其进入校园或教室，进行批评教育，通知家长领回家，等等。

二、现状

笔者通过中国裁判文书网、最高人民法院网等网站检索出 2012—2019 年涉及学生发饰着装纠纷的 13 篇裁判文书，从下方的年份分布图我们可以看到涉及学生发饰着装纠纷数量的变化趋势。

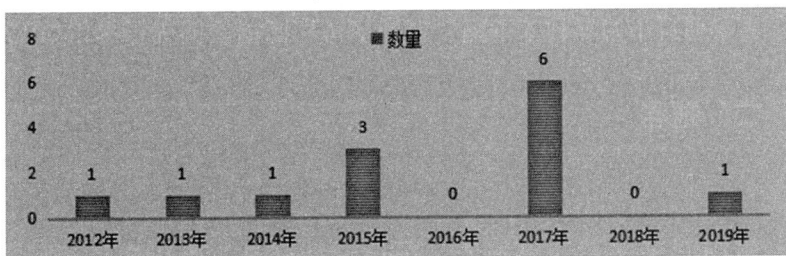

2012—2019 年全国涉及学生发饰着装纠纷案例数量变化趋势图（单位：件）

第二节　高频法条

（此处统计了民事案件中涉及学生发饰着装纠纷的被援引的高频法律法条）

序号	法律法规名称	援引法条	引用频次
1	关于审理人身损害赔偿案件适用法律若干问题的解释	第二十一条	3
2	关于审理人身损害赔偿案件适用法律若干问题的解释	第二十三条	3
3	关于审理人身损害赔偿案件适用法律若干问题的解释	第二十二条	3
4	关于审理人身损害赔偿案件适用法律若干问题的解释	第二十五条	3
5	关于审理人身损害赔偿案件适用法律若干问题的解释	第十九条	3
6	关于审理人身损害赔偿案件适用法律若干问题的解释	第十八条	3
7	侵权责任法	第二十六条	2
8	关于审理人身损害赔偿案件适用法律若干问题的解释	第二十六条	2
9	关于审理人身损害赔偿案件适用法律若干问题的解释	第二十四条	2

序号	法律法规名称	援引法条	引用频次
10	关于审理人身损害赔偿案件适用法律若干问题的解释	第十七条	2
11	义务教育法（2015 年修订）	第二十九条	1
12	义务教育法（2015 年修订）	第五十五条	1
13	侵权责任法	第三十九条	1
14	侵权责任法	第三十二条	1
15	侵权责任法	第三十八条	1
16	侵权责任法	第三十四条	1
17	侵权责任法	第三十四条第一款	1
18	侵权责任法	第二十二条	1
19	侵权责任法	第六条第一款	1
20	侵权责任法	第十六条	1

第三节　学生发饰着装纠纷案例解析

小安未穿校服引起纠纷一案

1. 案情简介

小安是某中学的在校学生。2014 年 5 月 4 日中午，小安在学校食堂打饭时因未穿校服裤与学校聘请的教官高某发生口角。餐后，小安被教官高某、杨某等人喊到学校一楼宿舍管理室，双方又发生了争吵。争吵中，高某用拳头朝小安的左眼打了一拳，致小安左眼出血，几名教官见状便用冰块给小安眼部冷敷，并将小安送到人民医院住院治疗。之后，某司法鉴定中心对小安的伤情进行鉴定，出具"小安的左眼挫伤致瞳孔散大影响视力，评定为轻微伤；左眼瞳孔散大，评定为十级伤残"的鉴定结论。小安向某中学提出赔偿损失的请求，但双方协商未果，小安将某中学诉至法院。

2. 法院观点

公民的生命权、健康权、身体权受法律保护。学生小安在学校学习期间，遭到劳务派遣的教官高某、杨某的人身损害，应当由接受派遣的用工单位某中学承担侵权责任，对小安的合理请求应予支持。

最终，法院判决某中学赔偿小安残疾赔偿金、精神损害抚慰金、鉴定费、住宿费、交通费、住院伙食补助费、营养费共计51542元。

3. 笔者评析

这是一起因学生未穿校服而引起的着装纠纷案件。

本案中，某中学的教官高某、杨某是劳务派遣的工作人员，其对学生小安实施侵权行为，导致小安左眼损伤的损害后果，法院判决由接受派遣的用工单位某中学承担侵权责任于法有据。

第四节 学生发饰着装纠纷的防控指南

1. 不得过分限制学生的发饰着装。基于维护校园正常管理秩序，学校可以对学生的发饰着装进行一定的限制，如：要求学生在学校举行活动或仪式的时候统一穿校服，不得烫发染发。但学校不得过分限制学生的发饰着装，如要求学生全部统一发型，因为这超出了必要的限度，过多地干涉了学生的发饰自由。

2. 惩罚措施须得当。学校可以对违反校园发饰着装制度的学生进行批评教育，但对于学生违反校园发饰着装制度的行为，学校不能任意设置惩罚措施，如：不得直接在课堂上将长发学生的头发剪短；不得对违反校园发饰着装制度的学生进行罚款或禁止其上课。

3. 防范发生争端、冲突的行为。学校要注意防范在管理违反校园发饰着装制度的学生的过程中，与学生发生争端、冲突的行为。在实践中，存在学生未按规定穿校服，老师对其进行管理时，学生与老师发生冲突，最后酿成严重后果的情形。为避免争端的产生：一方面，学校应当加强对学生的安全教育、纪律教育；另一方面，学校应针对学生容易冲动的特点，采取恰当的教育措施。

4. 采用合理教育方式，规范学生发饰着装。学校要灌输统一着校服可以增加集体荣誉感、标示个人身份的理念，让学生清楚留长发、染发、烫发的弊端，引导学生选择方便打理的发型。同时，学校应让学生知道穿着统一制作的校服，有利于培养学生的团体精神，同时对于避免攀比之风在校园盛行有一定作用。学校应当好好教育学生，让学生知道学校要求学生穿着校服的用心及好处。

最新法律法规

国务院办公厅关于开展
城镇小区配套幼儿园治理工作的通知

国办发〔2019〕3号

各省、自治区、直辖市人民政府，国务院各部委、各直属机构：

城镇小区配套建设幼儿园是城镇公共服务设施建设的重要内容，是扩大普惠性学前教育资源的重要途径，是保障和改善民生的重要举措。2018年11月，党中央、国务院印发《关于学前教育深化改革规范发展的若干意见》，提出规范小区配套幼儿园建设使用，并对小区配套幼儿园规划、建设、移交、办园等情况进行治理作出部署。为落实相关要求，经国务院同意，现就开展治理工作有关事项通知如下：

一、总体要求

以习近平新时代中国特色社会主义思想为指导，全面贯彻党的十九大和十九届二中、三中全会精神，落实全国教育大会部署，坚持以人民为中心的发展思想，认真履行政府责任，依法落实城镇公共服务设施建设规定，着力构建以普惠性资源为主体的学前教育公共服务体系，聚焦小区配套幼儿园规划、建设、移交、办园等环节存在的突出问题开展治理，进一步提高学前教育公益普惠水平，切实办好学前教育，满足人民群众对幼有所育的期盼。

二、工作任务

1. 城镇小区严格依标配建幼儿园。严格遵循《中华人民共和国城乡规划法》和《城市居住区规划设计标准》（GB 50180），老城区（棚户区）改造、新城开发和居住区建设、易地扶贫搬迁应将配套建设幼儿园纳入公共管理和公共服务设施建设规划，并按照相关标准和规范予以建设。城镇小区没有规划配套幼儿园或规划不足，或者有完整规划但建设不到位的，要依据国家和地方配建标准，通过补建、改建或就近新建、置换、购置等方式予以解决。对存在配套幼儿园缓建、缩建、停建、不建和建而不交等问题的，在整改到位之前，不得办理竣工验收。

2. 确保小区配套幼儿园如期移交。已建成的小区配套幼儿园应按照规定及时移交当地教育行政部门，未移交当地教育行政部门的应限期完成移交，对已挪作他用的要采取有效措施予以收回。有关部门要按规定对移交的幼儿园办理土地、园舍移交及资产登记手续。

3. 规范小区配套幼儿园使用。小区配套幼儿园移交当地教育行政部门后，应当由教育行政部门办成公办园或委托办成普惠性民办园，不得办成营利性幼儿园。办成公办园的，当地政府及有关部门要做好机构编制、教师配备等方面的工作；委托办成普惠性民办园的，要做好对相关机构资质、管理能力、卫生安全及保教质量等方面的审核，明确补助标准，加强对普惠实效及质量方面的动态监管。

三、工作措施

1. 摸底排查。各地以县（市、区）为单位，对城镇小区配套幼儿园情况进行全面摸底排查，针对规划、配建、移交、使用不到位等情况，分别列出清单、建立台账。该项工作于2019年4月底前完成。

2. 全面整改。针对摸底排查出的问题，从实际出发，认真制定有针对性的整改措施，按照"一事一议"、"一园一案"的要求逐一进行整改。对于已经建成、需要办理移交手续的，原则上于 2019 年 6 月底前完成；对于需要回收、置换、购置的，原则上于 2019 年 9 月底前完成；对于需要补建、改建、新建的，原则上于 2019 年 12 月底前完成相关建设规划，2020 年 12 月底前完成项目竣工验收。

3. 监督评估。对各地自查、摸排、整改等环节加强督导、监督和评估，并针对关键环节适时进行抽查，对落实不力、整改不到位的地区进行通报。

四、组织实施

1. 建立治理工作协调机制。成立城镇小区配套幼儿园治理工作小组，组长由协助分管教育工作的国务院副秘书长担任，成员由教育部、住房城乡建设部、发展改革委、民政部、自然资源部等部门负责同志组成。治理工作联合办公室设在教育部、住房城乡建设部。各地要参照建立相应工作机制，加强治理工作协调。

2. 落实治理责任分工。按照小区配套幼儿园规划、建设、移交、办园等各个环节的工作要求，明晰各项工作的主责部门及配合部门，建立联审联管机制，切实把摸底排查、全面整改等各项任务落到实处。教育行政部门要参与小区配套幼儿园规划、建设、验收、移交等各个环节的工作。发展改革部门要参与小区配套幼儿园建设项目规划布局，对需要补建、改建、新建的项目按程序及时办理审批、核准或备案手续。自然资源部门要根据国家和地方配建标准，统筹规划城镇小区配套幼儿园，将小区配套幼儿园必要建设用地及时纳入国土空间规划，按相关规定划拨建设用地。住房城乡建设部门要加强对城镇小区配套幼儿园的建筑设计、施工建设、验收、移交的监管落实。机构编制部门按程序做好小区配套幼儿园移交涉及的机构编制工作，根据办园性质，分别由机构编制部门和民政部门依法办理事业单位法人登记或民办非企业单位法人登记。在治理工作中，需要其他相关部门支持配合的，地方各级人民政府要加强统筹协调。

3. 加强治理工作保障。地方各级人民政府要认真制定治理工作方案，明确治理步骤，细化工作分工，压实部门责任，完善治理举措，确保治理工作如期完成。要加强社会监督，及时向社会公布治理工作方案、整改措施及治理结果。畅通群众反映意见渠道，设立并公布监督举报电话和信箱。健全部门工作联动、形势研判和应急反应机制，妥善处理突发事件，坚决维护社会稳定。对在治理工作中发现的造成学前教育资源严重流失等失职渎职行为和违法违纪案件，要依法依规追究责任。要及时总结治理情况，制定完善小区配套幼儿园建设管理办法，形成规范管理的长效机制。

各省（自治区、直辖市）治理工作方案、反映意见渠道以及摸底排查、整改等情况，要及时报送治理工作联合办公室。

国务院办公厅

2019 年 1 月 9 日

教育部等五部门关于完善安全事故处理机制维护学校教育教学秩序的意见

教政法〔2019〕11 号

各省、自治区、直辖市教育厅（教委）、高级人民法院、人民检察院、公安厅（局）、司法厅（局），新疆生产建设兵团教育局、新疆维吾尔自治区高级人民法院生产建设兵团分院、新疆生产建设兵团人民检察院、公安局、司法局：

为贯彻落实全国教育大会精神，完善学校安全事故预防与处理机制，形成依法依规、客观公正、多元参与、部门协作的工作格局，为学校（含幼儿园）办学安全托底，解决学校后顾之忧，维护老师和学校应有的尊严，保护学生生命安全，根据教育法、治安管理处罚法、刑法等法律法规和《国务院办公厅关于加强中小学幼儿园安全风险防控体系建设的意见》等有关规定，现提出如下意见。

一、健全学校安全事故预防与处置机制

1. 着重加强学校安全事故预防。各级教育部门要依法加强对学校安全工作的督导、检查，会同、配合有关部门加强对学校校舍、场地、消防、食品安全和传染病防控等事项的监管，指导学校完善安全风险防控体系，完善学校安全管理组织机构和责任体系，健全问责机制。各级各类学校要树立预防为先的理念，落实安全标准，健全安全管理制度，完善安全风险排查和防范机制，压实安全责任，加强学生的安全教育、法治教育、生命教育和心理健康教育，建立并严格执行学校教职工聘用资质检查制度，从源头上预防和消除安全风险，杜绝责任事故。健全学校安全隐患投诉机制，对学生、家长和相关方面就学校安全存在问题的投诉、提出的意见建议，及时办理回复。

2. 规范学校安全事故处置程序。各级教育部门要指导、监督学校健全安全事故处置机制，制定处置预案、明确牵头部门、规范处置程序，完善报告制度，提高工作规范化、科学化、专业化水平。安全事故发生后，学校应当立即启动预案，及时开展救助。发生重大事故，要建立由学校主要负责人牵头的处置机制，必要时由当地人民政府或者学校主管部门、其他相关部门牵头处理。学校应当建立便捷的沟通渠道，及时通知受伤害者监护人或者近亲属，告知事故纠纷处理的途径、程序和相关规定，主动协调，积极引导以法治方式处置纠纷。学校要关心受伤害者，保障受伤害者及其监护人、近亲属的知情权和依法合理表达诉求的权利。

3. 健全学校安全事故处理的法律服务机制。司法行政机关应当组织法律援助机构依法为符合条件的学校安全事故受伤害者提供法律援助，指导律师事务所、公证机构等为当事人提供法律服务，指导律师

做好代理服务工作，引导当事人依法、理性表达意见，合理提出诉求。有条件的地方可以设立学生权益法律保护中心，以政府购买服务等方式，聘请法律专业服务机构或人员，为学生提供法律服务。纠纷处理过程中，需要鉴定以明确责任的，由双方共同委托或者经当事人申请，由主持调解的机构、组织委托司法鉴定机构进行鉴定。

4. 形成多元化的学校安全事故损害赔偿机制。学校或者学校举办者应按规定投保校方责任险，有条件的可以购买校方无过失责任险和食品安全、校外实习、体育运动伤害等领域的责任保险。要通过财政补贴、家长分担等多种渠道筹措经费，推动设立学校安全综合险，加大保障力度。要增强师生和家长的保险意识，引导家长为学生购买人身保险，有条件的地方可以予以补贴。学校可以引导、利用社会捐赠资金等设置安全风险基金或者学生救助基金，健全救助机制。鼓励有条件的地方建立学校安全赔偿准备基金，或者开展互助计划，健全学校安全事故赔偿机制。

二、依法处理学校安全事故纠纷

5. 健全学校安全事故纠纷协商机制。学校安全事故责任明确、各方无重大分歧或异议的，可以协商解决。协商解决纠纷应当坚持自愿、合法、平等的原则，尊重客观事实、注重人文关怀，文明、理性表达意见和诉求。学校应当指定、委托协商代表，或者由法治副校长、学校法律顾问等专业人员主持或参与协商。协商一般应在配置录音、录像、安保等条件的场所进行。受伤害者亲属人数较多的，应当推举代表进行协商，代表人数一般不超过 5 人并相对固定。双方经协商达成一致的，应当签署书面协议。推动学校建立专业化的安全事故处理委员会，统筹学校安全事故预防与处置。

6. 建立学校安全事故纠纷调解制度。教育部门应当会同司法行政机关推进学校安全事故纠纷调解组织建设，聘任人大代表、政协委员、法治副校长、教育和法律工作者等具备相应专业知识或能力的人员参与调解。建立由教育、法律、医疗、保险、心理、社会工作等方面专业人员组成的专家咨询库，为调解工作提供支持和服务。市县两级行政区域内可根据需要设立学校安全事故人民调解委员会，对学校难于自行协商或者协商不成的安全事故纠纷实现能调尽调。司法行政机关应当会同教育部门、人民法院加强对学校安全事故人民调解委员会的指导，帮助完善受理、调解、回访、反馈等各项工作制度，加强人民调解员队伍建设和业务培训，确保调解依法、规范、公正、有效进行。地方教育部门根据需要可以直接组织行政调解。区域内的高等学校可以加强合作，联合建立事故纠纷调处机制。

7. 依法裁判学校安全事故侵权责任。人民法院对起诉的学校安全事故侵权赔偿案件应当及时立案受理，积极开展诉讼调解，对调解不成的，要按照《中华人民共和国侵权责任法》和相关法律法规，参照《学生伤害事故处理办法》等规章，明确划分责任，及时依法判决；对学校已经依法履行教育、管理职责，行为无过错的，应当依法裁判学校不承担责任。诉讼调解、裁判过程中，要切实保护双方权利，杜绝片面加重学校赔偿责任的情形。最高人民法院通过发布指导性案例等方式，加强审判指导。人民法院在诉讼过程中应当加强法律宣传教育，并做好判后释疑工作。

8. 杜绝不顾法律原则的"花钱买平安"。学校安全事故纠纷处理过程中，要坚守法律底线，根据事故客观事实和法律法规规定，明确各方责任。责任认定前，学校不得赔钱息事。经认定，学校确有责任的，要积极主动、按标准依法确定赔偿金额，给予损害赔偿，不得推诿塞责、拖延不办。学校负责人或者直接管理者有责任的，学校主管部门应当依法依规及时处理、严肃问责。学校无责任的，要澄清事实、及时说明。任何组织和个人不得非法干涉纠纷处理。坚决避免超越法定责任边界，片面加重学校负担、"花钱买平安"，坚决杜绝"大闹大赔""小闹小赔"。原则上，公办中小学、幼儿园人身伤害事故纠纷涉及赔偿金额请求较大的，应当积极引导当事人通过人民调解等方式解决。各地可以根据实际，规定公办中小学校、幼儿园协商赔偿的限额。

三、及时处置、依法打击"校闹"行为

9. 及时制止"校闹"行为。学校安全事故处置过程中，如发生家属及其他校外人员实施围堵学校、在校园内非法聚集、聚众闹事等扰乱学校教育教学和管理秩序，侵犯学校和师生合法权益等"校闹"行为的，学校应当立即向所在地公安机关报案，提供当事方人数、具体行为、有无人员受伤等现场情况，并保护好现场，配合公安机关做好调查取证等工作。公安机关到达前，学校保卫部门可依法采取必要的措施，阻止相关人员进入教育教学区域，防止其干扰教育教学活动。公安机关接到报案后应当立即组织警力赶赴现场，维持现场秩序，控制事态，协助有关部门进行疏导劝阻，防止事态扩大。对现场发生的违法犯罪行为，要坚决果断制止，对涉嫌违法犯罪人员依法查处。

10. 依法惩处"校闹"人员。实施下列"校闹"行为，构成违反治安管理行为的，公安机关应当依照治安管理处罚法相关规定予以处罚：（1）殴打他人、故意伤害他人或者故意损毁公私财物的；（2）侵占、毁损学校房屋、设施设备的；（3）在学校设置障碍、贴报喷字、拉挂横幅、燃放鞭炮、播放哀乐、摆放花圈、泼洒污物、断水断电、堵塞大门、围堵办公场所和道路的；（4）在学校等公共场所停放尸体的；（5）以不准离开工作场所等方式非法限制学校教职工、学生人身自由的；（6）跟踪、纠缠学校相关负责人，侮辱、恐吓教职工、学生的；（7）携带易燃易爆危险物品和管制器具进入学校的；（8）其他扰乱学校教育教学秩序或侵害他人人身财产权益的行为。"校闹"行为造成学校、教职工、学生财产损失或人身伤害，被侵权人依法追究"校闹"人员侵权责任的，应当予以支持。同时，可以通过联合惩戒机制，对实施"校闹"、聚众扰乱社会秩序的人员实施惩戒。

11. 严厉打击涉及"校闹"的犯罪行为。实施"校闹"行为涉嫌构成寻衅滋事罪、聚众扰乱社会秩序罪、故意毁坏财物罪、非法拘禁罪、故意伤害罪和聚众扰乱公共场所秩序、交通秩序罪等，需要追究

刑事责任的，公安机关要依法及时立案侦查，全面客观地收集、调取证据，确保侦查质量。人民检察院应当及时依法批捕、起诉。人民法院应当加快审理进度，在全面查明案件事实的基础上依法准确定罪量刑。对故意扩大事态，教唆他人实施针对学校和教职工、学生的违法犯罪行为，或者以受他人委托处理纠纷为名实施敲诈勒索、寻衅滋事等行为的，依法从严惩处。

师生、家长或者校外人员因其他原因在校内非法聚集、游行或者实施其他影响学校正常教育教学秩序行为的，参照上述规定予以处置。

四、建立多部门协调配合工作机制

12. 加强学校及周边安全风险防控。各地要加强校园周边综合治理，在城镇幼儿园、中小学周边全面实行学生安全区域制度。教育部门应当会同公安机关指导学校建立健全突发事件预警应对机制和警校联动联防联控机制，提高应对突发事件的现场处置能力。公安机关要加强校园及周边警务室建设，加强校园周边巡逻防控，及时受理报警求助。

13. 有效应对涉及学校安全事故纠纷的舆情。学校要做好安全事故的信息发布工作，按照规定主动、适时公布或者通报事故信息；在处置预案中明确接待媒体、应对舆情的部门和人员，增强舆情应对的意识和能力。对恶意炒作、报道严重失实的，学校要及时发声、澄清事实。对有较大影响的安全事故事件，属地教育部门应在党委、政府统一领导下，会同相关部门做好舆情引导工作。对于虚假报道引起社会不良影响的，学校应当向有关部门反映或提起诉讼，追究其侵权责任。

14. 营造依法解决学校安全事故纠纷的社会氛围。推动学校安全法律制度建设，鼓励各地制定或修改、完善学校安全方面的地方性法规。司法行政机关要协调指导有关部门加强法治宣传教育，增强社会公众的法治意识，培养尊法学法守法用法的社会氛围，推动形成依法理性解决学校安全事故纠纷的共识。要通过家长学校、家长委员会等多种方式拓宽学生父母或其他监护人参与学校管理和监督的渠道，加强对学生父母或其他监护人的法治宣传，形成和谐家校关系。学校要切实树立依法治校、依法办学理念，通过法治思维和法治方式化解矛盾纠纷，不得为防止发生安全事故而限制或取消正常的课间活动、体育活动和其他社会实践活动。

15. 建立学校安全工作部门协调机制。各地、各有关部门要深刻认识保障学校安全的重要意义，加强组织领导与协调配合，形成工作合力。地方教育部门应当积极协调相关部门建立联席会议等工作制度，定期互通信息，及时研究解决问题，共同维护学校安全，切实为学校办学安全托底，解除学校后顾之忧，保障学校安心办学、静心育人。

各地可以结合实际，制定贯彻实施本意见的具体办法。

教育部 最高人民法院

最高人民检察院 公安部 司法部

2019 年 6 月 25 日

教育部等八部门关于引导规范教育移动互联网应用有序健康发展的意见

教技函〔2019〕55 号

各省、自治区、直辖市教育厅（教委）、网信办、通信管理局、公安厅（局）、民政厅（局）、市场监管局、新闻出版局、"扫黄打非"办公室，新疆生产建设兵团教育局、网信办、公安局、民政局、市场监管局，部属各高等学校，各直属单位，中国教育和科研计算机网网络中心：

教育移动互联网应用程序（教育 APP，以下简称教育移动应用）

是指以教职工、学生、家长为主要用户，以教育、学习为主要应用场景，服务于学校教学与管理、学生学习与生活以及家校互动等方面的互联网移动应用。近年来，教育移动应用快速发展、广泛应用，在提高教学效率和管理水平、满足学生个性化学习需求和兴趣发展、优化师生体验等方面发挥了积极作用。但一些学校出现了应用泛滥、平台垄断、强制使用等现象，一些教育移动应用存在有害信息传播、广告丛生等问题，给广大师生、家长带来了困扰，产生了不良的社会影响。为引导和规范教育移动应用有序健康发展，更好地发挥教育信息化的驱动引领作用，现提出以下意见。

一、总体要求

（一）指导思想

以习近平新时代中国特色社会主义思想为指导，深入贯彻党的十九大精神，全面落实全国教育大会精神、全国网络安全和信息化工作会议精神，根据《中华人民共和国教育法》《中华人民共和国网络安全法》等国家有关法律法规，围绕落实立德树人根本任务，积极发展"互联网+教育"、办好网络教育，全面深化"放管服"改革，实施包容审慎监管，引导教育移动应用健康有序发展，为广大师生营造健康、有序、安全的网络空间和学习环境。

（二）基本原则

科学施策、分类引导。正确处理政府与市场、管理与服务、安全与发展的关系。分类引导不同教育阶段和类型、不同用户群体、不同功能用途的教育移动应用，构建良好教育生态。

问题导向、标本兼治。围绕群众反映强烈的问题，从供给侧和需求侧两端进行规范。开展专项行动治理乱象，建章立制规范管理，提质增效支撑发展，综合施策打好组合拳。

多方参与、协同联动。以构建常态化的治理体系为关键，建立政府管理、企业履责、专家献策、学校把关、家长监护、社会监督、行业自律等多主体参与、职责明晰的综合协同治理体系。

（三）工作目标

全面治理教育移动应用乱象，补齐监督短板，规范全生命周期管理，提高开发供给质量，营造优良发展生态，促进教育移动应用有序健康发展。2019 年底，完成教育移动应用备案工作。开展教育移动应用专项治理行动，群众反映强烈的问题得到有效缓解。2020 年底，建立健全教育移动应用管理制度、规范和标准，形成常态化的监管机制，初步建成科学高效的治理体系。

二、提高供给质量

（四）建立备案制度。教育移动应用提供者应当在取得 ICP 备案（涉及经营电信业务的，还应当申请电信业务经营许可）、网络安全等级保护定级备案的证明、等级测评报告后，向机构住所地的省级教育行政部门进行教育业务备案，登记单位基本信息和所开发的教育移动应用信息。已备案的教育移动应用提供者上线新应用前，应当在备案单位更新相关信息。教育部制定备案办法，明确备案流程和内容，依托国家教育资源公共服务平台为备案登记工作提供信息化支撑，汇总各省级教育行政部门备案信息，并向社会提供查询渠道。

（五）加强内容建设。教育移动应用提供者呈现的内容应当严格遵守国家法律法规，符合党的教育方针，体现素质教育导向，呈现的广告应当与提供的服务相契合。以未成年人为主要用户的教育移动应用应当限制使用时长、明确适龄范围，对内容进行严格把关。鼓励以高校师生为主要用户的教育移动应用增强优质网络教育资源供给能力，成为加强网络思想政治工作的有效载体。具备论坛、社区、留言等功能的教育移动应用应当建立信息审核制度。面向各教育阶段实施培训的教育移动应用应当对提供服务的主体进行审核、登记，其中：在校外线上培训机构实施学科类培训的人员应当取得教师资格证；聘用外籍人员实施培训的应当审查教学资质、学历和能力，并严格落实国家相关要求。

（六）规范数据管理。教育移动应用提供者应当建立覆盖个人信息收集、储存、传输、使用等环节的数据保障机制。按照"后台实名、前台自愿"的原则，对注册用户进行身份信息认证。收集使用个人信息应当明示收集使用信息的目的、方式和范围，并经用户同意。收集使用未成年人信息应当取得监护人同意、授权。不得以默认、捆绑、停止安装使用等手段变相强迫用户授权，不得收集与其提供服务无关的个人信息，不得违反法律法规与用户约定，不得泄露、非法出售或非法向他人提供个人信息。

（七）保障网络安全。教育移动应用提供者应当落实网络安全主体责任，采取有效措施，防范应对网络攻击，保障系统的平稳、安全运行。教育移动应用和后台系统应当统一落实网络安全等级保护要求。应用商店等移动应用分发平台提供者应当加强教育移动应用上架审核管理，建立开发者真实身份信息登记制度，对教育移动应用开展安全审核，及时处理违法违规教育移动应用。鼓励教育移动应用提供者参加网络安全认证、检测，全面提高网络安全保障水平。

三、规范应用管理

（八）落实主体责任。教育行政部门和学校是本单位自主开发的教育移动应用的主管单位和选用第三方教育移动应用的责任单位，应当加强统筹管理，明确职能部门归口，将教育移动应用、公众号和小程序等移动互联网平台纳入本地区、本单位的重要议事日程予以部署。按照"谁主管谁负责、谁开发谁负责、谁选用谁负责"的原则，建立健全教育移动应用管理责任体系，切实维护广大师生和家长的切身利益。

（九）建立推荐机制。省级教育行政部门应当根据地方实际，会同网信等职能部门探索本地区教育移动应用的推荐机制，按照公平、公正、公开原则，组织开展教育移动应用的评议，形成推荐名单并向社会公开，同时报教育部。推荐名单应保证质量，并保持动态更新。鼓励通过第三方评估，组织对教育移动应用的合法合规、功能性能、安全保障等方面进行检测，对教育移动应用呈现的内容进行检查，为推荐工作提供技术支撑。

（十）健全选用机制。教育行政部门和学校应当制定教育移动应用的选用制度。选用应当充分尊重教职工、学生和家长的意见，并严格选用标准、控制数量，避免造成不必要的负担。确定选用的教育移动应用应当报上级教育行政部门进行备案。未经教育行政部门、学校集体决策选用的教育移动应用，不得要求学生使用。中小学学习类教育移动应用应当落实教育行政部门和学校的"双审核"制度；各省级教育行政部门可根据地方实际结合推荐制度简化审核流程。

（十一）规范进校合作。教育行政部门和学校应当规范教育移动应用的进校管理。作为教学、管理工具要求统一使用的教育移动应用，不得向学生及家长收取任何费用，不得植入商业广告和游戏。推荐使用的教育移动应用应当遵循自愿原则，不得与教学管理行为绑定，不得与学分、成绩和评优挂钩。对于承担招生录取、考试报名、成绩查询等重要业务的教育移动应用，原则上应当由教育行政部门和学校自行运行管理。确需选用第三方应用的，不得签订排他协议，或实际由单一应用垄断业务。鼓励高校联合省级教育行政部门、招生考试机构、教育部"阳光高考"平台优化公共服务。

（十二）促进整合共享。教育行政部门和学校应当创新教育资源供给模式，探索通过国家数字教育资源公共服务体系，汇聚优质教育资源，集成各类应用，使网络学习空间成为教育移动应用的主要入口。面向师生提供管理和服务的教育移动应用应当整合为"互联互通、业务协同、信息共享"的综合性教育移动应用。鼓励教育移动应用将收集的机构、师生信息与国家基础数据库进行统一校验，并统一汇聚至国家教育基础数据库。

四、健全监管体系

（十三）加强行业规范。教育移动应用提供者应当自觉接受社会监督，设置便捷的投诉举报渠道，及时处理投诉。应用商店等移动应用分发平台提供者应当落实监督责任，健全资质核验、内容审核，配合进行适龄提示管理，并将教育业务备案作为上架应用商店的重要条件。鼓励移动终端提供者为家长监护提供技术支撑，提供未成年人监管功能。积极发挥行业协会的作用，制定行业公约，建立行业信用评价体系和服务评议制度，促进行业规范发展。

（十四）建立协同机制。建立多部门协同联动的监管机制。教育行政部门牵头负责教育移动应用治理工作，负责统筹协调，指导和监督学校落实主体责任，会同相关部门开展联合治理。网信部门、电信主管部门、公安部门依据职责重点做好教育移动应用提供者、应用商店等移动应用分发平台提供者、移动终端制造商的监管工作。新闻出版部门重点做好教材、教辅等网络出版物的监管工作。民政部门重点做好教育类民办非企业单位的登记管理工作。市场监管部门重点做好线上盈利性教育机构的登记管理，依法查处违规收费，虚假、违法广告等行为。公安部门重点做好打击整治相关违法犯罪活动。

（十五）拓展监督渠道。教育行政部门应当加强与有关职能部门、专业机构、行业协会和企业的合作，通过技术检测和人工查看相结合的方式，建立常态化的监测预警通报机制。通过家长委员会，满足家长对学校教学管理工作的知情权、评议权、参与权和监督权。引导家长履行监护责任，通过加强家庭交流互动、设置移动终端限制等方式，引导学生正确使用教育移动应用。教育行政部门应当全面掌握教育动态，及时受理投诉建议，主动回应社会关切，切实解决群众痛点难点问题。

（十六）加强考核问责。省级教育行政部门应当建立教育移动应用的选用退出机制、负面清单和黑名单制度，推动将黑名单信息纳入全国信用信息共享平台，按有关规定实施联合惩戒。教育督导部门应当将教育移动应用治理情况纳入对下级政府履行教育职责督导评估和对学校的综合督导评估。教育行政部门应当将教育移动应用治理纳入网络安全责任制等相关考核。对责任不落实、措施不到位的教育行政部门和学校予以约谈、通报。对因失职、渎职造成严重后果的，依法依规对相关负责人严肃问责。

五、加强支撑保障

（十七）加强组织领导。教育行政部门和学校应当将引导规范教育移动应用工作纳入重要议事日程，建立由教育行政部门牵头，宣传、"扫黄打非"、网信、电信、公安、民政、市场监管等部门共同参与的部门协同机制，制订工作方案，明确职责分工、时间节点、实施路径和保障措施。建立本地区的教育移动应用重点任务台账，统筹协调校外线上培训机构治理等重点工作，监督指导各项任务落实到位。

（十八）健全制度规范。教育行政部门应当完善教育移动应用的备案、推荐、选用、监督检查等制度，构建覆盖全生命周期的管理机制。健全教育移动应用评估、监测、检查、防护等技术规范，推进教育移动应用治理制度化、规范化、标准化。组织行业专家和相关企业共同完善教育移动应用的标准，规范程序开发、运行管理等环节，提高教育移动应用的服务质量和保障水平。

（十九）提升信息素养。教育行政部门和学校应当组织管理和技术人员培训，将规范教育移动应用管理作为重要内容，切实提高管理水平和保障能力。同时，应当加强宣传引导和教育，以开学教育、网络安全宣传周等活动为契机，培养在校师生科学的使用习惯；通过家长会、家长学校、专题报告等形式，促进家长树立正确的用网观念，全方位地提高广大师生、家长的信息素养。

（二十）落实工作保障。教育行政部门应当加强对教育移动应用管理的经费支持，保障备案推荐、监测评估、监督检查等重点任务开展。

教育行政部门和学校应当利用国家教育资源公共服务体系和国家教育管理公共服务平台为教育移动应用治理工作提供信息化支撑，探索"政府统筹引导、企业参与建设、学校购买服务"的教育移动应用供给机制，提供优质的教育资源和应用服务。

教育部 中央网信办 工业和信息化部

公安部 民政部 市场监管总局

国家新闻出版署 全国"扫黄打非"工作小组办公室

2019 年 8 月 10 日

最新法律法规

后 记

学校和学生的法律风险防控书籍问世了，在此感谢有三：

第一，感谢我恩师的鼓励！本书的编写与出版，得益于我的恩师姜舟先生的鼓励。他多次和我商量框架的打造、写作的安排。是他的鼓励和期待，让我坚持下去，完成这一不可想象的任务。

第二，感谢本书编写团队成员的精诚合作！副主编郭桂枫先生将他十七年来在大学工作期间遇到的法律案例全部奉献出来，极大地丰富了本书的内容；副主编万淑兰女士为本书提供了素材，涵盖校园欺凌、校园意外伤害等方面，这些素材使本书体系更为周全；副主编李辉先生也提供了学生精神创伤和大学生权益受损方面的案例，从另外的角度做了有益的补充；吴貌婷女士通过 Alpha 系统以及结合中国裁判文书网、最高人民法院网检索编辑生成本书大数据，通过 Alpha 系统自动生成本书高频法条。总顾问金胜利先生、李寿颐先生以及所有的顾问提出了宝贵建议，激发了我的写作灵感。

第三，感谢本书责任编辑的细致修改！责任编辑邓胜文先生在编辑过程中细致入微地审读书稿，指出我书稿中存在的瑕疵，这对我完善书稿、修改书稿非常重要。没有他的帮助，我修改书稿的难度会大很多。

赖凯华（上海大学教育法治研究中心研究员，

教育法律专职律师，

电子邮箱：365232867@qq.com）

2019 年 8 月 18 日

图书在版编目（CIP）数据

学校和学生的法律风险防控 / 赖凯华主编. —长沙：湖南人民出版社，2019.8（2021.5）

　　ISBN 978-7-5561-2280-6

　　I.①学… Ⅱ.①赖… Ⅲ.①教育法—基本知识—中国　Ⅳ.①D922.16

中国版本图书馆CIP数据核字（2019）第190899号

XUEXIAO HE XUESHENG DE FALÜ FENGXIAN FANGKONG

学校和学生的法律风险防控

主　　编	赖凯华
责任编辑	邓胜文　刘　芳
装帧设计	刘旭琦
责任校对	洪　玲

出版发行	湖南人民出版社〔http://www.hnppp.com〕
地　　址	长沙市营盘东路3号
邮　　编	410005
经　　销	湖南省新华书店

印　　刷	湖南关山美印有限公司
版　　次	2019年8月第1版
	2021年5月第3次印刷
开　　本	710 mm × 1000 mm　1/16
印　　张	23.25
字　　数	322千字
书　　号	ISBN 978-7-5561-2280-6
定　　价	58.00元

营销电话：0731-82683348　　（如发现印装质量问题请与出版社调换）